幼儿园活动设计指导丛书

丛书主编　卓萍　金东波

幼儿园语言活动设计案例

主　编　卓　萍　程　娟
副主编　王　晶　付　琼　刘　蓓　邓松柏
编　委　卓　萍　程　娟　王　晶　付　琼　刘　蓓　邓松柏
何丽萍　周新荣　袁　璐　郭　露　许　苗　陈海竹
彭娅娟　赵红杰　钟楚笛　周慧岚

WUHAN UNIVERSITY PRESS
武汉大学出版社

图书在版编目(CIP)数据

幼儿园语言活动设计案例/卓萍,程娟主编.—武汉:武汉大学出版社,2018.3

幼儿园活动设计指导丛书/卓萍,金东波主编

ISBN 978-7-307-19986-6

Ⅰ.幼…　Ⅱ.①卓…　②程…　Ⅲ.语言教学—教学研究—学前教育　Ⅳ.G613.2

中国版本图书馆 CIP 数据核字(2018)第 017919 号

责任编辑:谢群英　罗晓华　　责任校对:李孟潇　　版式设计:韩闻锦

出版发行:**武汉大学出版社**　(430072　武昌　珞珈山)

(电子邮件:cbs22@whu.edu.cn 网址:www.wdp.com.cn)

印刷:湖北金海印务有限公司

开本:787×1092　1/16　印张:22　字数:492 千字　插页:1

版次:2018 年 3 月第 1 版　2018 年 3 月第 1 次印刷

ISBN 978-7-307-19986-6　定价:48.00 元

幼儿园活动设计指导丛书

丛书主编　卓萍　金东波

教材编委会名单

WUHAN UNIVERSITY PRESS
武汉大学出版社

序　　言

高职高专学前教育专业培养的是适合幼儿园需要的“高素质、牢基础、强能力、有特长”的应用型专门化人才，应该构建“多形式、全过程、高质量、全覆盖”的实践教育体系，把学生的实践能力培养融于师范教育的全过程，把职场适应贯穿于整个专业学习的全过程，着力提升学前教育专业学生的学习能力、实践能力和创新能力。

我国《现代职业教育体系建设规划（2014—2020 年）》（教发〔2014〕6 号）明确提出“坚持产教融合发展推动专业设置与产业需求、课程内容与职业标准、教学过程与生产过程对接”，“将工学结合贯穿职业教育教学全过程，学生从入学开始就接受相应的动手和实践课程”。这就明确了实践教学是职业教育质量保障体系中非常重要的教学环节。

《幼儿园教师专业标准（试行）》（以下简称《专业标准》）在实施建议中明确指出“幼儿园教师要将《专业标准》作为自身专业发展的基本依据。制定自我专业发展规划，爱岗敬业，增强专业发展自觉性”。教师专业发展规划不但适用于在职教师，也适用于在校师范生。所谓专业发展，从教师个体角度理解，是指教师个体知能素质的完善和社会环境适应能力的增强。个体专业发展有两个维度，一是自身素质结构与工作岗位的要求相互磨合、不断适应，这是个体内在品质的完善过程；二是在职业生涯进程中个体不断适应社会环境和工作经验逐步丰富的过程，这是个体外在行为的规范过程。

专业发展规划对于学前教育专业毕业生来讲，实际上是一种职业生涯规划。《专业标准》对学前教育专业的独特性有着明确的“专业导向”，即：幼儿园教师必须具备综合性的教育支撑能力，包括创设和利用环境、安排和组织一日活动、支持和引导幼儿游戏、计划和实施教育活动四种职业核心能力，激励与评价、沟通与合作、反思与发展三种教育方法能力，观察、沟通、评价、合作四种专业行为能力，以及幼儿教师必备的为幼儿提供适宜教育的意识和能力。

《专业标准》具有鲜明的专业实践能力导向，而实践教学的目的就是有效提高学前教育专业学生理论与实践相结合、教育实践和反思的能力，使学生在毕业时能够适应幼儿园一线教育教学工作的实际需要，更是为学生入职指导、幼儿教师专业化成长和职业可持续发展奠定良好的基础。

《幼儿园教育活动设计与指导》是学前教育专业学生的核心课程，在学前教育专业课程中起到承上启下的作用，是学前教育理论和学前教育实践的中介和桥梁。幼儿园教育活动设计与指导能力是高职高专学前教育专业学生必须具备的核心能力。

幼儿园教育活动设计立足于学前卫生学、学前心理学、学前教育学、儿童行为观察与指导等专业理论知识，将课程理论与教学设计相结合，既是系统地对活动主题、目标、内容、活动过程以及评价进行科学的设计和有效的教学指导活动，又是在学生具备相应的专业技能，即说、弹、唱、跳、画的基础上，围绕某一活动主题进行设计并通过校内课堂理实一体化、校外教育见实习加以实施的实践活动。活动设计课程目标是：学习、了解基本概念和基本知识，掌握五大领域课程的理论体系和活动案例；学会利用多种途径收集、整理资料，运用案例分析、模拟试教、实境课堂、保教实习等方法，解决幼儿园教育活动实际的问题，凸显实践运用能力，这种能力必须在实践中经过持久淬砺才能获得。

《教育部关于大力推进教师教育课程改革的意见》提出“精选对培养优秀教师有重要价值的课程内容，将学科前沿知识、教育改革和教育研究最新成果充实到教学内容中，特别应及时吸收儿童研究、学习科学、心理科学、信息技术的新成果。要将优秀中小学教学案例作为教师教育课程的重要内容”。目前有些活动设计教材的理论观点滞后，难以反映学前教育的政策和发展动态信息，不能达到《教师教育课程标准（试行）》《幼儿园教师专业标准（试行）》《中小学和幼儿园教师资格考试标准（试行）》《3—6岁儿童学习与发展指南》对学前教育专业实践能力的新要求，有的活动设计教材理论知识描述太多，教学活动案例太少，无法提供优质的幼儿园实践的范例。

《幼儿园活动设计指导丛书》是按照职业教育发展的指导思想，根据国家颁布的《幼儿园教育指导纲要》《幼儿园教师专业标准》《3—6岁儿童学习与发展指南》等相关文件的要求，根据学前教育专业的人才培养目标和培养规格编写的符合学前教育专业特点和幼教岗位实际需求的核心课程——“幼儿园活动设计”的训练指导教材。力求比较全面地反映国家教师教育和职业教育发展倡导的教育教学改革的新理念和新要求，同时在吸收学前教育专业课程改革优秀成果的基础上，努力完善学前教育专业“幼儿园活动设计”课程的实践教学体系。

《幼儿园活动设计指导丛书》一共有六册，涵盖了五大领域的内容，以训练学前教育专业学生岗位职业能力为主线，力求实现“学前教育专业与幼儿园工作岗位、课程标准与幼儿园教师专业标准、教学过程与幼儿园工作过程”无缝对接。呈现出以下特点：

1. 结构合理，内容实用，可操作性强。

《幼儿园活动设计指导丛书》在内容上实现了整体性和分层性的统一，既可以作为学生学习“幼儿园活动设计”综合课程的案例，也可以作为学前教育专业分领域的教学内容。五大领域有很强的综合性，每个领域都有自身的领域核心要素和核心能力的训练，学生只要练就了比较扎实的领域教学指导的本领，再通过幼儿园教育实习的具体实践，加上入职后根据主题活动进行具体的活动设计，就能够迅速提高综合运用能力。学前教育专业学生“幼儿园活动设计”课程选择实用性突出的内容，学生在具体实施中具有很强的操作性。

2. 层次清晰，材料丰富，岗位性突出。

《专业标准》对幼儿园教师必须具备的教育教学能力提出了明确要求，特别强调幼儿园教师要具有观察了解幼儿、掌握不同年龄幼儿身心发展特点和个体差异的能力；要具有环境的创设与利用、一日生活的组织与保育、游戏的支持与引导、教育活动的计划与实施、对儿童的激励与评价等基本专业能力；能根据幼儿的特点和需要，给予适宜的指导，并能引发和支持幼儿的主动活动，引导幼儿在游戏活动中获得多方面的发展。《幼儿园活动设计指导丛书》按照幼教岗位科学保教的标准和要求，按照“幼儿园活动设计”这门课程在幼儿园集体教学活动中的地位，达到能够指导幼儿进行各领域集体活动顺利开展的实践运用能力。《幼儿园活动设计指导丛书》要成为学生从模仿到运用、从运用到反思、从反思到创造这样一个成长过程的“脚手架”和“桥梁”，案例材料内容丰富，教学环节设计合理，教学过程体现幼教岗位的教育思想和教学方法手段的合理利用，突出了学前教育专业职业性、岗位性的特点，力争实现教学内容和方法与幼儿园活动设计理念和方法的零对接。同时，我们不希望学生成为模仿的机器，希望借助于具有现代新的教育观念和实践性极强的活动方案，帮助准教师们深入理解学前教育领域和这个岗位的新观念，掌握与之相适应的教育实践的特征和方法，实现知识和能力的迁移，学会离开拐杖，树立现代教育观和育儿观，自己独立而富有创造性地开展活动设计。

3. “院园合作”，采用“双导师”指导实践，体现“产教融合”。

学前教育专业实践教学应该按照“产教融合、资源共享、优势互补、合作多赢、共同发展”的发展理念，与优质幼儿园和幼教机构建立“学前教育实践研究基地”，通过“院园合作”，建立教学实践岗位成长的“双导师”指导机制。《幼儿园活动设计指导丛书》的内容都是幼儿园非常实用的集体活动内容，也可以成为幼儿园教师的参考用书。通过“双导师”理论和实践相结合的配合指导，由高校专任教师和幼儿园骨干教师共同合作，根据学前教育职业岗位的实际需要和高职学生的能力要求，共同设计若干“全真”或“仿真”的工作情景和案例，进而转化为一系列学习项目，通过这些真实案例的分析和真实项目的演练，将理论课教学过程与实践操作紧密结合，以激发学生的学习兴趣、探究兴趣和职业兴趣，在一定程度上实现学生职业道德、教育理念、专业知识、能力培养的提升。

参加本套丛书编写的教师，都是来自高校教学一线有着理论和实践经验的“双师”型骨干教师，和来自幼儿园一线有着丰富实践经验的专家、名师，他们带着对培养高素质应用型学前教育专门人才的责任感和使命感，怀着提升幼儿园教师专业化成长质量的美好愿望，结合自身多年来对实践教学的指导经验，力求体现出新形势下学前教育专业教学改革特别是实践教学改革的新成果。

由于编写人员的学识与经验有限，本套丛书还存在许多不足和缺憾，恳请各位专家、老师和同学在使用的过程中，提出宝贵的意见和建议，帮助我们进一步改进和完善本套丛书的质量。

本套丛书在编写过程中，参考借鉴了相关的教材和资料，采纳和引用了许多研究者的观点，在此特向这些作者表示诚挚的敬意和衷心的感谢。

卓萍

2018 年 1 月

前　　言

语言在社会生活中发挥着不可替代的作用，一是交际的工具，二是思维的工具。幼儿期是人一生中语言发展的重要时期，著名教育家乌申斯基指出："语言是一切智力发展的基础和一切知识的宝库，因而对一切事物的理解都要从它开始，通过它并恢复到它那里去。"从幼儿语言学习的角度来说，语言具有双重性，既是学习的对象，又是学习的工具。幼儿园必须重视语言教育，有目的、有计划地发展幼儿的语言能力。

《幼儿园教育指导纲要（试行）》（以下简称《纲要》）中，明确指出了幼儿语言教育的发展趋势，一是重视幼儿语言运用能力的发展，二是重视幼儿早期阅读的发展，三是重视支持性语言教育环境的创设。听、说、读、写是语言运用的四个要素，也是语言教育的目标所在，需要通过多种类型的专门语言教育活动来实现。

幼儿园教师的培养质量关系到幼儿教育事业的发展，也关系到幼儿教育的质量。随着教育现代化步伐的不断加快、教育内容的不断更新，幼儿园教师在语言教学活动中必须不断更新观念，研究适宜的活动内容，探索新形式，讲究艺术性，从而最大限度地激发幼儿语言学习的兴趣、提高语言运用的能力。但是，目前在幼儿园语言教育实践中，仍然存在仅重视语言知识技能的传授与获得的现象，仍出现机械记忆、强化训练、"早期识字"等不符合幼儿学习特点和接受能力的教学活动设计，不利于幼儿的健康发展，应予以及时纠正。

基于以上考量，根据《纲要》和《3—6 岁儿童学习与发展指南》的精神，结合幼儿园语言教育工作实际，我们编写出一本具有较强针对性、指导性、可操作性的幼儿园语言活动设计案例集。本教材提供了大量典型的语言教育活动设计案例，目的在于引导学习者从活动设计入手，把幼儿园语言教育活动推向深入，真正实现幼儿园语言领域目标。

《幼儿园语言活动设计案例》紧扣《纲要》规定的领域目标，按照幼儿年龄的不同安排适合的教育内容和知识要点，提供包括谈话、讲述、文学欣赏、听说游戏、早期阅读等在内的幼儿园语言活动设计方案，通过科学的方法发展幼儿的倾听能力、思维能力、表述能力、文学作品欣赏能力和早期阅读能力，把学前教育理论渗透到活动设计中，较好地体现了幼儿园的工作实际和幼儿教师的需求，适合中职幼师班、大学应用型学前教育专业学生和幼儿园教师使用。

本教材由武汉城市职业学院学前教育学院卓萍、程娟主编。由于时间仓促，加之编者水平能力有限，本教材肯定存在诸多不足之处，敬请广大幼儿教师及幼教界同仁批评指正。

为了更好地理论联系实际，提高广大师生的实际操作能力，本书还配有相应的活动资源课件内容。这些活动资源可与武汉大学出版社教材推广部（**E-mail** 地址：**cbs22@whu.edu.cn**）联系使用。

卓萍 程娟

2018 年 1 月

目　　录

小班（上）

小班（下）

中班（上）

中班（下）

大班（上）

大班（下）

学前班（上）

学前班（下）

小班(上)

一、嘟嘟爱上幼儿园

设计意图

《幼儿园教育指导纲要》中指出，教育活动内容的选择要符合幼儿的兴趣和现有经验、要贴近幼儿的生活。《嘟嘟爱上幼儿园》是针对小班幼儿入园后进行的第一个话题。由于幼儿刚上幼儿园，在大家面前和在与同伴交流时不够大胆和自然，教师通过“听故事”“看表演”等方式，激发幼儿的阅读兴趣，培养幼儿安静倾听故事的良好习惯，鼓励幼儿积极大胆地表演故事，了解故事的主要内容，培养幼儿喜欢上幼儿园的情感，让幼儿在游戏化的活动中获得感悟。

活动目标

1. 体验小动物喜欢上幼儿园的情感。
2. 理解故事内容，知道故事中的主要角色，会说“这里是××幼儿园”
3. 能够在集体活动中安静地听故事。

活动准备

1. 知识经验准备：

(1)幼儿有安静倾听故事的经历。

(2)在日常生活中与幼儿共同谈论过关于上幼儿园的话题。

2. 物质材料准备：

(1)与故事内容相符的背景图1幅，嘟嘟和妈妈的人物图片各1张。

(2)小鸟、小兔、小鹿头饰各3个。

(3)教学电子资源：有关《嘟嘟爱上幼儿园》的图片。

活动过程

1. 音乐导入，激发兴趣。

(1)播放儿歌《爸爸妈妈去上班我去幼儿园》。教师提问：小朋友们，你们喜欢上幼儿园吗?

(2)老师真诚地表扬全班幼儿都积极来上幼儿园。老师:今天老师给大家讲一个关于幼儿园的有趣故事,我们一起来听一听!

2. 出示背景图,教师讲述故事。

教师结合背景图——嘟嘟与妈妈的活动图片,有感情地讲述故事《嘟嘟爱上幼儿园》,提醒幼儿安静倾听。特别提到在讲不同的动物角色出现时,注意妈妈对嘟嘟说的话,重点引导幼儿理解故事内容,让幼儿了解小动物在幼儿园里生活得很快乐。

3. 引导幼儿观察背景图,教师结合故事内容提问。

教师提问:

(1)妈妈带嘟嘟去幼儿园,刚开始时嘟嘟开心吗?

(2)嘟嘟路过一棵大树看到了什么?它们快乐吗?你是怎么知道的?妈妈对嘟嘟说了什么?

(3)嘟嘟经过草地看到了什么?小兔在干什么?妈妈对嘟嘟说了什么?

(4)嘟嘟路过小树林,看到了什么?它们在干什么?妈妈对嘟嘟说了什么?

(5)嘟嘟最后到了哪里?小朋友在幼儿园里快乐吗?你是怎么知道的?嘟嘟看到小朋友在幼儿园是怎么做的,怎么说的?

教师引导幼儿说一说嘟嘟沿路的表现,学一学妈妈对嘟嘟说的话,培养幼儿喜欢幼儿园的情感。

4. 结合相关画面,鼓励幼儿讲述故事。

(1)教师让幼儿观察《嘟嘟爱上幼儿园》故事图片,按照故事发展顺序引导幼儿说一说不同的画面所表达的不同内容。

(2)幼儿在讲到妈妈对嘟嘟说的话"这里是××的幼儿园"的时候,要能够说出完整的一句话,但教师不能机械处理,要鼓励幼儿说出和故事里一样或者有创造性的句子,教师可以提醒或示范重点语句。

(3)鼓励幼儿交流表述。

教师让幼儿说一说幼儿园里有些什么?自己在幼儿园里做了些什么?喜不喜欢上幼儿园?教师要让幼儿在活动中感受在幼儿园里生活的乐趣,知道在幼儿园里可以和小伙伴一起分享很多有趣的事情。

(4)指导幼儿进行故事表演。

教师与幼儿合作表演故事内容。教师扮演妈妈,请一位幼儿扮演嘟嘟,再请三名幼儿分别扮演小鸟、小兔、小鹿。其他幼儿认真观看,加深对故事内容的理解。最后可根据幼儿的兴趣轮换表演。

5. 教师结合故事进行总结。

教师讲述:小鸟、小兔、梅花鹿都有自己的幼儿园,它们在幼儿园里很快乐,很幸福。我们小朋友也有自己的幼儿园,在幼儿园里有老师给大家讲故事,还有小朋友们一起唱歌、跳舞、画画、玩玩具、做游戏,大家在一起非常开心,所以我们以后也都要高高兴兴上幼儿园。

活动延伸

领域内活动延伸：鼓励幼儿在其他小朋友面前大胆讲述故事和表演故事。

区域活动延伸：将故事背景图、活动图片和小动物头饰放到语言区，供幼儿巩固故事内容，并学着看学着讲。

亲子活动延伸：把故事讲给爸爸妈妈听，爸爸妈妈要保护幼儿的积极性，继续激发幼儿的兴趣，及时给予鼓励。

二、谁最差

设计意图

现在的独生子女大多是家里的“小皇帝”“小公主”，什么事情都是父母祖辈包办代替，孩子的独立自主能力极为欠缺。很多小班的孩子已经 3 岁多了，走路还要家人抱，对父母还有强烈的依赖心理。而小班幼儿的年龄特点是对生动形象的事物和现象感兴趣，《谁最差》这首儿歌富有形象性、趣味性和启发性。教师通过引导幼儿学习儿歌《谁最差》，让幼儿在朗诵和表演中体验自己长大了的自豪感，懂得自己的事情自己做的道理。

活动目标

1. 感受儿歌中天真活泼的情趣，感受儿歌的韵律。
2. 学习词语：“走”、“游”、“跳”、“羞”。
3. 了解小鸡、小鸭、小兔、小袋鼠的行走方式，知道小朋友长大了要自己走。

活动准备

1. 知识经验准备：

初步了解小鸡、小鸭、小兔等动物的行走方式。

2. 物质材料准备：

(1) 儿歌内容对应的情景图片 4 张。

(2) 小鸡、小鸭、小兔子、小袋鼠的图片各 1 张，小鸡、小鸭、小兔子、小袋鼠的头饰各 1 个。

(3) 教学电子资源：《谁最羞》相关图片。

活动过程

1. 创设情境，引起兴趣。

教师讲述：今天老师邀请了一些动物朋友到班上来做客，请大家仔细看一看，说一说它们分别是谁？

教师出示小鸡、小鸭、小兔子、小袋鼠的图片，让幼儿说出这些小动物的名称，引导幼儿表达对它们的喜爱。

2. 教师朗诵儿歌，引导幼儿了解儿歌内容。

教师有感情地朗诵《谁最差》，从语气上表现出感情倾向。然后结合儿歌和幼儿一起讨论“这些小动物是怎样行走”的话题。

(1)依次出示小鸡、小鸭、小兔的情景图片并提问：它和谁在一起，它是怎样行走的？

请幼儿用儿歌里的话说一说，并自己试着模仿做一做。

(2)出示小袋鼠的情景图片并提问：小朋友们，这张图片里怎么只看见小袋鼠的妈妈，没看见小袋鼠呢？它在哪里呢？(在袋鼠妈妈的口袋里)找到小袋鼠，你想对它说什么？

引导幼儿讨论小袋鼠应该怎么做，并用自己的动作做一做。

3. 教师指导幼儿表演儿歌内容。

请幼儿观察《谁最差》相关画面，让幼儿自由选择喜欢的头饰，并表演儿歌内容，感受儿歌中天真活泼的情趣。

(1)师幼一起边做动作边念儿歌，注意发音清楚，学会念重点词语“走”“游”“跳”“差”。

(2)师幼配合表演，教师念前面部分，幼儿接念动词部分，同时做动作。

4. 教师和幼儿交流，理解儿歌的中心思想。

(1)教师结合儿歌内容提问：小鸡、小鸭、小兔能干吗？为什么？小袋鼠能干吗？为什么？

在幼儿交流表述的过程中，教师引导幼儿认识小鸡、小鸭、小兔能干的原因是他们自己的事情自己做，如果小袋鼠改掉不爱自己走路的习惯，也会很能干的。

(2)教师继续提问：我们应该向小鸡、小鸭、小兔学习什么？我们帮助小袋鼠改正了缺点，如果我们自己有缺点是不是也应该改正呢？

在幼儿交流表述的过程中，教师引导幼儿认识到要像小鸡、小鸭、小兔那样自己能做的事情自己做，如果以前没有做到，那么以后就要努力做到，做个能干懂事的孩子。

活动延伸

领域内活动延伸：引导幼儿根据儿歌进行创编活动，鼓励幼儿把儿歌中的前3个小动物换成其他动物，还可以将最后两句进行改编，把小袋鼠变成一个正面形象，对幼儿起到正面教育的作用。

领域外活动延伸：教师要在不同的场合给幼儿创造条件，让幼儿尝试做一些自己能够独立操作的事情，体验成功的乐趣。

亲子活动延伸：鼓励幼儿回家给爸爸妈妈朗诵和表演儿歌内容，表达自己对这首儿歌内容的理解。并与家长沟通，请家长在家里让幼儿做一些力所能及的事情，培养幼儿树立自己的事情自己做的意识。

三、小公鸡和小鸭子

设计意图

刚刚进入幼儿园的小班幼儿，由于生活环境的改变，接触的人与事物也和以前不一样，随着交往范围的逐渐扩大，他们的自我意识正在逐渐形成，同时也渴望建立和发展与同伴之间的友谊。但是有些幼儿缺乏“交流”和“分享”意识，造成了与同伴之间交往的困难。教师通过“看图听故事”的活动，引导幼儿去接触优秀的儿童文学作品，使之感受语言的丰富和优美。并通过多种活动帮助幼儿加深对故事情节的理解，帮助幼儿认识到好朋友应该互相帮助，互相关心，分享快乐，感受与朋友一起游戏、共同生活的乐趣。

活动目标

1. 享受有朋友的快乐，愿意过集体生活。
2. 懂得小伙伴之间要团结互助，养成乐于助人的良好品质。
3. 知道故事的主人公，了解故事情节，能够简单复述故事的主要情节。

活动准备

1. 知识经验准备：

对图中的小动物有初步了解。

2. 物质材料准备：

(1)小公鸡和小鸭子的玩具、头饰各1个。

(2)教学电子资源：《小公鸡和小鸭子》相关图片。

活动过程

1. 教师看图讲故事，与幼儿进行互动交流。

教师和幼儿一起用多媒体观看《小公鸡和小鸭子》图片，边看边听《小公鸡和小鸭子》的故事。

(1)教师根据第一幅图讲述故事并提问:

①小鸡和小鸭是什么关系?(朋友。)

②它们去干什么?(玩。)

③它们的心情怎样?(高兴。)

通过提问,引导幼儿了解与朋友一起交往,一起玩,就能感到快乐。

(2)教师根据第二幅图讲述故事并提问:

①小公鸡和小鸭子来到了什么地方?

②小公鸡看见许多虫子是怎样做的,它们是什么心情?(请幼儿体会、表演小公鸡找到许多虫子吃的喜悦心情。)

③小鸭子捉不到虫子是什么心情?(请幼儿体会、表演小鸭子捉不到虫子着急的心情。)

④小公鸡是怎么帮助小鸭子的?(请幼儿体会、表演小公鸡热心帮助小鸭子的心情。)

通过提问和表演,引导幼儿了解小公鸡热心帮助小鸭子的情节。

(3)教师根据第三幅图讲述故事并提问:

①小公鸡和小鸭子后来到了什么地方?(河边。)

②小鸭子怎样说?(捉鱼给小公鸡吃。)小公鸡怎样说?(也要去。)小鸭子又怎样说?(不行。)

③小鸭子为什么不让小公鸡下水?(小公鸡不会游水,会淹死的。)小鸭子说话时是什么心情?(担心。)

④小公鸡听小鸭子的话了吗?(没有。)小公鸡是怎样做的?(偷偷下了水。)

通过提问,引导幼儿了解小鸭子要感谢小公鸡的帮助,并指出了小公鸡偷偷下水的行为令人担心的情节。

(4)教师根据第四幅图讲述故事并提问:

①小鸭子正在干什么?(捉鱼。)

②小公鸡下水以后怎样了?(被水淹了。)它是怎么做的?(喊救命。)

③小鸭子听到小公鸡的喊声,它是怎样做的?(游过来托起小公鸡。)

④你觉得小鸭子表现得怎么样?(全力帮助小公鸡。)

通过提问,引导幼儿了解小公鸡被水淹了时,小鸭子迅速全力救助小公鸡的情节。同时帮助幼儿理解"捉""喊""游""爬"等动词,并请幼儿根据自己的理解做一做这几个动作。

(5)教师根据第五幅图讲述故事并提问:

①小鸭子把小公鸡送上岸,小公鸡对小鸭子说了什么?(谢谢你。)

②小公鸡说这句话时心情怎样?(后悔、难过。)

通过提问,引导幼儿理解小公鸡被小鸭子救助后的心情。

2. 教师指导幼儿进行故事表演。

请幼儿组合结对，分别戴上小公鸡和小鸭子的头饰，根据故事内容进行表演。

3. 教师引导幼儿互相交流怎样和朋友相处。

请幼儿说一说自己的好朋友，说一说自己会为好朋友做些什么，和好朋友在一起应该怎样相处。

在幼儿交流表述的过程中，教师引导幼儿认识到好朋友应该互相帮助，互相关心，学会分享。

活动延伸

领域外活动延伸：学习与朋友交往的内容应该贯穿到日常生活的各个环节，教师可以在多种活动中引用此故事，既可以加深幼儿对故事的理解，又能够巩固幼儿对朋友的深入认识。

区域活动延伸：把《小公鸡和小鸭子》的故事图画贴在故事角，并将动物头饰或玩具放在故事角，让幼儿自由组合、自由讲述，加深对故事的理解。

亲子活动延伸：请家长在家里和幼儿进行亲子活动，一起表演这个故事。还可以适当加以改编，把其中的动物角色和语言加以改变，对幼儿进行如何交朋友的强化教育。

四、秋爷爷要来了

设计意图

秋天到了，火热的太阳变得温和起来，翠绿的树木也换上了金黄色的衣服。公园里，五颜六色的菊花盛开着，散发着淡淡的清香。秋天是果实成熟的季节，苹果、石榴、柿子、枣子、梨、柚子，还有水灵灵的葡萄……水果娃娃们都张开了笑脸迎接秋爷爷。小班幼儿具有一定的认知能力，认识一些常见的水果，喜欢参与游戏活动，对诗歌的韵律、节奏非常感兴趣。根据幼儿的这些特点，教师通过引导幼儿欣赏散文，帮助幼儿理解散文内容，初步感受散文的优美意境和生动形象的语言魅力，发展幼儿的想象力和表达力。

活动目标

1. 感受散文的意境美和语言美，生发出喜欢倾听散文、欣赏散文的情感。
2. 能大胆想象，用语言、动作表达自己的理解和感受。
3. 初步了解秋天成熟果实的种类。

活动准备

1. 知识经验准备：

活动前先让幼儿通过各种途径认识秋天的树叶、水果，大致了解秋天的主要特征，有条件的幼儿园还可以带领幼儿走进农家乐教育基地，让幼儿到大自然中观察感受季节的变化。

2. 物质材料准备：

(1)布置以秋天为主题的墙饰，画有表现散文内容的大幅图画，上面有苹果、石榴、香蕉、山楂、柿子等果树，另准备苹果、石榴、香蕉、山楂、柿子等水果粘绒贴若干个。

(2)散文《秋爷爷要来了》音频，多媒体播放器。

(3)准备一篮秋天的水果(苹果、石榴、香蕉、山楂、柿子、栗子、梨子、葡萄等)，各种水果头饰若干。

（4）教学电子资源：《秋爷爷要来了》相关图片。

活动过程

1. 提问导入，引出主题。

教师讲述并提问：小朋友们特别喜欢吃水果，谁能来说一说你最喜欢的水果是什么？（苹果、香蕉、梨子、柿子等）秋天到了，秋爷爷可喜欢小朋友了，它给小朋友带来了好多好吃的水果，大家想不想知道都是些什么水果？请小朋友们一起先来听一篇好听的散文《秋爷爷要来了》，答案就在这里哦！

2. 欣赏。

教师播放配乐散文《秋爷爷要来了》，提醒幼儿认真倾听。同时出示表现散文内容的图片，引导幼儿感受散文的意境美和语言美。

（1）教师讲述并提问：一阵秋风吹过果园，秋风姑姑说："水果娃娃们，秋爷爷要来了！秋爷爷要来了！"水果娃娃听到这个好消息，它们高兴吗？

请幼儿做一做高兴的表情，激发兴趣，活跃气氛。

（2）教师讲述并提问：秋爷爷来了，最高兴的是苹果娃娃。苹果娃娃高兴时是什么样子？

教师出示一个红苹果，提示幼儿注意苹果的颜色和形状，引导幼儿用散文中的语言说一说苹果娃娃高兴的样子。然后请幼儿把苹果的粘绒贴贴在墙饰的苹果树上，并鼓励幼儿一起表演苹果娃娃"笑红了圆圆的脸蛋"的情态。

（3）教师讲述并提问：秋爷爷来了，高兴的还有石榴娃娃，石榴娃娃高兴时是什么样子？

教师拿出剥开的石榴，让幼儿观察，说一说石榴的果实像什么，引导幼儿用散文中的语言说一说石榴娃娃高兴的样子。然后请幼儿把石榴的粘绒贴贴在墙饰的石榴树上，并鼓励幼儿一起表演石榴娃娃笑得"咧开嘴巴，露出像珍珠一样的牙齿"的情态。

（4）教师讲述并提问：秋爷爷来了，香蕉娃娃也很高兴，香蕉娃娃高兴时是什么样子？

教师出示一个香蕉，提示幼儿注意香蕉的形状，引导幼儿用散文中的语言说一说香蕉娃娃高兴的样子。然后请幼儿把香蕉的粘绒贴贴在墙饰的香蕉树上，并鼓励幼儿一起表演香蕉娃娃"把腰都笑弯了"的情态。

（5）教师讲述并提问：秋爷爷来了，山楂娃娃更高兴，它们怕秋爷爷摔跤，一起想了一个什么好办法帮助秋爷爷，迎接秋爷爷的到来？

教师出示几颗山楂，提示幼儿注意山楂的颜色和形状，请幼儿说一说它们像什么，思考为什么说山楂娃娃"一起点亮了小红灯，好像一束束红色的星星"。然后请幼儿把山楂的粘绒贴贴在墙饰的山楂树上。

（6）教师讲述并提问：秋爷爷来了，柿子娃娃也跟着高兴，柿子娃娃又是怎样欢迎秋爷爷的？

教师出示几个柿子，提示幼儿注意柿子的颜色和形状，请幼儿说一说它们像什么，思考为什么说柿子娃娃“挂起一串串黄黄的大灯笼”。然后请幼儿把柿子的粘绒贴贴在墙饰的柿子树上。

3. 朗诵。

(1)教师充满感情地示范朗读散文，突出水果娃娃高兴的情态。

(2)教师引导幼儿看图并有感情地复述散文，提示幼儿注意表现水果娃娃高兴的情态。

4. 理解。

教师利用幼儿粘贴好水果的墙饰，引导幼儿理解散文内容，重点帮助幼儿理解描写各种水果的比喻句的意思，感受比喻表情达意的魅力。

5. 表演。

教师鼓励幼儿选择散文中一种水果的头饰进行表演，请其他幼儿欣赏。安排幼儿轮换进行表演，让幼儿在表演中体会散文的意境美和语言美。

6. 讲述。

请幼儿观察《秋爷爷要来了》相关画面，引发幼儿进行联想，把自己的想象大胆地讲述出来。请小朋友说一说，你想用秋天的什么水果欢迎秋爷爷，它是什么颜色，是什么形状，它像什么。教师整理记录幼儿的语言，朗诵给幼儿听，也可以用录音设备把幼儿的语言录下来，回放给幼儿欣赏。

活动延伸

领域内活动延伸：引导幼儿用“……像……”说一句话，训练幼儿学习使用比喻句。

亲子活动延伸：鼓励幼儿对散文进行改编和续编，请家长给予适当的帮助，并把幼儿改编和续编内容记录下来，作为幼儿成长记录内容。

五、拔萝卜

设计意图

《拔萝卜》是俄罗斯经典的童话故事，情节虽然简单，但蕴含着深刻的道理。教师通过讲述故事，培养幼儿听故事的兴趣，学会通过“听”，知道故事的主要角色，了解故事的大致情节，明白故事所要表达的主题。教师还通过引导幼儿表演故事内容，帮助幼儿进一步体会故事的主题，懂得“人多力量大”的道理。

活动目标

1. 明白“人多力量大”的道理，体验同伴间相互合作的快乐。
2. 理解故事内容，丰富词汇：“拉”“拔”“帮”。
3. 能够说出故事中主要人物及其对话，能够根据故事情节进行表演。

活动准备

1. 知识经验准备：

幼儿有过情景故事的表演经历。

2. 物质材料准备：

(1)《拔萝卜》动画视频、视频播放设备。

(2)大萝卜道具1个，老爷爷、老婆婆、小孙女、小狗、小猫、小耗子的图片及其头饰各1个。

(3)在语言活动区布置《拔萝卜》故事的大幅图画墙饰。

(4)教学电子资源：《拔萝卜》相关图片。

活动过程

1. 大胆猜测，激发兴趣。

教师出示大萝卜道具，让幼儿猜一猜：这么大的萝卜是谁种的呢？又是怎么拔出来的呢？激发幼儿的学习兴趣。

2. 观看视频，引发思考。

教师请幼儿观看《拔萝卜》的故事动画片两遍，请幼儿思考：故事里发生了什么事情？有哪些主要人物？他们在干什么？他们分别是怎么说的？又是怎么做的？最后结果怎么样？

3. 教师按顺序出示角色图片，讲述故事《拔萝卜》。然后结合《拔萝卜》相关故事图片，以提问形式引导幼儿复述故事内容。

(1)这个大萝卜是谁种的，他对萝卜说了什么？

(2)老公公一个人把大萝卜拔出来了吗？他叫谁来帮忙的？他是怎么叫的？

(3)老公公和老婆婆一起把大萝卜拔出来了吗？为什么没有拔出来？她又是怎么做的呢？

(4)小姑娘、小狗儿、小花猫先后来了以后又发生了什么？大萝卜拔出来了吗？他们先后各自叫了谁来帮忙？他们是怎么叫的？

(5)老公公、老婆婆、小姑娘、小狗儿、小花猫一起努力把大萝卜拔出来了吗？大家放弃了吗？最后来的小动物是谁呢？最后结果怎样？大家伙儿高兴吗？

4. 情景表演，加深理解。

教师按故事角色的人数(包括“大萝卜”)将幼儿分成若干小组，轮流表演故事，体验角色特点。请幼儿分别戴上故事角色的头饰，按故事发生的角色出场顺序进行表演。

5. 相互评价，教师小结。

在每组幼儿表演完后，请幼儿互相评价，提出需要改进的地方，以帮助下一组的幼儿表演得更理想。通过参与故事表演，让幼儿在表演游戏中，理解“拉”“拔”“帮”等动词的意思，同时体验同伴间相互合作的快乐，加深对“人多力量大”道理的感受。

活动延伸

领域内活动延伸：引导幼儿根据《拔萝卜》的主要情节或《拔萝卜》相关画面，大胆讲述故事，尽可能地把故事讲完整。

领域外活动延伸：可以结合音乐游戏或利用音乐配合讲故事，也可以用“拔萝卜”的形式进行体育游戏活动。

区域活动延伸：鼓励幼儿更换角色在表演区进行表演，加深对故事的理解和记忆，体验表演游戏的快乐。

六、一面小花鼓

设计意图

《3~6岁儿童学习与发展指南》中提出了“幼儿的语言能力是在交流和运用的过程中发展起来的。应为幼儿创设自由、宽松的语言环境，鼓励和支持幼儿与成人、同伴交流，让幼儿想说、敢说、喜欢说并能得到积极的回应”。小班幼儿的年龄在3岁左右，是幼儿语言发展的关键期，他们具有强烈的表达欲望，但是口齿还不太清晰，发音也不够准确。本次活动将利用学说绕口令的方式，训练幼儿同一音韵字音的发音方法，丰富幼儿词汇，发展幼儿语言。同时设置游戏化的情境，让幼儿在听听、看看、说说、念念中体验学习语言的快乐。

活动目标

1. 在游戏中体验学习绕口令的快乐。
2. 练习发准“鼓”“虎”“布”“补”等音。
3. 丰富幼儿词汇，发展幼儿语言。

活动准备

1. 知识经验准备：

幼儿有一定的语言基础，学说过简单的绕口令。

2. 物质材料准备：

(1) 小鼓(鼓面上贴一张画有老虎的圆形纸片) 1面、鼓槌1副、多媒体设备。

(2) 教学电子资源：《一面小花鼓》相关图片。

活动过程

1. 出示故事画面，激发学习兴趣。教师用多媒体设备播放《一面小花鼓》的相关画面，请幼儿观察“妈妈用布补鼓”的画面，让幼儿自由说出图画上的内容。教师再用稍慢的语速诵读绕口令《一面小花鼓》，引导幼儿将图片和绕口令联系起来，说一说发生了什么事，妈妈在干什么，引起幼儿学习绕口令的兴趣。

2. 教师出示小鼓，请幼儿观察鼓面，说说鼓面上画的是什么。让幼儿学说“一面小花鼓，鼓上画老虎”，练习发准“鼓”和“虎”的字音。

3. 教师请几个幼儿轮流上前玩敲鼓游戏，直到把画有老虎的纸片敲破（薄薄的纸片很容易敲破），再让幼儿观察小鼓的鼓面，并结合“妈妈用布补鼓”的图片学说“宝宝敲破鼓，妈妈拿布补”，练习发准“布”和“补”的字音。

4. 教师再次结合“妈妈用布补鼓”的画面，引导幼儿学说“不知是布补鼓，还是布补虎”。教师可一边用通俗易懂的语言进行解释，一边做夸张的动作加深幼儿理解。重复练习两至三遍，发准“布、补、鼓、虎”的字音。

5. 教师完整示范朗读绕口令。边念边做动作吸引幼儿，朗诵时要突出重点字音，告诉幼儿这些字发音的共同点和不同点。

6. 教师组织幼儿进行“击鼓传花”的游戏。先由老师敲鼓传花，鼓声停，花传到哪位幼儿手中，就由哪位幼儿表演朗读绕口令。教师提示要发准重点字音。然后请幼儿轮流当鼓手玩击鼓传花游戏，花传到谁，谁就表演绕口令。游戏进行两三遍之后，可以进行男女生分组比赛或者小组比赛。尽量让每一个幼儿体验朗读绕口令的成就感。幼儿在朗读绕口令的时候，教师要注意倾听，随机指导幼儿要发准比较绕口的重点字音。

活动延伸

领域外活动延伸：幼儿可以用打节奏的方法配合朗读绕口令，可以结合音乐游戏、音乐的节奏练习绕口令。

区域活动延伸：教师可以在语言角张贴不同的绕口令画面，引导幼儿继续训练绕口令。特别是对一些方言和普通话差异较大的发音，一定要让幼儿多加练习，为学好普通话打下基础。教师还要随时随处引导幼儿学说普通话，发标准音。

亲子活动延伸：鼓励幼儿回家给家长表演学说绕口令，并将绕口令的内容编成小故事讲给家长听。

七、小熊欢欢请客

设计意图

新《纲要》指出："一个活动的选择既要贴近幼儿的生活，选择他们感兴趣的事物和问题，又要有助于拓展幼儿的经验和视野。"结合这一特点，笔者选择了故事《小熊欢欢请客》。该故事形象鲜明，能够激发幼儿学习兴趣，还能将表演融入活动过程中，符合幼儿的年龄特点和学习特点。教师通过引导幼儿进行请客的语言游戏活动，使幼儿在轻松愉快的情绪中学会表达，促进与同伴的交往。让幼儿知道什么动物爱吃什么东西，并模仿动物的叫声，在游戏中体验学习语言的乐趣。

活动目标

1. 感受朋友之间友好相处的快乐，体验语言游戏的乐趣。
2. 了解几种常见动物的基本特征，熟悉他们的叫声。
3. 学说完整的短句，勇于在集体面前大声、清楚地讲话。

活动准备

1. 知识经验准备：

让幼儿提前了解小动物的生活习性。

2. 物质材料准备：

(1)播放器，录有各种小动物儿歌的音频。

(2)小熊欢欢的头饰；小公鸡、小狗、小猫和其他动物玩具及其头饰各 1 个；虫子、肉骨头、鱼和其他动物爱吃的食物图片各 1 张；装食物的盘子若干。

(3)教学电子资源：《小熊欢欢请客》相关图片。

活动过程

1. 创设情境，激发幼儿兴趣。

教师戴上小熊欢欢的头饰讲述：小朋友，快乐的节日要到了，小熊欢欢为了庆祝节日，邀请了一些客人到家里去做客，欢欢准备了许多好吃的东西，我们看一看欢欢都请了哪些客人？（教师一边继续讲述，一边配合放录音。）

（1）（出示小公鸡的玩具）第一位客人到了，听听他的声音："欢欢你好，请你猜猜我是谁？头上戴着红冠子，身上穿着花花衣，唱起歌来'喔喔'啼，每天催人早早起。"请幼儿回答并学学小公鸡的叫声。

（2）（出示小狗的玩具）第二位客人到了，请听他的声音："欢欢你好，请你猜猜我是谁？见到主人尾巴摇，见到生人汪汪叫，喜爱吃肉啃骨头，帮助主人防强盗。"请幼儿回答并学学小狗的叫声。

（3）（出示小猫的玩具）第三位客人到了，请听他的声音："欢欢，你好，请你猜猜我是谁？虎头虎脑胡子翘翘，歌儿唱得'妙妙妙'，不辞辛劳把夜守，老鼠统统被吃掉。"请幼儿回答并学学小猫的叫声。

然后教师带领幼儿一起诵读儿歌《动物叫》，进一步熟悉这些动物的叫声。

2. 扮演角色，进行情景游戏。

教师讲述：小熊欢欢家来了客人，我们去帮他招待客人好吗？

教师将幼儿每 6 个人分为一组，轮流做游戏。其中 3 个幼儿分别戴上小公鸡、小狗、小花猫的头饰，扮演小动物客人，3 个幼儿帮助小熊欢欢招待客人。引导幼儿说出这些小动物客人喜欢吃什么，并在招待他们的时候说出完整的句子，学会招待客人。

（1）扮演小公鸡的幼儿上场，先让幼儿说一说小公鸡最喜欢吃什么东西，再请一个幼儿用盘子端出"虫子"（图片），对小公鸡说一句完整的话："欢迎你，小公鸡，请你吃虫子。"小公鸡说："谢谢！"幼儿表演出小公鸡开心吃虫子的样子。

（2）扮演小狗的幼儿上场，先让幼儿说一说小狗最喜欢吃什么东西，再请一个幼儿用盘子端出"肉骨头"（图片），对小狗说一句完整的话："欢迎你，小狗，请你吃肉骨头。"小狗说"谢谢！"做出开心吃肉骨头的样子。

（3）扮演小猫的幼儿上场，先让幼儿说一说小猫最喜欢吃什么东西，再请一个幼儿用盘子端出"小鱼"（图片），对小猫说一句完整的话："欢迎你，小猫，请你吃小鱼。"小猫说："谢谢！"做出开心吃小鱼的样子。

3. 自由游戏，说出完整的话。

（1）教师让幼儿自由挑选自己喜欢的动物玩具，说一说这个动物喜欢吃什么。比如：熊猫喜欢吃竹笋，小猴喜欢吃桃子，小兔喜欢吃胡萝卜和青菜等。

（2）教师让幼儿自由挑选自己喜欢的动物头饰戴上，说一说"我是××（动物），我喜欢吃××"。

教师鼓励幼儿大胆在同伴面前讲述，培养幼儿的发散性思维。

活动延伸

领域外活动延伸：教学中教师应注意和社会领域活动内容相结合，比如学习社交礼仪和礼貌用语。

亲子活动延伸：请家长收集有关小动物的儿歌收集，引导幼儿诵读。

八、冬天来了

设计意图

冬天来了，孩子们发现树上的叶子变黄变枯了，叶子纷纷从树上掉下来，大树变得光秃秃的。天气越来越冷，北风呼呼地刮，小朋友的脸蛋都冻得红彤彤的。洁白的小雪花从天上飘落下来，到处白茫茫的一片。孩子们在雪地里堆雪人，打雪仗，欢乐的笑声在空中久久回荡。教师通过引导幼儿学习诗歌《冬天来了》，让幼儿了解冬天的主要特征，鼓励幼儿大胆地运用语言表达对冬天的认知，培养幼儿的想象力和语言表达能力。同时让幼儿感受冬天带来的快乐体验，培养幼儿不怕冷的勇敢精神。

活动目标

1. 初步了解冬天的主要特征，培养不怕冷的坚强意志。
2. 能够有感情地朗读诗歌，并能大胆地用语言表述诗歌内容。
3. 学习词语“吹”“飘”“落”“枯黄”“白”“冷”“蹦蹦跳跳”。

活动准备

1. 知识经验准备：

幼儿对冬天的基本特征有初步的了解。

2. 物质材料准备：

(1) 多媒体播放器，冬天景象视频。

(2) 教学电子资源：《冬天来了》相关图片。

活动过程

1. 户外观察，初步感知。

教师组织幼儿到户外，观察周围花草树木的变化，特别是树叶的变化，观察人们的衣着变化，特别是自己衣服的变化。

2. 观看视频，加深印象。

教师播放冬天景象的视频，包括幼儿在户外看到的冬天的景象，加深对冬天季节特征的印象。

3. 观察画面，诵读诗歌。

请幼儿一边观察教学电子资源《冬天来了》相关画面，一边听教师有感情地示范朗读诗歌《冬天来了》。然后教师带领幼儿一起有感情地诵读，反复两遍，激发幼儿对冬天美好情感的体验。

4. 了解内容，想象描述。

教师结合诗歌提问：

①你怎么知道冬天来了？（北风吹，雪花飘，树叶落，草枯黄，地上屋顶全白了。）

②北风怎么吹？（请幼儿描述北风呼叫的情形，并学习词语“吹”。）

③雪花在空中怎么飘？（请幼儿学一学雪花飘的动作，并学习词语“飘”。）下雪是什么样子？（请幼儿描述下雪的情景。）

④树叶和草变成什么样了？（请幼儿描述树叶和草的颜色，并学习词语“落”“枯黄”。）

⑤地上屋顶是什么颜色？（请幼儿描述下雪的景色，并学习词语“白”。）

⑥下雪的时候小朋友在干什么？（请幼儿学一学做早操的动作，并学习词语“蹦蹦跳跳”。）他们为什么不怕冷？（请幼儿想象表述。）

5. 结合画面，交流表述。

请幼儿观看《冬天来了》相关画面，让幼儿互相交流自己在冬天会做些什么运动。教育幼儿不怕冷，每天要勇敢起床，按时上幼儿园，天天锻炼身体，做一个健康勇敢的好宝宝。

活动延伸

领域外活动延伸：教师把冬天背景图贴在墙上，让幼儿随时欣赏，加深对冬季特征的印象。

区域活动延伸：教师注意和体育活动结合起来，带领幼儿一起玩堆雪人、打雪仗的游戏。

九、新年礼物

设计意图

春节是农历新年，是我国的传统佳节。幼儿对过年充满了期待，在新年里可以吃好吃的东西，穿新衣服，还能收到新年礼物。新年是一个欢乐的节日，教师带领幼儿布置欢庆的节日场景，准备迎接新年。借此机会，教师设置一棵新年树，树上挂上各种各样的礼物，组织幼儿进行“新年礼物”的讲述活动，让幼儿既能感受迎接新年的喜庆氛围，又能训练运用词语说出句子的表达能力。

活动目标

1. 感受新年欢乐的节日气氛，体验互赠礼物的快乐心情。
2. 学习词语“各种各样”；学习句式“我把××送给你”。
3. 知道春节是农历新年，是中国的传统节日，初步了解春节的习俗。

活动准备

1. 知识经验准备：

家长和幼儿讨论过有关新年的话题。

2. 物质材料准备：

(1)创设迎接新年的喜庆环境，在活动室里张灯结彩，营造浓厚的节日气氛。

(2)制作新年树和米奇、米妮的卡通画像；新年树上挂满各种各样的礼物(灯笼、中国结、娃娃、冰箱贴、气球、小玩具等)、多媒体设备。

(3)教学电子资源：《都大一岁了》相关图片。

活动过程

1. 谈话导入，介绍新年的概念。

教师以欢快的语气讲述：小朋友们，看看我们的活动室布置得好漂亮啊，有拉花，有灯笼，还有彩带。大家知不知道这是为什么呀？因为马上就要过春节了。春节是我们中国人的新年，是一个非常热闹、非常喜庆的节日。新年也是小朋友最喜欢的节日。（请幼儿观察《都大一岁了》相关画面，观察第一幅画面。）在新年里，小朋友要给长辈拜年，长辈要给小朋友发红包、送礼物，把新年的祝福送给小朋友。在新年里，家家户户还要贴春联、放鞭炮，庆贺春节这个传统的节日。

2. 设置情景，请幼儿学说句子。

（1）教师讲述：快要过年了，新年宝贝米奇和米妮要送给每个小朋友一件礼物，表达他们的祝福。但是，这个礼物不是随便就能得到的，他们要看小朋友能不能和老师配合，把今天的活动完成好。（出示新年树，新年树两边放着米奇和米妮的卡通像。）这是一棵新年树——上面挂满了各种各样的礼物，米奇和米妮就站在新年树的两边。如果哪个小朋友能回答老师提出的问题，并按老师的要求说一句话，米奇和米妮就允许他从新年树上摘下一件礼物。

教师提问：新年树上挂满了什么？（引导幼儿依次用“各种各样”这个词语说一句话。如“新年树上挂满了各种各样的礼物”“新年树上挂满了各种各样的东西”等。）

教师提问：幼儿园里有什么？（引导幼儿依次用“各种各样”这个词语说一句话。如“幼儿园里有各种各样的玩具”“幼儿园里有各种各样的图书”“幼儿园里有各种各样的树”“幼儿园里有各种各样的花”等。只要幼儿说对了，就可以从新年树上摘下一件礼物。）

（2）教师讲述：过了新年，小朋友又长大了一岁，我们应该更听话、更懂事。今天大家都有一件礼物，而且还是自己喜欢的礼物。米奇和米妮想请小朋友把自己喜欢的礼物送给你的好朋友，也就是把你的新年祝福送给他，并且对他说：“××，我把××送给你。”然后，他把他喜爱的礼物送给你，也就是把他的新年祝福送给你，他也对你说“××，我把××送给你。”看哪个小朋友做得好，哪个就是懂事的好孩子。（引导幼儿互赠礼物，并大胆地对好朋友说出“××，我把××送给你”一句完整的话。）

活动延伸

领域外活动延伸：教师请幼儿把自己和好朋友希望得到的礼物画在纸上，并讲述出来。

区域活动延伸：将儿歌《都大一岁了》相关画面粘贴到语言区，鼓励幼儿边朗诵儿歌边表演。

亲子活动延伸：家长与幼儿一起诵读儿歌《都大一岁了》，培养幼儿的成长意识。

十、幼儿园也是我的家

设计意图

上幼儿园是幼儿非常重要的一段人生经历。在家里备受呵护娇宠的小宝贝，要离开爸爸妈妈的怀抱，进到一个全新的环境，开始崭新的生活。幼儿园是什么样的？老师是什么样的？小朋友喜欢和我一起玩吗？幼儿园和我的家是一样的吗？带着许多疑问，小宝贝们走进了幼儿园。念诵着儿歌《幼儿园也是我的家》，在温馨如家的教室里，在愉快宽松的环境中，幼儿能够感受到在家里爸爸妈妈可亲，在幼儿园里老师和小伙伴也可亲，而且幼儿园里的活动更为丰富、更有乐趣。儿歌和游戏能帮助幼儿尽快适应新的环境，积极投入到幼儿园的生活中。

活动目标

1. 乐于参与集体活动，产生喜爱上幼儿园的情感。
2. 学念儿歌，感受儿歌的韵律及欢快的情绪。
3. 能够表达自己的想法，积极融入幼儿园生活。

活动准备

1. 设置娃娃家、图书角、积木区、玩游戏的活动区角，配置充足的玩具和图书。
2. 爸爸、妈妈、欢欢形象的布袋木偶各 1 个。
3. 幼儿家庭场景图片和幼儿园场景图片各 1 张。

活动过程

1. 布袋木偶表演，引起幼儿兴趣。

(1)教师出示布袋木偶欢欢及幼儿家庭场景图片：小朋友，你们好！我叫欢欢，你们喜欢我吗？我有一个温馨的家，爸爸妈妈都很爱我。自从我上了幼儿园后，就有两个家了。小朋友猜一猜，我的另一个家是什么地方？

教师出示幼儿园的场景图片：对了，我的幼儿园就像我的家一样。我喜欢幼儿园，就像喜欢自己的家！下面我为你们表演一首儿歌，你们就知道我为什么这么喜欢幼儿园了。你们想不想看啊？一定要听好哦！

（2）教师操纵布袋木偶，一边念儿歌《幼儿园也是我的家》，一边表演。提示幼儿注意倾听儿歌内容，观看布袋木偶表演的动作。

2. 结合木偶表演，引导幼儿理解儿歌内容。

（1）教师结合第一节儿歌表演提出问题：

①早晨，欢欢是怎样离开家的？她是怎样和爸爸妈妈告别的？她高兴吗？她为什么高兴？

②你是怎么离开家的？你是怎样和爸爸妈妈告别的？你上幼儿园高兴吗？

在幼儿回答问题的基础上，教师重复布袋木偶的第一节儿歌表演，并让幼儿模仿表演，从而理解儿歌第一节的内容。

（2）教师结合第二节儿歌表演提出问题：

①到了幼儿园后，欢欢做了些什么事情？她高兴吗？

②你在幼儿园会做哪些事情呢？你高兴吗？

在幼儿交流表述的同时，教师着重介绍教室内的各个活动区角以及玩具和图书，让幼儿知道在幼儿园里可以和小伙伴一起分享更多的快乐。然后教师重复布袋木偶的第二节儿歌表演，再让幼儿模仿表演，从而理解儿歌第二节的内容。

3. 出示两张场景图片，引导幼儿学念儿歌。

（1）教师请幼儿观察两张场景图片，说一说哪个画面表达了儿歌第一节的意思，哪个画面表达了儿歌第二节的意思。

（2）教师以欢快的情绪带领幼儿学念儿歌，引导幼儿用打拍子的方式来朗诵儿歌，在念到最后一个“家”字时要加重语气，强调这个“家”字的意义。

（3）教师先与幼儿一起完整朗诵儿歌，然后引导幼儿边自由地做动作，边完整地朗诵儿歌。

活动拓展

1. 与家长沟通，请家长配合给幼儿讲解幼儿园就像自己的家一样，鼓励幼儿亲近老师，亲近小伙伴，大家一起玩玩具、做游戏，像一家人一样相亲相爱，给幼儿营造一个良好的心理环境。

2. 请幼儿回家给家人表演儿歌内容，体验在家和在幼儿园一样快乐的情绪。

十一、宝宝宝宝有礼貌

设计意图

小班的宝宝刚开始离开父母，独立过集体生活，接受一种新的生活方式的挑战。这个阶段也是行为习惯养成的重要阶段。入园不久的幼儿，需要通过他们易于接受的方式教给他们一些礼貌用语，懂得基本的行为规范，为他们顺利地融入集体打下良好的基础。幼儿通过学习儿歌，理解儿歌内容，知道什么才是“有礼貌的好宝宝”，同时学习发准“貌”“早”“好”“招”“了”等字音，体会儿歌的节奏、音韵美感。

活动目标

1. 喜欢儿歌内容，乐意做有礼貌的好宝宝。
2. 初步学习发准儿歌的字音，理解儿歌，体会儿歌的音韵美感。
3. 能在集体面前大胆表演儿歌。

活动准备

1. 布置“礼貌用语”的主题墙，家园结合对幼儿进行礼貌用语的示范教育。
2. 娃娃布袋木偶 4 个；太阳公公、小鸟头饰各 4 个。
3. 背景图片(幼儿园门口，娃娃向妈妈挥手再见，背后有教师站在门口欢迎上幼儿园的小朋友。太阳公公在一旁微笑，几只小鸟在另一旁张开翅膀飞着)。

活动过程

1. 创设情境，激发兴趣。

教师出示木偶娃娃：小朋友们，早上好！我是欢欢，你们还记得我吗？上幼儿园好几天了，大家都夸我是一个有礼貌的好宝宝，你们知道为什么吗？

让幼儿知道神秘娃娃是一个有礼貌的娃娃。

2. 念诵儿歌，体会美感和趣味。

出示背景图，教师一边利用木偶娃娃进行表演，一边有感情地念诵儿歌《宝宝宝宝有礼貌》，请幼儿认真观察、注意倾听。教师朗读时要发准“貌”“早”“好”“招”“了”等字音，为幼儿起到良好的示范作用，让幼儿感受句末音节押韵的美感。

3. 教师引导幼儿理解儿歌内容。

在整体感知儿歌的基础上，教师通过提问和交流加强幼儿对儿歌内容的理解。

(1)教师通过提问引导幼儿理解前三句儿歌内容：宝宝见到太阳公公是怎么说的？你能学他向太阳公公问声好吗？你能学一学他的动作吗？请你在图片中找出宝宝向太阳公公问好的画面。

(2)教师引导幼儿继续学习小鸟有礼貌的内容：宝宝见到小鸟是怎么说的？你能学一学他的动作吗？我们一起向小鸟问声好吧！请你在图片中找出宝宝向小鸟问好的画面。

(3)教师引导幼儿观察图片上对妈妈有礼貌的内容：宝宝要上幼儿园去了，他对妈妈做了什么动作？对妈妈说了些什么？请你做一做，说一说。

(4)教师总结：欢欢真是一个有礼貌的宝宝，见到太阳公公、小鸟、妈妈会鞠躬问早、问好，招手说再见，这就是一个有礼貌的好宝宝的表现。

4. 教师启发幼儿表达。

教师引导每一个小朋友都像儿歌里的宝宝一样，做一个可爱的、懂礼貌的好孩子。请幼儿说一说应该在什么时候向别人说“你早”或者“早上好”，什么时候向别人说“你好”“谢谢”“再见”，鼓励幼儿做一个懂礼貌的好宝宝。

5. 教师指导幼儿进行儿歌表演。

教师在引导幼儿熟读儿歌的基础上，让幼儿感受儿歌的美妙，并且用真挚的情感对幼儿进行熏陶和感染，让幼儿对讲礼貌有较深的理解，并能够自觉地做一个有礼貌的孩子。

(1)教师和几个幼儿进行表演，激发其他幼儿参与表演的欲望，同时又起到示范的作用。

(2)教师把幼儿分成四个小组，轮流表演儿歌。每组中一位幼儿扮演妈妈，其他两位幼儿分别扮演太阳公公和小鸟，指导幼儿尝试表演儿歌内容，鼓励幼儿根据儿歌内容大胆地用声音和动作一起表演。

(3)在每组幼儿表演之后，让幼儿互相评价“貌”“早”“好”“招”“了”等字音是否发音准确，并交流发音的体会和感受。

活动拓展

1. 鼓励幼儿把儿歌表演给家长看，做个有礼貌的好宝宝。

2. 在日常生活中逐渐能发准儿歌中的字音。

3. 鼓励幼儿根据儿歌内容编一个小朋友讲礼貌的故事，长短不限，只要把主要的内容编出来即可。

十二、我和好朋友

设计意图

孩子入园已经有一段时间了，他们可能情绪还不是太稳定，有的还会哭哭啼啼，但已渐渐适应幼儿园的生活。虽然对小伙伴还不太熟悉，但是在擦眼泪的时候已经在偷偷地观察同伴，在做游戏的时候能够和小伙伴拉拉手，能够互相交换玩具，能够叫出与自己熟悉的小伙伴的名字。但有的幼儿在小伙伴面前还不敢大胆讲话，缺乏自信心。语言活动“我和好朋友”就是要让幼儿大胆介绍自己，这样不仅可以增进小朋友间的互相了解，使他们融合在一起，也可以提高幼儿的语言表达能力。

活动目标

1. 愿意用普通话进行表达，愿意在教师和小朋友面前大胆表达。
2. 学会介绍自己和自己熟悉的小伙伴。
3. 能够有意识地倾听教师和同伴说话，知道别人说话时自己要保持安静。

活动准备

1. 教师准备自己和配班教师的照片各1张。
2. 请幼儿准备自己和好朋友的照片各1张。
3. 教师平时要主动和幼儿进行交流和沟通，帮助幼儿尽量克服分离焦虑，引导幼儿尽快融入班集体中。

活动过程

1. 游戏导入，教师示范。

(1)教师提出游戏活动安排：请全班小朋友拿着自己的照片围坐成一个圈，老师和小朋友玩“点兵点将”的游戏，好不好？

(2)教师示范游戏口诀：“点兵点将，点到谁，谁就是我的大兵大将。”有意识地安排首先点到教师自己。

(3)教师起立，用标准的普通话为小朋友进行自我介绍的示范，介绍自己叫什么名字，多大了，有什么特长，喜欢什么，不喜欢什么等；再介绍自己的好朋友(配班老师)，她叫什么名字，有什么特长，喜欢什么，不喜欢什么等。教师讲述的速度稍慢，注意语气的重点，给幼儿做出语言模仿榜样。

2. 幼儿自我介绍，教师适时引导。

教师用一根“魔法棒”玩点兵点将，点到谁，谁就站到小朋友前面进行自我介绍，同时介绍自己的好朋友。可以自由地介绍，也可以拿着照片介绍。

教师可以用提问的方式引导幼儿说话。如：你叫什么名字？你今年多大了？你长什么样？你家里有哪些人？你在幼儿园喜欢玩什么？你喜欢吃什么东西？你的好朋友叫什么名字？他(她)是男孩还是女孩？他(她)长什么样？他(她)喜欢玩什么？他(她)喜欢吃什么？你为什么喜欢他(她)？然后把自己和好朋友的照片粘贴在“我和好朋友”活动墙上。

3. 鼓励幼儿大胆讲述，引导其他幼儿认真倾听。

教师请其他幼儿进行复述，告诉幼儿别人讲话时不能随便插嘴，要认真倾听，听懂别人在讲什么；自己在集体面前讲话时，不要害怕，要大胆地讲话，把话讲清楚，不结巴，讲错了不要紧，改正就可以了。

教师可以用录音设备把幼儿讲的话录下来，放给幼儿听，引起他们的兴趣，指导他们改正错误。

4. 幼儿找朋友互相介绍。

给幼儿创造互相认识、互相交流的机会。幼儿自由选择自己喜欢的小伙伴，进行自我介绍，还可以向小朋友介绍自己的爸爸妈妈。

5. 考考记忆力，猜猜我是谁。

教师随机指定几位幼儿依次起立，请全体小朋友说出他(她)的名字，说对了大家掌声鼓励。

活动拓展

1. 在幼儿进行自我介绍和介绍好朋友的基础上，延伸到介绍自己的家人、自己的兴趣爱好等，随时随处引导幼儿大胆表达。

2. 教师通过观察不同幼儿的表达，判断出幼儿语言能力的强弱，在以后组织活动时进行有针对性的指导。

3. 鼓励幼儿经常在集体面前大胆表达，主动与小伙伴进行交流，增进彼此了解，促进友谊，促进幼儿社会性发展。

4. 领引幼儿诵读儿歌《我》，体会描写人物外貌的语句。

十三、片片飞来像蝴蝶

设计意图

陈鹤琴先生指出：“大自然是我们最好的老师，大自然充满了活教材，大自然是我们的教科书。我们要张开眼睛去仔细看看，要伸出两手去缜密地研究。”秋天不冷不热，阳光柔和，硕果累累，是幼儿进行户外活动的最佳季节。带幼儿观察秋天树叶和草的变化以及风吹树叶飘落的动人舞姿，让他们感受大自然的无穷变化。在引导幼儿主动看看、听听、想想、说说、做做的同时，有效地发展他们的观察力、记忆力、想象力、思维能力和语言表达能力。

活动目标

1. 乐于观察和发现秋天落叶的自然现象，产生热爱大自然的情感。
2. 学会流畅地朗诵儿歌并表演儿歌内容。
3. 能想象儿歌描述的画面，能通过替换儿歌中个别词语的方式进行诗歌创编。

活动准备

1. 秋天的图画 1 幅。
2. 落叶头饰若干。
3. 空白画纸每人 1 张。

活动过程

1. 看一看。

教师带领幼儿来到户外，指导幼儿观察秋天落叶的情况。和幼儿一起捡一捡落叶，看一看落叶的颜色和形状，使幼儿对落叶获得初步的感知。

2. 说一说。

(1) 教师示范朗诵儿歌《片片飞来像蝴蝶》，然后带领幼儿朗诵儿歌，让幼儿熟悉儿歌的内容。

(2)教师结合儿歌提问：

①你听到了什么？听到树叶唱歌了吗？(秋风吹动树枝，摇响树叶的声音。)

②你看到了什么？看到树叶跳舞了吗？(落叶随着秋风像蝴蝶一样在空中飞舞。)

通过提问，引导幼儿发挥想象力，说一说风中的树叶在唱歌、跳舞的情态。

3. 演一演。

(1)教师讲述并提问：秋风一个劲地吹着，树叶在秋风中不停地抖动。秋风一会儿大，一会儿小，树叶抖动的声音也一会儿大，一会儿小，就像唱歌一样发出高低不同的声音。谁能学一学秋风中树叶唱歌的声音？

请幼儿当一片唱歌的树叶，模仿树叶在风中发出的声音。

(2)教师讲述并提问：秋风一个劲地吹着，把树叶吹落了。秋风一会儿大，一会儿小，树叶在风中也一会儿旋转，一会儿飘荡，就像蝴蝶一样在空中飞舞。谁能学一学落叶在风中跳舞的情形？

请幼儿当一片跳舞的树叶，模仿落叶在风中飘舞的情形。

(3)教师请每名幼儿选择一个落叶头饰装扮在头上，扮演小树叶，与教师一起一边念儿歌，一边根据儿歌内容进行动作表演，表现秋天风中落叶飘舞的情态，表达对秋天的喜爱之情。

4. 画一画。

教师请幼儿在画纸上画出自己喜欢的落叶的形状，并涂上自己喜欢的颜色。画完之后拿着画纸向大家说一遍儿歌。

活动拓展

1. 教师和家长适时带领幼儿到户外，到郊外，学习观察大自然，阅读大自然这本包罗万象的百科全书。

2. 教师引导幼儿进行“编一编”的活动，请幼儿观察不同的树叶掉落的样子，激发幼儿的想象力，说说飞舞的树叶还像什么。引导幼儿尝试替换诗歌中的个别词语仿编儿歌，如“片片飞来像小鸟”“片片飞来像蜜蜂”“片片飞来像雪花”等，体验创编的乐趣。

十四、泡泡精灵

设计意图

幼儿对吹泡泡情有独钟。在晴朗的天气里，幼儿到户外活动，小嘴一噘，吹出一串串晶莹剔透的泡泡。泡泡有大有小，高高低低在空中飘荡，映着太阳光，变幻出各种颜色，引得他们欢呼雀跃。有的吹，有的追，有的抓，有的跳，他们笑着，叫着，快乐着，孩子和泡泡融合成了一幅美丽可爱的风景画，泡泡精灵给孩子们的童年增添了色彩。教师通过引导幼儿念诵儿歌《泡泡精灵》，不仅把这一情景用语言再现出来，还可以培养幼儿的倾听能力，激发幼儿丰富的想象力，体验表演儿歌的快乐情绪。

活动目标

1. 喜欢听儿歌，培养良好的倾听习惯。
2. 理解儿歌内容，体验表演儿歌的快乐情绪。
3. 激发丰富的想象力，大胆表达自己的看法，增强自信心。

活动准备

1. 吹泡泡的玩具材料若干(与幼儿数相同)。
2. 幼儿吹泡泡的视频(可在幼儿平时自由活动时录制)；背景音乐。

活动过程

1. 观看视频，激发兴趣。

教师先在室内播放小朋友们在户外吹泡泡的视频，让幼儿回忆和感受欢乐愉快的气氛，激发幼儿学习儿歌的兴趣。

2. 和“泡泡精灵”做游戏。

教师带领幼儿来到室外，和幼儿一起吹起泡泡，提示幼儿观察在空中飘舞的泡泡的形状、大小和颜色有什么变化，训练幼儿的观察能力。

3. 营造气氛，欣赏儿歌，体会儿歌的美感。

教师在孩子们吹出来的泡泡海洋中配着轻音乐朗诵儿歌《泡泡精灵》，用生动、形象的语言和丰富的动作表情吸引幼儿认真倾听。

4. 引导幼儿大胆表述。

教师提问：你吹过泡泡吗？泡泡在空中是什么样的？你觉得泡泡还像什么呢？你能吹出什么样的泡泡？泡泡的形状、大小和颜色有什么变化？你吹泡泡时心情怎样呢？

让幼儿围绕问题自由表达，培养幼儿的表达能力。

在幼儿表述的过程中，允许幼儿所说的内容有所不同，幼儿的表达能力有强有弱，只要幼儿能够大胆地表述就应该给予充分肯定。

5. 轮换表演儿歌。

先请一组幼儿吹泡泡，另一组幼儿表演儿歌内容，提示幼儿用肢体动作，有韵律地表现泡泡在空中飘荡的情景。两组互相轮换活动内容。最后教师用富有童趣的夸张动作吹泡泡，幼儿边朗诵边表演，体验吹泡泡的快乐，体验学习儿歌的快乐。

活动拓展

1. 激发幼儿仿编儿歌的兴趣，引导幼儿尝试更换儿歌中一两个词语进行朗诵(如把“精灵”改为“仙子”或“娃娃”，“大泡泡”“小泡泡”改为“圆泡泡”“瘪泡泡”，“红泡泡”“绿泡泡”改为“高泡泡”“低泡泡”)，体验成功的乐趣，从而培养幼儿的想象力和创造力。

2. 引导幼儿进行画泡泡的活动，幼儿边说边画，将自己的想象和情趣融入绘画之中。

十五、自己来

设计意图

3~6 岁是幼儿语言能力发展的关键期，同时也是培养幼儿养成良好习惯的关键期。现在的孩子在家里都是被精心呵护的“小太阳”，过着“饭来张口”、“衣来伸手”的生活，很多孩子在家里什么事儿也不干，样样事情靠父母，稍不称心还要哭闹。上幼儿园让孩子的生活环境产生了变化，成为培养幼儿独立性的一个很重要的节点。在幼儿园这个集体环境中，教师要注重教育幼儿自己的事情自己做，养成良好的生活习惯和动手能力，让幼儿为自己能够做一些力所能及的事情而感到骄傲和自豪。设计“自己来”这一语言讲述活动，将语言表达训练和良好习惯的养成同步进行，通过“诵读儿歌”“观察画面”“模仿造句”等环节的活动，训练幼儿的观察能力和语言表达能力，同时建立“自己的事情自己做”的意识。

活动目标

1. 乐于观察，喜欢用语言进行表达。
2. 会用短句“我会自己……”表述完整的句子。
3. 懂得自己的事情自己做的道理，培养自我服务的能力。

活动准备

1. 与儿歌内容配套的图片。
2. “神秘盒”内的图片若干，图片上画有幼儿“能自己做”的各种事情。
3. “神秘盒”1 个，将图片放置其中。

活动过程

1. 听赏儿歌，了解儿歌内容。

(1) 教师诵读儿歌《自己来》，请幼儿认真倾听。

(2) 请幼儿说一说儿歌里的小朋友都会做些什么事情，让幼儿大致了解儿歌内容。

2. 观察画面，理解儿歌内容。

(1)教师出示儿歌配套图片，结合画面的讲述并提问：有个小朋友，他叫豆豆，你们看，豆豆在做什么呀？

(2)教师请幼儿依次观察不同的画面，引导幼儿逐一说出图中的豆豆在做什么，猜一猜她好像在对我们说些什么。

(3)教师小结：豆豆可能干了，她会自己起床、自己戴帽子、自己叠被子、自己摆玩具、自己刷牙、自己洗脸，她好像在对我们说："我自己会做的事情自己做，不让爸爸妈妈操心，我是勤快的小乖乖。"

3. 模仿造句，训练语言表达。

(1)教师讲述并提问：豆豆小朋友这么能干，自己的事情自己做。我们小朋友也很能干，你们会自己做什么呀？(我会自己洗手，我会自己吃饭，我会自己上厕所，我会自己上幼儿园……)

(2)针对幼儿说出的不完整的句子，教师启发幼儿用"我会自己……"的句式，说说自己会做些什么，同时培养幼儿的发散性思维。

(3)教师让幼儿围坐成圈，出示"神秘盒"，请每个幼儿依次摸出1张图片，把自己当成图片里的小朋友，根据图片内容用"我会自己……"说出完整的话。

活动拓展

1. 引导幼儿进行《自己来》以及《学系扣》《系鞋带》等儿歌表演，发展幼儿的表演和表达能力。

2. 鼓励幼儿自己的事情自己做，尤其要在日常生活中做一些力所能及的事，逐渐形成初步的生活自理能力，逐步培养幼儿的独立性和自信心。

3. 此项活动一定要注意家园配合的重要性。请家长合作，鼓励幼儿在家自己的事情自己做，并及时和教师沟通幼儿在家里表现的信息。在家里做得好的，教师在幼儿园里要表扬；在家里做得不够好的，教师和家长配合，对幼儿加强引导，使幼儿逐步做到自己事情自己做。

十六、蜗牛画树

设计意图

秋天转瞬即逝，在不知不觉中，冬天悄悄地向我们走来了。小蜗牛要画一棵很大很大的树，但动作太慢了，画了一天又一天，从秋天一直画到冬天。冬天到了，树上的叶子都掉光了，它的画还没有画好。这样，它要等到明年春天树上又长出叶子的时候再来画。《蜗牛画树》的故事，让幼儿了解有的树木在秋天、冬天会落叶，在春天会重新长出新叶子的自然现象，知道蜗牛的特点，同时通过引导幼儿复述和理解故事内容进行词语和语言的训练。

活动目标

1. 喜欢听故事，喜欢观察新事物，乐于表达。

2. 了解有些树木在秋天、冬天会落叶，在春天会重新长出新叶子的自然现象。学习词语“好大好大”“数不清”“一天又一天”“一片一片”。

3. 能理解故事内容，能够比较准确地复述故事。

活动准备

1. 知识经验准备：

教师提前请幼儿观察秋天树叶和冬天树叶的不同，秋天人们穿衣和冬天人们穿衣的不同等，让幼儿感知一些自然、社会常识。

2. 物质材料准备：

(1)表现秋天和冬天的季节变化的视频，重点介绍一些树木在秋天叶子慢慢变黄，到冬天叶子掉落，到春天叶子重新长出来的现象。

(2)比较大的图片3张(一张是秋天树叶变黄的大树，一张是冬天树叶全部掉落的大树，一张是春天树叶重新长出的大树)。

(3)《蜗牛画树》故事动画视频。

(4)图画纸(每人一张)。

活动过程

1. 设置情境，激发兴趣。

(1)教师请幼儿说说自己观察的秋天、冬天季节特点。

(2)教师播放季节变化视频，让幼儿通过直观的画面了解秋天和冬天季节的变化，树叶从黄叶变成枯叶，从秋天到冬天慢慢飘落的过程，激发他们参与活动的兴趣。

2. 欣赏故事，引发思考。

教师依次出示3幅图片，用舒缓自然的声音有感情地讲述故事《蜗牛画树》，请幼儿注意倾听，讲到重点词语和句子时要强调。

(1)出示第一幅图片，教师请幼儿思考并回答下列问题：

①小蜗牛什么时候出门去画树？(秋天。)你是怎么知道的？(看秋天树叶和小草的颜色就知道。)

②这棵树是什么样子的？(好大好大。)树叶有多少？(多得数不清。)引导幼儿学习词语“好大好大”“数不清”。

③小蜗牛把纸铺在什么地方画画？(草地上。)它是怎样画画的？(画坏了就擦，擦了又画。)(一天又一天。)

教师请幼儿学一学小蜗牛画画的样子，并引导幼儿学习词语“一天又一天”。

(2)出示第二幅图片，教师请幼儿思考并回答下列问题：

①树终于画好了，小蜗牛准备干什么？(画树叶。)这时发生了什么事情？(树叶一片一片落下来。)

请幼儿说一说树的叶子为什么掉下来了，小蜗牛为什么急得哭起来，并引导幼儿学习词语“一片一片”。

②小蜗牛在哭的时候，树林里的小朋友对它怎么说？(“不要哭，明年又会长出新叶子的。”)引导幼儿了解四季的变化是轮回的。

(3)出示第三幅图片，教师请幼儿思考并回答下列问题：

小蜗牛后来怎么样？(走了。)它心里是怎么想的呢？(明年，它要画一棵有好多叶子的大树。)告诉幼儿要学习小蜗牛不放弃的精神。

3. 完整欣赏故事，复述故事。

(1)播放故事视频，完整欣赏故事。

(2)请幼儿轮流复述故事，复述时要把故事题目、主要故事人物和主要情节讲出来，能把学习的重点词语讲述出来。

4. 帮助蜗牛，完成画树。

教师请幼儿给蜗牛帮帮忙，不要让小蜗牛伤心了，在画纸上替蜗牛把很多很多的树叶涂上秋天的颜色，让它和小朋友一样开心吧！

活动拓展

1. 把 3 幅图片贴在故事角，请幼儿利用其他时间根据图片提示继续讲故事，熟记故事内容。

2. 请幼儿回家后把故事讲给家长听，家长可以根据故事内容多给幼儿讲解一些自然常识和自然现象，丰富幼儿的知识。

3. 与科学领域的教学相结合，给幼儿讲解季节变化引起的自然现象，鼓励幼儿探索大自然的热情。

十七、雪花

设计意图

下雪天，洁白的雪花轻柔地在天空中舞蹈，像从天空中飘落的小仙女，落在孩子的脸上、手上、身上，引起幼儿无穷的遐想。“雪花是什么味道的？”“从哪里来，要到哪里去？”孩子们会对雪花问很多的问题。童话故事《雪花》通过小动物们对雪花的不同理解和看法，表现出幼儿对雪花的好奇和喜爱。幼儿可以学习故事中不同动物的对话，用表演的形式把表现小动物特征的象声词和动词表现出来，通过玩游戏的方式想象和体会下雪时的快乐心情。

活动目标

1. 感受下雪时的快乐心情。
2. 听懂故事，大胆复述故事的主要内容。
3. 能辨别故事中不同动物对雪的理解和看法的正误，能模仿和表演故事中不同角色的对话。

活动准备

1. 知识经验准备：

(1)幼儿对糖、盐、雪的颜色、味道、形态等基本知识有所了解。

(2)幼儿有下雪天的感受，有欣赏雪景、玩雪、打雪仗的感知经验。

2. 物质材料准备：

(1)小狗、小猫动物玩具及其布袋木偶(或头饰)各1个，小男孩、小女孩人物图片各1张。

(2)童话故事《雪花》的讲述音频和PPT。

活动过程

1. 游戏导入，渲染活动气氛。

教师讲述：冬天来了，小雪花从空中飘落下来，它们来和小朋友做游戏了。我们也来随着音乐和小雪花一起跳舞吧。

在歌曲《雪花》音乐声中，教师和幼儿一起做出小雪花飘呀飘的动作姿态，慢慢“飞”落到自己的座位上。

2. 欣赏故事，大致了解故事内容。

教师请幼儿认真倾听童话故事《雪花》，注意听清故事中动物的对话。

3. 教师讲述故事，引导幼儿理解。

教师一边讲述故事，一边配合出示相应的动物玩具和人物图片，并提出下列问题：

(1)小黄狗从屋里出来，做了什么动作？小黄狗说了些什么？(引导幼儿做一做小黄狗的动作，学一学小黄狗的叫声，说一说小黄狗说了些什么话。)

(2)小花猫从屋里出来，做了什么动作？小花猫说了些什么？(引导幼儿做一做小花猫的动作，学一学小花猫的叫声，说一说小花猫说了些什么话。)

(3)小花狗和小花猫为什么争吵？它们分别是怎么说的？(引导幼儿复述小花狗和小花猫的对话。)

(4)老母鸡是怎么走过来的？老母鸡说了些什么？(引导幼儿做一做老母鸡的动作，学一学老母鸡的叫声，说一说老母鸡说的话。)

(5)老母鸡怎么知道它既不是糖，也不是盐？(引导幼儿思考，回答问题。)

(6)小男孩和小女孩过来对动物们说了什么？表现了他们怎样的心情？(引导幼儿思考，回答问题。)

4. 播放故事 PPT，引导幼儿讲述故事。

教师播放故事 PPT，请幼儿一边看画面一边复述故事。在幼儿复述故事的过程中，教师按照故事角色出场顺序，出示不同的动物道具和人物图片，引导幼儿完整地讲述故事，重点学一学角色的动作和角色的对话。

5. 表演故事，引导幼儿体验角色。

教师请幼儿分别选择自己喜欢的小狗、小猫的布袋木偶(或头饰)，扮演不同的角色，模仿故事中不同动物及人物的动作及其对话。

幼儿还可以变换角色进行表演，体验下雪时小动物和小朋友的快乐心情。

活动拓展

1. 把布袋木偶或故事角色的头饰、小动物玩具放在故事角，引导幼儿随时在区角活动中继续讲述和表演故事。

2. 引导幼儿进行绘画活动，让幼儿根据自己的想象和理解，画出雪花飘落的情形。

小班(下)

一、小朋友爱上幼儿园

设计意图

过了一个寒假，幼儿对上幼儿园又会产生一些隔膜，有些幼儿不愿入园，即使来园情绪也不稳定。为了缓解幼儿入园时的分离焦虑，帮助幼儿顺利度过适应阶段，设计语言活动时，着重注意安排帮助幼儿尽快适应幼儿园生活的内容，使幼儿对幼儿园、对老师和伙伴产生亲切感。

儿歌是幼儿最喜欢的文学形式，《小朋友爱上幼儿园》篇幅短小，内容贴近幼儿生活，语言简单易懂，描述生动形象。在看看说说演演玩玩活动中，调动幼儿主动探索、学习语言的热情，并给予适当引导，让每一位孩子都有话可说、想说、会说，让孩子真正成为语言活动的主人。活动缓解了幼儿的焦虑情绪，让他们初步学会倾听，愿意说话，喜欢与人交流，喜欢上幼儿园。

活动目标

1. 激发幼儿热爱幼儿园的情感，亲近老师和同伴。
2. 理解儿歌内容，能有表情地诵读和表演儿歌。
3. 训练联想能力，初步学习儿歌并仿编。

活动准备

1. 知识经验准备：

幼儿对儿歌中的小动物有一定的认识和了解。

2. 物质材料准备：

(1) 画有儿歌内容的背景图 1 幅，小鱼、小鸟、小猴、小兔的粘绒贴各 1 个。
(2) 小鱼、小鸟、小猴、小兔和小朋友形象的头饰若干。
(3) 教学电子资源：《小朋友爱上幼儿园》相关图片。

活动过程

1. 营造气氛。

教师表扬寒假过后能够来上幼儿园的幼儿，鼓励他们和同伴一起快乐地唱歌、跳舞、做游戏，营造轻松愉快的氛围。

2. 欣赏儿歌。

(1)教师有感情地朗诵《小朋友爱上幼儿园》的儿歌，让幼儿感知儿歌的韵律和内容。

(2)教师出示背景图，引导幼儿结合儿歌，讲述在背景图上看到的内容(小河、天空、大树、草地、小鱼、小鸟、小猴、小鹿等)，鼓励幼儿大胆表述，幼儿可以用几个词语或者一句完整的话讲述，也可以用儿歌中的句子讲述。

(3)教师出示小鱼的粘绒贴，粘贴在背景图上小河的位置，提醒幼儿观察小鱼在什么地方，在干什么。引导幼儿学说动词“游”，并模仿小鱼游水的动作。

(4)教师出示小猴的粘绒贴，粘贴在背景图中树上的位置，提醒幼儿观察小猴在什么地方，在干什么。引导幼儿学说动词“跳”，并模仿小猴在树上跳来跳去的动作。

(5)教师出示小鸟的粘绒贴，粘贴在背景图上天空的位置，提请幼儿观察小鸟在什么地方，干什么。引导幼儿学说动词“飞”，并模仿小鸟飞翔的动作。

(6)教师出示小鹿的粘绒贴，粘贴在背景图上草地上的位置，提醒幼儿观察小鹿在什么地方，干什么。引导幼儿学说动词“跑”，并模仿小鹿跑的动作。

(7)教师请幼儿观看《小朋友爱上幼儿园》画面，讲述并提问：大家知道了不同的小动物有自己喜欢的地方，还有自己喜欢干的事。你们看看画面中的小朋友在什么地方，他们喜欢干什么？(幼儿通过观察画面自由表述。)

教师引导幼儿说出“小朋友喜欢上幼儿园，喜欢唱歌、跳舞、做游戏”，激发幼儿热爱幼儿园的情感。

3. 表演儿歌。

教师把幼儿分成若干小组，请每组幼儿选择自己喜欢的动物头饰并戴在头上，把选择一样头饰的幼儿排在一起，按照儿歌内容进行朗读和表演。让幼儿有感情地朗读儿歌，每读一句儿歌就做出相应的动作，表达不同的动词所表现的情态，体验上幼儿园的愉快情感。

4. 仿编儿歌。

教师鼓励幼儿根据儿歌的句式，将句子变换一两个词进行仿编。如：“小鸭爱在水里游，燕子爱在天空飞，小鸡爱在地上跑，青蛙爱在荷叶上跳，小朋友爱上幼儿园，大家一起做游戏”等。

活动延伸

领域外活动延伸：教师应多和情绪焦虑的幼儿亲近，并动员其他小朋友主动和他一起玩，让他逐步融入集体，培养喜欢上幼儿园的情感。

区域活动延伸：鼓励幼儿在表演区表演自己创编的儿歌。

亲子活动延伸：让家长了解幼儿的游戏活动内容与幼儿的情绪稳定有关，请家长回家后帮助幼儿回忆儿歌内容，在家进行念读和表演。

二、小雨点，沙沙沙

设计意图

春天是孩子们喜爱的季节，春风、春雨、春色都能让孩子产生兴趣。教师引导幼儿进行“小雨点，沙沙沙”的语言活动，并借助这首儿歌让幼儿接受文学营养的滋润，领略“小雨点”的可爱之处，感受春雨后自然景物的变化，激发幼儿丰富的想象力，培养热爱大自然的情感。

活动目标

1. 训练发散性思维和想象能力，萌发热爱大自然的情感。
2. 能有表情地朗诵儿歌，并用肢体动作表演儿歌。
3. 理解儿歌的内容，学习运用“张、摇、拔”等动词。

活动准备

1. 知识经验准备：

幼儿对下雨有一定的认识和亲身体验。

2. 物质材料准备：

(1)视频播放设备；儿歌《小雨点》视频。

(2)教学电子资源：《小雨点，沙沙沙》相关画面图片。

活动过程

1. 猜谜导入，引发兴趣。

教师用谜语导入活动：千条线，万条线，掉在水里看不见——小朋友，这是什么？(引导幼儿猜出谜底“雨”。)小雨点落下来了，都落到了哪里？会发生什么变化呢？我们一起来看一看，听一听吧！

2. 观看视频，倾听歌曲。

(1)教师播放儿歌《小雨点》视频两遍，请幼儿一边观看画面，一边倾听儿歌。

（2）教师提问：这首儿歌好听吗？（好听。）你听到了什么？你看到了哪些画面？（幼儿根据记忆讲述。）

3．欣赏儿歌，理解内容。

（1）教师有表情带动作地表演儿歌内容，请幼儿欣赏。

（2）教师请幼儿观看《小雨点，沙沙沙》的图片，引导幼儿看图交流。

①观看图1：小雨点落下来是什么声音（沙沙沙）？小雨点落在哪里？（花园里）花儿怎么样？（乐得张嘴巴）“张嘴巴”是什么样的动作？（请幼儿演示“张嘴巴”的动作，并引导幼儿理解动词“张”，用“张”组成一个短语或说出一个句子。）

②观看图2：小雨点，沙沙沙，又落在哪里？（鱼池里）鱼儿怎么样了？（乐得摇尾巴）“摇尾巴”是什么样的动作？（请幼儿演示“摇尾巴”的动作，并引导幼儿理解动词“摇”，用“摇”组成一个短语或说出一个句子。）

③观看图3：小雨点，沙沙沙，又落在哪里？（田野里）苗儿怎么样了？（乐得向上拔）“向上拔”是什么样的动作？（请幼儿演示“向上拔”的动作，并引导幼儿理解动词“拔”，用“拔”组成一个短语或说出一个句子。）

（3）教师带领幼儿有表情地朗诵儿歌，体验春雨落下，花儿、鱼儿和苗儿都非常欣喜的样子。

4．创编动作，表演儿歌。

（1）教师引导：当春天的小雨落下的时候，花儿、鱼儿和苗儿都非常高兴，它们各自是用什么动作表达自己感情的？（花儿乐得张嘴巴，鱼儿乐得摇尾巴，苗儿乐得向上拔）下面老师念一句儿歌，小朋友做相应的动作。

①花儿乐得张嘴巴。（幼儿做动作。）

②鱼儿乐得摇尾巴。（幼儿做动作。）

③苗儿乐得向上拔。（幼儿做动作。）

（2）教师带领幼儿完整地、有表情地朗诵儿歌，提示幼儿想象小雨点落下时花儿、鱼儿和苗儿高兴的样子，用肢体动作有韵律地表现出它们不同的情态，体验表演儿歌的快乐。

5．发散思维，仿编儿歌。

（1）教师引导：小朋友非常喜欢小雨点，也表演了小雨点的儿歌。小雨点除了会落在花园、鱼池和田野里，它们还会落在哪里呢？

（2）教师请幼儿观看视频图片，看图讨论仿编儿歌。

①观看小雨落在草地上的画面：小雨点，沙沙沙，落在哪里呀？将会怎么样呢？（鼓励幼儿自由仿编。例如：小雨点，沙沙沙，落在草地上，小草乐得笑弯腰。）

②观看小雨落在大树上的画面：小雨点，沙沙沙，落在哪里呀？将会是什么样呢？（鼓励幼儿自由仿编。例如：小雨点，沙沙沙，落在大树上，树叶乐得跳起来。）

③观看小雨落在小伞上的画面：小雨点，沙沙沙，落在哪里呀？将会是什么样子？（鼓励幼儿自由创编。例如：小雨点，沙沙沙，落在小伞上，小伞乐得唱歌谣。）

（3）教师请幼儿开动小脑筋继续想一想，小雨点还会落在哪里呢？请幼儿大胆想象，用儿歌里的句式说一说。不要强求幼儿说得句式规整，也不要求押韵，只要能表现幼儿的想象就给予充分的肯定。将幼儿创编的儿歌用图文并茂的方式记录下来，贴在黑板上。

（4）教师引导幼儿有感情地朗读仿编的儿歌，体验表演儿歌的快乐。

活动延伸

领域外活动延伸：引导幼儿进行画小雨点的活动，幼儿边说边画，将自己的想象和情感融入绘画之中。

区域活动延伸：鼓励幼儿根据儿歌内容，大胆创编简单的舞蹈动作，并在表演区自信展示。

亲子活动延伸：鼓励幼儿回家后给家人朗诵儿歌《小雨点》，并在家长的帮助下继续仿编儿歌。

三、大家都有一把伞

设计意图

下雨，给人们的出行带来不便，却给孩子们带来欢乐。下雨的时候，很多孩子都很喜欢在雨中玩耍嬉戏，他们打着美丽的伞在雨中互相追逐、互相嬉闹，孩子们的欢声笑语和花伞构成了雨天一道亮丽的风景线。下雨了，孩子们可以在伞下避雨，那么小动物们在哪里躲雨呢？它们也会和小朋友们一样因下雨天而快乐吗？本次活动以伞为引子，让幼儿学会去倾听、去观察、去思考、去感受大自然给他们带来的乐趣。

活动目标

1. 理解儿歌的内容，了解小动物避雨的情形。
2. 感受儿歌的韵律美，并尝试创编儿歌。
3. 培养初步的文学欣赏能力。

活动准备

1. 知识经验准备：

(1)幼儿有下雨天避雨的经验。

(2)具有初步的儿歌仿编经验。

2. 物质材料准备：

(1)播放器、录有雨声的音频。

(2)画有儿歌内容的背景图 1 幅，把小鸟、小青蛙、小蚂蚁、小朋友(男孩儿、女孩儿)的形象做成粘绒贴。

(3)教学电子资源：《大家都有一把伞》相关画面图片。

活动过程

1. 倾听雨声，激发兴趣。

教师播放录有雨声的音频文件，与幼儿交谈：小朋友，这是什么声音？(下雨的声音）哦！是雨的声音，那下雨的时候我们有什么办法不被淋着呢？（幼儿自由表述。）小朋友下雨的时候可以想很多的办法躲雨，请小朋友说一说，下雨的时候动物朋友们会怎样躲雨呢？（幼儿自由表述。）

2. 欣赏儿歌，理解内容。

（1）教师讲述：有一首儿歌，告诉我们小动物是怎样躲雨的。这首儿歌的题目是《大家都有一把伞》，老师念给大家听一听。

（2）教师有表情地朗诵儿歌，请幼儿认真倾听，感受儿歌的语言美和韵律美。

（3）教师出示背景图，引导讲述：小动物们的伞是什么样子的？小动物的伞有趣吗？请小朋友一起来欣赏一下小动物们的伞吧！

①教师指着背景图上的大树提问：马路边的大树是谁的伞呢？（幼儿自由回答。）请一名回答正确的幼儿将小鸟的粘绒贴贴到背景图的大树上，然后全班幼儿一起诵读儿歌中的句子："马路边的大树，是小鸟的伞。"

②教师提问：下雨的时候小青蛙会在哪里躲雨呢？请小朋友给它找一把伞好吗？（幼儿自由回答。）

请一名回答正确的幼儿将小青蛙的粘绒贴贴在背景图的荷叶下，然后全班幼儿一起诵读儿歌中的句子："池塘里的大荷叶，是小青蛙的伞。"幼儿大胆表述，还可以说出不同的答案，教师要给予适当及时的肯定。

③教师指着背景图上的蘑菇提问：这里有很多可爱漂亮的蘑菇，请小朋友想一想它们可以当谁的伞呢？谁可以用儿歌中的句子告诉老师和小朋友？（幼儿自由回答。）

请一名回答正确的幼儿把小蚂蚁粘绒贴贴在背景图的蘑菇下，然后全班幼儿一起诵读儿歌中的句子："山坡上的大蘑菇，是小蚂蚁的伞。"

④教师提问：下雨的时候，小朋友们都有自己的伞吗？你们的伞是什么样的？你打伞的时候心情是什么样的？（幼儿自由表述。）

请一个男孩把"小男孩儿"的粘绒贴贴在背景图的伞下，请一个女孩把"小女孩儿"的粘绒贴贴到伞下。然后全班幼儿一起诵读儿歌中的句子："下雨了，大家都有一把伞。"

3. 诵读儿歌。

（1）请幼儿观察儿歌图片，说一说画面有什么，小动物们的伞是什么样的。

（2）教师以欢快的情绪带领幼儿学念儿歌，提示幼儿用合适的语调和节奏表现儿歌。

（3）教师鼓励幼儿一边自由做动作，一边完整地朗诵儿歌。

4. 创编儿歌。

（1）教师引导幼儿根据儿歌的句式和自己的想象创编儿歌。教师启发幼儿联想：马路边的大树，池塘里的大荷叶，山坡上的大蘑菇还可以当哪些小动物的伞？（幼儿自由表述。）

（2）引导幼儿根据教师的提示和自己的想象说出创编的儿歌句子。如"马路边的大树是画眉鸟(猫头鹰、小松鼠)的伞”“池塘里的大荷叶是小鸭子(小白鹅、小蝌蚪)的伞”“山坡上的大蘑菇是小蜗牛(小蚯蚓、小瓢虫)的伞”。

(3)鼓励幼儿表演自己创编的儿歌。当幼儿说出自己创编的句子时，老师可让幼儿边念边做出相应的动作，让幼儿体验创编和表演的快乐。

(4)教师整理幼儿创编的儿歌，然后全班幼儿一起朗读，激发幼儿创编的热情。

活动延伸

领域外活动延伸：可以和美工活动相结合，鼓励幼儿将心中美丽的伞画出来展示给大家看。

亲子活动延伸：鼓励幼儿回家后大胆地在家人面前朗读、表演儿歌内容以及创编内容。

四、孔融让梨

设计意图

谦恭礼让是中华民族的传统美德，中国传统文化应该代代传承。现在的幼儿自我意识强，很多孩子事事以自我为中心，不知道为他人着想，更不懂得谦让。教师引导幼儿欣赏、理解《孔融让梨》的故事，让他们在潜移默化中受到中华民族的传统美德的熏陶，懂得相互谦让的道理，同时训练他们的记忆能力和复述故事的能力。

活动目标

1. 养成认真倾听故事的习惯，理解故事内容。
2. 提高记忆能力和复述故事的能力。
3. 懂得相互谦让的道理，并体验谦让的快乐感受。

活动准备

1. 知识经验准备：

要创造机会让幼儿体验由谦让获得的快乐，积累生活经验。

2. 物质材料准备：

(1)播放器；故事《孔融让梨》的音频；拼图玩具 4 个；大绘本 4 本。

(2)故事《孔融让梨》的挂图 1 幅。

(3)教学电子资源：《孔融让梨》画面图片。

活动过程

1. 设置情境，引发幼儿思考。

(1)教师设置情境：今天天气真热，吃完晚饭，妈妈洗好水果端上来，家里只有三个苹果了，可是家里有爷爷、奶奶、爸爸、妈妈和贝贝五个人，这三个苹果给谁吃呢？如果你是贝贝，你会把苹果给谁吃？为什么？

(2)幼儿自由回答，各自讲出自己的理由，分给谁都不要紧，关键是看看幼儿是怎么思考的，说出自己理由。教师对幼儿的回答要给予肯定和表扬。

2. 倾听故事，熟悉故事内容。

（1）教师导语：古时候有一个孩子叫孔融，和大家一样碰到了这样的一个问题，大家想知道孔融是怎么做的吗？

（2）教师出示挂图，播放故事《孔融让梨》，请小朋友一边看挂图，一边认真倾听故事。

（3）教师结合故事提问：故事里的小朋友叫什么名字？主要内容是什么？（幼儿根据挂图和记忆自由表述。）

3. 观看图片，理解故事内容。

教师请幼儿观看《孔融让梨》的相关画面，和同伴交流思考，回答教师提出的问题。

（1）观看图1：孔融和自己的父母、哥哥、弟弟在一起吃梨，孔融挑了一个最小的梨子。

①教师提问：爸爸买了很多梨，让孔融先挑，孔融想了想，挑了一个最小的梨。小朋友们猜一猜孔融的心里是怎么想的呢？

②教师鼓励幼儿发散性思维，自由大胆地根据故事内容说一说自己的想法。

（2）观看图2：孔融的爸爸看见了，心里很高兴。

①教师提问：孔融的爸爸为什么高兴呢？爸爸故意问了孔融什么问题？

②教师请幼儿说出孔融爸爸高兴的原因，并把爸爸问孔融的话说一遍给大家听。

（3）观看图3：孔融向爸爸说出自己让梨的理由。

①教师启发提问：孔融为什么只挑小梨，把大梨让给别人？

②教师先请小朋友用自己的话说一说，然后再引导幼儿用故事中的语言进行回答。

（4）观看图4：爸爸听了，非常开心，一把搂住孔融。

①爸爸听了孔融的话心情怎样？他为什么“非常开心”，他是怎么做的？他又是怎样说的？他为什么说“你真是个好孩子”？

②教师请幼儿根据自己的理解交流表述，鼓励幼儿用肢体动作辅助表达自己的理解。

（5）教师请幼儿复述故事内容，可以根据能力的强弱设置要求，对于能力强的孩子复述时要求比较完整，对于能力弱的孩子只要能够复述出主要内容就可以了。

4. 集体讨论，懂得互相谦让的道理。

（1）教师提问：大家为什么都喜欢孔融？你喜欢孔融吗？为什么？

教师鼓励幼儿用自己的语言大胆表述，也可以用故事里的语言进行回答。

（2）教师小结：人与人之间要懂得互相谦让，好东西要和别人一起分享。

5. 实践活动，情感迁移和行动内化。

教师将幼儿分成四个小组，每组提供一个拼图玩具和一个大绘本，引导幼儿自由选择，自由组合，学习分享和共享玩具、图书以及其他物品，懂得互相谦让、互相分享以及体验分享和共享的快乐之情。

活动延伸

领域外活动延伸：鼓励幼儿根据故事内容进行表演，表演时注意故事中的对话要符合人物身份。

亲子活动延伸：鼓励幼儿回家后把故事内容完整地复述给家人听，请家长加强对孩子进行互相谦让、共同分享的美德教育。

五、毛毛虫去散步

设计意图

早期阅读对幼儿阅读习惯的养成和阅读能力的发展起着重要的作用，对幼儿的认知能力、社会性及情感的发展也有着积极的作用。3~4 岁是幼儿阅读能力发展的关键期。这一时期的幼儿喜欢听故事、看图片，正是接触图画书的最佳年龄，教师和家长都应对幼儿进行正确的引导。阅读很关键的一点在于阅读绘本的选择，好的绘本可以使幼儿对阅读产生浓厚的兴趣。在本次活动中，教师引导幼儿阅读《毛毛虫去散步》的绘本，让幼儿接触图画书，对文字和图画产生兴趣，可以引导幼儿根据图画书自己讲出故事，体验阅读的快乐情感。

活动目标

1. 喜欢看图画书，能看懂绘本故事。
2. 理解“花丛”“散步”“碰见”“遇见”“遇到”“开心”“笑眯眯”等词语的含义。
3. 能够安静地欣赏图画书，体验阅读的快乐情感。

活动准备

1. 知识经验准备：

幼儿有与父母散步的经验，也有与老师和家长一起看书的经验。

2. 物质材料准备：

(1)教师在上课前可以带幼儿到教室外散步，并将散步过程录制成视频，用于活动。

(2)毛毛虫、花、甲虫、蜗牛、蝴蝶和小鸟的头饰若干(数量与故事吻合)。

(3)白纸、彩笔若干(每个幼儿 1 套)。

(4)教学电子资源：《毛毛虫去散步》相关画面图片。

活动过程

1. 导入活动。

教师播放平时带幼儿散步的录像视频，请幼儿观看，唤起幼儿关于散步情景的回忆。

2. 欣赏绘本。

(1)教师出示绘本，引起幼儿兴趣。

大家都喜欢散步，散步的时候非常轻松，心情也很愉快。有一只毛毛虫，也和我们一样喜欢散步！毛毛虫也喜欢散步，真是非常好玩的一件事，它是怎么散步的？它在散步的时候遇到了什么事情呢？它散步时的心情是什么样的呢？小朋友们一定很想知道，我们一起来看看这个故事：《毛毛虫去散步》。

(2)出示绘本封面，引导幼儿观察。

教师提问：看看封面上是谁，它在干什么？这本书的名字叫《毛毛虫去散步》(手指绘本书的名字)，请小朋友跟老师一起念故事题目：《毛毛虫去散步》。这只小毛毛虫要去散步，它散步的时候发生什么事情呢？让我们跟着毛毛虫一起去散步吧。

(3)欣赏第一页画面。

①教师请幼儿认真观察《毛毛虫去散步》的画面一。

②教师与幼儿交谈：这幅图上有什么？(太阳、花、毛毛虫。)天气怎样？(晴朗。)你是怎么知道的？(火红的太阳挂在天上。)毛毛虫要去干什么呢？(散步。)它的心情怎样？(高兴。)谁能表现出高兴的心情？(幼儿用表情和动作表现。)你们猜猜它在散步时会碰见谁，会发生什么事呢？我们来看第二页。

(4)欣赏第二页画面。

教师与幼儿交谈：毛毛虫散步时路过了哪里？(一片花丛。)花儿是什么样的？(漂亮、美丽、鲜艳。)毛毛虫看见美丽的花后是怎样的心情？(开心。)它为什么这么开心？原来花丛下有一只小甲虫。谁能学一学毛毛虫遇到甲虫开心的样子？(幼儿模仿做动作。)毛毛虫离开了小甲虫，又会遇见谁？我们再看第三页。

(5)欣赏第三页画面。

教师与幼儿交谈：看！毛毛虫碰见了谁？(蜗牛。)有几只蜗牛？(两只。)它们是在什么时候碰见的？(散步途中。)毛毛虫遇到蜗牛是什么心情？你是怎么知道它们很开心呢？(毛毛虫和蜗牛都笑眯眯的。)它们互相说了些什么？(打招呼，问好。)请小朋友体会在散步途中遇到自己伙伴时的愉快心情，并学会和小伙伴打招呼。毛毛虫离开了两只蜗牛，又会遇见谁？我们再看第四页。

(6)欣赏第四页画面。

教师与幼儿交谈：这次毛毛虫碰见谁了？(蝴蝶。)有几只蝴蝶？(三只。)它们心情怎样？(也很开心。)它们遇见之后说了什么呢？(打招呼，问好。)毛毛虫还会遇见更多的好朋友呢！我们一起来看第五页吧。

(7)欣赏第五页画面。

教师与幼儿交谈：毛毛虫这次遇见谁了啊？(小鸟。)数数有几只小鸟啊？(四只。)它们心情怎样，(一样开心。)毛毛虫遇见小鸟后说了什么呢？(打招呼，问好，然后毛毛虫邀请小鸟一起散步。)毛毛虫和小鸟的表情是什么样的？(仍然很开心。)接下来它们会怎么样呢？我们还是看看第六页吧。

(8)欣赏第六页画面。

教师与幼儿交谈：哦，花儿、甲虫、蜗牛、蝴蝶、小鸟和毛毛虫碰在了一起，毛毛虫和小伙伴心情是什么样的？(都很开心。)毛毛虫对它们发出了邀请，它们一起去干什么了？(一起散步。)

(9)教师和幼儿一起小结：毛毛虫去散步，首先路过一片花丛，碰到了一只甲虫，然后又遇到了两只蜗牛、三只蝴蝶、四只小鸟，最后大家一起散步。

3. 复述故事。

(1)教师请幼儿观看教学图片，一边看，一边回忆故事。

(2)教师组织幼儿分组活动，请幼儿在组内交流讲述故事的内容。可以让幼儿一人讲一段，进行接龙讲述。

4. 经验提升。

(1)引导幼儿理解数字逐渐增多：小朋友对故事的内容已经非常熟悉了。毛毛虫遇见了哪些小伙伴？第一次是一片花丛，第二次是两只蜗牛，第三次是三只蝴蝶，第四次是四只小鸟，毛毛虫遇见小伙伴的数量一次比一次多还是少呢？(多。)每次都增加了多少数字啊？(多一个数字。)

(2)教师引导幼儿理解毛毛虫遇见小伙伴愉悦的心情：毛毛虫在散步过程中遇到了自己的小伙伴，它的心情是开心的，愉快的。假如你在街上或不同的地方遇到了你的小伙伴，那么你的心情是什么样的？(很高兴。)你还会在什么情况下心情是愉快的。(如遇到高兴的事情、吃到好吃的东西、玩喜欢的玩具、听故事、画画、看图画书、听老师讲故事等。)

(3)教师引导幼儿认识绘本的作画方式：你们看看这些画是用什么工具画成的？(请幼儿仔细观察，引导幼儿发现这些画主要是用手指画成的。)这是指纹画。我们用手指蘸上不同的颜料，在白纸上一印，再添上几笔画就能变成有趣的图画。

活动延伸

领域外活动延伸：与美术活动结合，指导幼儿尝试用手指作画，体验指纹画的乐趣。

区域活动延伸：将故事中的角色头饰放在表演区，让幼儿分小组进行故事表演。

亲子活动延伸：请家长让孩子多多接触优秀的儿童绘本故事，在听与讲的过程中逐步锻炼幼儿的语言表达能力，提高幼儿的阅读兴趣。

六、小猫钓鱼

设计意图

小班幼儿由于心智发育不成熟，做起事来易受外界干扰而转移注意力。选择经典童话故事《小猫钓鱼》作为语言活动的内容，旨在让幼儿知道小猫因为三心二意所以没有钓到鱼，后来它改掉了自己的缺点，一心一意钓鱼，终于钓到了一条大鱼。教师要帮助幼儿懂得只有持久专心才能学会一种本领，做好一件事情。

根据新《纲要》的要求，教育过程应依据幼儿学习特点进行整合处理，以使幼儿通过真实而有意义的活动，获得完整的经验，促进身心多方面和谐发展。老师组织此次活动是非常必要的。

活动目标

1. 懂得“只有专心才能做好一件事”的道理。
2. 丰富词语：“一心一意”，“三心二意”。
3. 能够复述故事的主要内容，表演角色对话，发展语言表达能力。

活动准备

1. 知识经验准备：

幼儿知道钓鱼的特点。

2. 物质材料准备：

(1)《小猫钓鱼》的挂图 1 幅。

(2)猫妈妈、小猫、蜻蜓、蝴蝶、大鱼的头饰若干(每组 2 套)。

(3)播放器，《小猫钓鱼》的故事音频。

(4)教学电子资源：《小猫钓鱼》的相关画面图片。

活动过程

1. 导入活动内容。

教师导语：小朋友们喜欢小猫吗？(喜欢。)小猫最喜欢吃什么呀？(鱼。)对，小猫最喜欢吃鱼了。今天小猫就和妈妈一起到河边去钓鱼，小猫能不能钓到大鱼呢？我们来听一听《小猫钓鱼》的故事就明白啦！

2. 完整欣赏故事。

教师出示挂图，完整地播放故事音频，请幼儿边看图边倾听故事。

3. 分段欣赏故事。

教师结合挂图逐段播放故事音频，引导幼儿看图交流讲述。

(1)播放故事音频第1和第2段，观看图1至图3。

①小猫和妈妈要到哪里去钓鱼呀？(树林旁边，有一条小河。)河里的鱼在干什么呢？(河里有许多的鱼游来游去。)

②它们刚刚坐下钓鱼，谁来了？(蜻蜓。)蜻蜓好玩吗？(好玩。)它是怎么飞的？(飞来飞去像架小飞机。)小猫看见蜻蜓心情怎么样？(真喜欢。)小猫是怎么做的？(放下鱼竿，就去捉蜻蜓。)它捉到蜻蜓了吗？(没捉着。)它的心情又是怎么样呢？(不高兴。)它只好怎么样？(空着手回到河边。)

③小猫回到河边的时候，它发现了什么？(猫妈妈钓了一条大鱼。)

(2)播放故事音频第3和第4段，观看图4至图5。

①看到妈妈钓到了大鱼，小猫会怎么做呢？(小猫又坐到河边钓鱼。)这次小猫应该可以钓到大鱼了吧！

②小猫又看到了谁飞来了？(蝴蝶。)小猫看见蝴蝶怎么样？(很喜欢。)它又是怎么做的？(放下鱼竿，去捉蝴蝶。)它捉到蝴蝶了吗？(又没捉着。)它的心情怎么样呢？(不高兴，不开心。)它又只好怎么样？(空着手回到河边。)

③小猫回到河边的时候，它又发现了什么？(猫妈妈又钓了一条大鱼。)小猫心情怎么样？(不高兴。)它是怎么说的？(真气人，我怎么一条鱼也钓不着。)

④小猫为什么钓不到鱼？你们帮小猫出出主意，想想办法，小猫应该怎么做，才能钓到鱼？(幼儿自由讲述。)

(3)播放故事音频第5和第6段，观看图6。

①猫妈妈对小猫说了什么？(钓鱼要一心一意，不要三心二意，你一会儿捉蜻蜓，一会儿捉蝴蝶，怎么能钓到鱼呢？)“一心一意”和“三心二意”是什么意思？(引导幼儿理解这两个词语。)

②小猫听了妈妈的话后是什么样的表情？(很难为情。)它又是怎么做的呢？(一心一意钓鱼了。)

③如果你是小猫，你会怎么做呢？(幼儿自由讲述。)

(4)播放故事音频第7段，观看图7。

①小猫又坐到河边开始钓鱼了，这时谁又飞来了？(蜻蜓又飞来了，蝴蝶也飞来了。)

②这次小猫是怎么做的呢？(小猫就像没看见一样，一动也没动。)它想不想去捉蜻蜓和蝴蝶？(想。)它为什么没有去捉蜻蜓和蝴蝶呢？(它要一心一意地钓鱼。)对，我们

只有专心致志、一心一意地做事，才能把一件事完成好。

③小猫钓到鱼了吗？（钓到了一条大鱼。）小猫的心情怎么样？（高兴极了。）小猫是怎么说的？（我钓到大鱼啦，我钓到大鱼啦！）

（5）播放故事音频第8段，观看图8。

①小猫高兴吗？（高兴。）它为什么这么高兴？（因为它钓到一条大鱼了。）

②猫妈妈和小猫后来怎么样？（猫妈妈和小猫一起拎着钓到的鱼，高高兴兴地回家了。）

（6）教师小结：小猫最后终于钓到了一条大鱼。我们小朋友也要记住猫妈妈对小猫说的话："钓鱼要一心一意，不要三心二意，你一会儿捉蜻蜓，一会儿捉蝴蝶，怎么能钓到鱼呢？"我们只有专心，做到一心一意，才能学会一种本领，做好一件事情。

4. 表演故事。

（1）教师请幼儿观看教学片——《小猫钓鱼》，依次看图，回忆故事内容。

（2）教师安排幼儿分组活动，互相讨论怎样表演这个故事。

（3）教师请各组幼儿自行分配角色（一个幼儿讲述故事，两个幼儿分别扮演猫妈妈和小猫，其他幼儿扮演蜻蜓和蝴蝶），戴上相应的头饰，排练故事表演。

（4）在各组幼儿排练的过程中，教师巡查，适时给予指导。

（5）教师组织各组幼儿在班上轮流表演，并引导观看的幼儿进行简单、积极的评价。

活动延伸

领域内活动延伸：训练幼儿运用"一心一意"和"三心二意"各说一句话。

领域外活动延伸：在日常生活中，注意引导幼儿一心一意做好每一件事情。

亲子活动延伸：鼓励幼儿回家后给家人讲述这个故事，并邀请家人一起表演这个故事。

七、夏天到

设计意图

不知不觉，夏天已经悄悄地来到了孩子们的身边，知了在树上吱吱叫唤，蝴蝶在花丛中飞舞，青蛙在池塘里蹦跳，葡萄藤爬满了架子，弯弯的香蕉挂在枝头上。儿歌《夏天到》描绘了一幅夏天繁盛的景象。教师引导幼儿学习这首儿歌，感知夏天的特征，体会儿歌景物的动态描写，丰富幼儿的想象，萌发热爱大自然的情感。

活动目标

1. 感知夏天景物的主要特征，理解儿歌的内容。
2. 体会儿歌对景物的动态描写，训练想象能力。
3. 能够有感情地朗读儿歌，体验大自然的美好。

活动准备

1. 知识经验准备：

幼儿对夏天的特征有基本的认知。

2. 物质材料准备：

(1)多媒体播放器，录有夏天景物特征的视频1个。

(2)教学电子资源：《夏天到》相关画面图片。

活动过程

1. 感知夏天。

(1)师幼交谈：

①我们的活动室用上了空调，特别凉快，可是我们走到外面是什么感觉呢？(外面很热)，这说明什么季节来到了呀？(夏天到了。)

②你怎么知道夏天来了？(天气很热，知了在树上叫，我们穿上了裙子，还吃起了冰淇淋。)

③喜欢在夏天活动的动物有哪些呀？（青蛙、知了、蛇、蝴蝶、蜻蜓……）

④我们在夏天可以做哪些运动？（游泳、散步……）

⑤夏天有哪些食物吃起来能感觉到很凉快呀？（冰淇淋、西瓜、汽水、绿豆汤……）

⑥你们喜欢夏天吗？为什么呢？（幼儿自由讲述。）

（2）观看视频：

①播放录有夏天景物特征的视频，请幼儿欣赏。

②请幼儿描述视频的内容。

③请幼儿讲述视频里没有出现但自己却能感知的夏季景物。

2. 欣赏儿歌。

（1）教师有感情地示范朗读儿歌《夏天到》，请幼儿欣赏。

（2）教师带领幼儿集体有节奏地朗读儿歌，进一步熟悉儿歌的内容。

（3）请幼儿观看教学片《夏天到》相关画面，对照画面讲述儿歌内容。

①儿歌写了夏天的哪些动物，哪个词语最能表现动物的特征？（幼儿根据儿歌的内容讲述。）

②儿歌写了夏天的哪些植物，哪个词语最能表现植物的特征？（幼儿根据儿歌的内容讲述。）

③这些动物和植物都是什么颜色？（幼儿根据儿歌的内容讲述。）

④儿歌最后一句"难怪太阳格外骄"表达了什么含义？（幼儿根据自己的理解讲述。）

（4）教师小结：

①这首儿歌写了知了、蝴蝶和青蛙等夏天有代表性的动物，分别用"叫""飞""跳"等词语概括性地描写了它们的特征；还写了树、葡萄藤和香蕉等夏天有代表性的植物，分别用"摇""爬""笑"描写了它们的特征。

②这首儿歌虽然没有直接写出夏天的色彩，但是知了的褐色、蝴蝶的花色、青蛙和树儿的绿色、葡萄的紫色、香蕉的黄色，就已经给我们构成了一幅色彩斑斓的图画。

③儿歌最后一句告诉我们：夏天繁盛的景象都是火红的太阳给我们带来的。

3. 表演儿歌。

（1）幼儿分组活动，教师启发幼儿讨论动作，表现儿歌中描写动物和植物的动词。

（2）教师带领幼儿朗诵儿歌，并用肢体动作表现儿歌内容。

活动延伸

领域外活动延伸：结合美术活动，鼓励幼儿画出自己最喜欢的夏天的动物或植物。

区域活动延伸：教师把儿歌与音乐节奏相结合，鼓励幼儿跟随音乐节奏念儿歌。

亲子活动延伸：把学会的儿歌念给爸爸妈妈听，并在家长的引导下创编新儿歌。

八、喇叭花电话机

设计意图

《喇叭花电话机》是一个温馨、有趣的童话故事。作者巧妙地把喇叭花想象成电话机，并用它牵起了小田鼠和小鸟之间的浓浓情谊，是对幼儿进行友爱教育的好题材。小班的孩子大多以自我为中心，他们对人与人之间的友好和关爱的情感缺乏体验。通过这次活动，教师引导幼儿在理解故事内容的基础上，感受小鸟和小田鼠之间的友好情谊，体验朋友之间的友爱情感，同时大胆表达自己的想法，享受交流带来的快乐。

活动目标

1. 理解故事内容，感受小动物之间的友好情谊。
2. 能够认真倾听，敢于在集体面前大胆清楚地表达自己的想法。
3. 通过表演的形式，感受同伴之间交流沟通的快乐。

活动准备

1. 知识经验准备：

幼儿对打电话有所了解或有体验。

2. 物质材料准备：

(1)小鸟玩具、小田鼠玩具、喇叭花玩具各1个。

(2)播放器；故事《喇叭花电话机》的音频文件。

(3)小鸟、小田鼠头饰若干(各为幼儿人数的一半)。

(4)电子教学资源：《喇叭花电视机》相关画面图片。

活动过程

1. 情境导入，倾听故事。

(1)教师讲述：今天我们班来了几个小伙伴，大家想不想知道它们是谁呀？(先出示小鸟玩具)叽叽喳，我是快乐的小鸟。(接着出示小田鼠的玩具)吱吱吱，我是聪明的小田鼠。(最后出示喇叭花的玩具)嘀嘀哒，我是美丽的喇叭花。它们三个小伙伴要把一个动听的故事带给我们，我们大家一起来静静地听一听吧。

(2)完整播放故事《喇叭花电话机》音频，请幼儿欣赏。

2. 观看图片，师幼交流。

教师请幼儿观看教学片相关画面，互动交流。

(1)观看图1，引导幼儿了解小鸟和小田鼠之间的空间关系，为接下来的故事发展做铺垫：

①画面上都有什么？(大树、小鸟、小老鼠。)

②大树是什么样子的？(很高很高、高大。)

③有几只小鸟？请幼儿点数。(三只。)

④有几只小田鼠？请幼儿点数。(三只。)

⑤小鸟在什么地方？小田鼠在什么地方？(小鸟在高高的树上，小田鼠在树下。)

(2)观看图2，引导幼儿了解小鸟和小田鼠这些小动物不能在一起说话，不能在一起玩耍的焦急和难过的心情：

①小鸟想不想去找小田鼠玩呢？(想。)小鸟能不能去找小田鼠玩呢？(不能。)为什么？(因为它们还没长齐羽毛，不会飞。)

②小田鼠想不想去找小鸟玩呢？(想。)小田鼠能不能去找小鸟玩呢？(不能。)为什么？(因为它们还不会爬树。)

③它们是邻居，又是好朋友，但它们却不能在一起说话，不能在一起玩，它们的心情是什么样的？(很伤心，很难过，很着急。)请小朋友表演一下它们很伤心、很难过、很着急的样子。

④谁有什么好办法，可以帮助小田鼠和小鸟，让它们能够互相听见对方说话？(幼儿自由讲述。)

(3)观看图3，引导幼儿了解喇叭花把小田鼠家和小鸟家联系起来了：

①小朋友们想了很多办法，小田鼠也是个聪明的小家伙。小田鼠想了一个什么办法？(小田鼠在树下种了棵喇叭花。)

②喇叭花怎么把小田鼠家和小鸟家联系起来的？(喇叭花爬到了小鸟家，喇叭花变成了电话。)

(4)观看图4，引导幼儿理解小鸟和小田鼠通过喇叭花电话的帮助，在一起交流心情：

①小田鼠终于可以和小鸟说话了，它们是通过什么说话的呢？(喇叭花电话机。)

②小田鼠和小鸟都说了些什么？(请幼儿模仿小动物对话。)

③如果你是小鸟，你还会和小田鼠说些什么话？(鼓励幼儿在集体面前大胆表述。)

④如果你是小田鼠，你又会和小鸟说些什么话？(鼓励幼儿在集体面前大胆表述。)

⑤它们经常打电话吗？你是怎么知道的？(天天说着悄悄话。)

⑥它们通话时心里是什么样的感觉？(高兴、喜悦、快乐、满足。)

3. 分组活动，表演故事。

（1）教师组织幼儿分组活动，请幼儿根据相关画页的图示，商讨怎样表演故事的内容。

（2）教师轮流参与各组幼儿的讨论，给幼儿提出参考意见。

（3）教师鼓励幼儿自由选择角色，分别将小鸟和小田鼠的头饰戴在头上，扮演不同的角色，根据故事内容进行表演。

（4）教师对幼儿的表演给予积极的评价，鼓励幼儿要互相友爱、互相帮助、互相关心、分享快乐。

活动延伸

领域内活动延伸：引导幼儿思考：如果不种喇叭花，还有什么办法帮助小鸟和小田鼠解决这个问题？

亲子活动延伸：鼓励幼儿回家给家长讲述这个故事，并邀请家长一起表演这个故事。

九、明明画的花裙子

设计意图

小班语言活动的目标之一是“让幼儿敢于说、敢于去表达”。为了发展幼儿的观察能力、逻辑思维和语言表达能力，教师可以安排看图说话的语言活动。幼儿通过生动有趣的图画，去观察画面的内容，发挥自己的想象，表达自己的理解。《明明画的花裙子》是一篇有趣的看图说话材料，画面简单，内容明了，幼儿可以按一定顺序讲述画面的内容，培养想象力和语言表达能力。

活动目标

1. 乐于参加看图讲述的活动。
2. 能看懂画面并用准确的语言讲述画面的内容。
3. 训练观察能力、思维能力和语言表达能力。

活动准备

1. 知识经验准备：

幼儿有看图讲述的经验。

2. 物质材料准备：

(1)布娃娃(没有穿裙子)1个。

(2)不同的组合图片(如不同款式、不同图案、不同色彩的鞋子组合图片，帽子组合图片，书包组合图片)各1套。

(3)电子教学资源：《明明画的花裙子》相关画面图片。

活动过程

1. 导入活动内容。

教师出示布娃娃，学着布娃娃的口气说：我是一个布娃娃，可是我没有好看的裙子，不能去参加朋友的生日会，小朋友，该怎么办呢？(鼓励幼儿大胆表达自己的想法，教师给予肯定。）小朋友都说得不错！有个叫明明的小朋友，为了把布娃娃打扮得很漂亮，他画了好几条漂亮的裙子呢，我们一起来看看。

2. 看图交流讲述。

（1）教师请幼儿观看教学片《明明画的花裙子》相关画面，引导幼儿交流讲述。

①明明画了几条美丽的裙子呢？（三条。）这三条裙子漂亮吗？（漂亮。）这三条裙子是一个样子吗？（不一样。）

②明明画的第一条裙子是什么样子的？（画了很多花。）都是些什么颜色的花？（红的花，绿的花，黄的花。）

③明明画的第二条裙子是什么样子的？（画了很多圆点。）都是些什么样的圆点？（大圆点和小圆点。）是什么颜色？（大圆点是黄的，小圆点是绿的。）

④明明画的第三条裙子是什么颜色的？（蓝色的。）蓝色上面画了什么？（许多亮晶晶的小星星。）你看的时候会有什么感觉？（就像蓝天上的星星在眨眼睛。）

（2）教师引导幼儿把刚才交流讲述的内容连贯起来，完整地讲述一遍。

（3）教师请幼儿对比观察三条裙子，说出它们有什么不一样，并说出自己最喜欢哪一条，为什么？

（4）教师引导幼儿给故事内容起个名字：刚才小朋友都看了明明画的裙子，大家也很喜欢这些裙子，我们来为这个故事起个名字吧。（鼓励幼儿大胆讲述，如：漂亮的裙子，美丽的裙子，明明画的裙子，布娃娃的裙子，会变的花裙子……）

3. 设计花裙子。

（1）教师：明明画的裙子漂亮吗？布娃娃可高兴了。我们也来学一学明明，为布娃娃设计一条漂亮的裙子，要与明明画的以及别人画的不一样哦。

（2）教师请幼儿在画纸上画出自己喜欢的花裙子。

（3）教师请幼儿在小组内介绍自己画的花裙子，要用完整的话讲出基本的图案和色彩。

活动延伸

区域活动延伸：在语言角投放不同的组合图片，如不同款式、不同图案、不同色彩的鞋子组合图片，帽子组合图片，书包组合图片，引导幼儿对比观察进行讲述。

亲子活动延伸：鼓励幼儿为妈妈设计一条漂亮的花裙子，回到家后送给妈妈并做简单介绍。

十、我喜欢……

设计意图

刚刚过完春节，孩子们此时此刻还沉浸在过年的幸福情境之中。过年对孩子来说是非常快乐的体验，他们可以收到很多礼物，其中就有自己喜欢的玩具。孩子们到幼儿园后特别喜欢和教师和同伴分享这份快乐。通过讲述活动“我喜欢……”让幼儿能够在集体面前自由大胆地讲述自己喜欢的东西，说一说为什么喜欢它，锻炼幼儿能够听懂教师的要求，学习正确使用名词、动词，能够说出完整的句子。

活动目标

1. 乐于表达，乐于体会分享的快乐。

2. 学习正确使用名词、动词等，练习说完整的句子。

3. 能够听懂教师的要求并按照要求进行讲述，具有一定的思维能力和语言表达能力。

活动准备

1. 教师准备各种玩具若干，陈列在玩具柜里，准备几个大的糖果盒，放上各种糖果，包括巧克力、饼干、旺旺系列产品等。

2. 幼儿自带一件喜欢的玩具或糖果。

活动过程

1. 提问导入。

(1)教师提问：小朋友，过年的时候你们一定收到了很多礼物。你收到什么礼物，是什么样子的？你喜欢吗？为什么喜欢？

(2)幼儿回忆过年收到礼物的情景，回答教师提出的问题。

2. 讲述活动。

(1)教师请幼儿依次介绍自己带来的玩具或糖果，使用句式：“这是××，我喜欢

××。”

（2）教师请幼儿观察玩具柜里的玩具，分别说一说：玩具柜中有什么玩具？你觉得哪种玩具最好玩？你最喜欢哪种玩具？为什么？

要求用完整的话来说。如：玩具柜中有小汽车、小飞机、布娃娃；我觉得小汽车最好玩；我非常喜欢小汽车，小汽车可以开到很远的地方。

3. 游戏讲述。

游戏一：买玩具。

（1）教师扮演营业员，站在玩具柜旁，请幼儿来买自己喜欢的玩具。

（2）教师提出买玩具的要求：顾客要有礼貌地向营业员问好，清晰地说出要买的玩具名称。

（3）幼儿“买”玩具，选择玩具后按照教师的要求说清相应的内容。

（4）教师请其他幼儿注意倾听购买玩具的小朋友的话，如果觉得他说得正确，就向他学习；如果觉得他说得有毛病，就向他指正。

游戏二：夸玩具。

（1）教师组织幼儿分组活动。幼儿把自己“买”来的玩具放在面前，轮流向同伴夸自己的玩具。说一说玩具是什么样子的，为什么喜欢它，它可以怎么玩。

（2）教师要求在一个幼儿讲述的时候，其他幼儿要认真倾听，等他说完可以帮他补充。

4. 延伸讲述。

（1）教师提问：小朋友都喜欢玩具，那么我们应该怎样爱护玩具呢？

（2）教师鼓励幼儿大胆讲述自己的想法，也可以介绍自己是怎么爱惜玩具的，并用动作辅助表述。

（3）教师注意倾听幼儿的讲述，关注幼儿所用的名词、动词是否准确。如果发现有偏差，适时予以指正。

（4）教师结合幼儿回答进行小结：

①不争抢玩具，不乱扔玩具，要轻拿轻放。

②按正确的方法玩玩具。

③玩具脏了要及时擦洗。

④玩具玩完了要归还原处。

（5）教师带领幼儿诵读儿歌《我和玩具是朋友》，结束活动。

十一、春风轻轻地吹

设计意图

春天，是温暖的时节；春天，是最美好的季节。暖暖的春风，吹醒了万物，柳树舒展开了嫩绿的枝条，在微微的春风中轻柔地拂动，就像一群群身着绿装的仙女在翩翩起舞。在春风的吹拂下，满山遍野的野花睁开了眼，一朵、两朵，一丛、两丛……连成片，汇成海。人们面对这粉的、红的、黄的、白的……绚丽的海洋，没有了烦恼，没有了忧伤。感谢春天的风带给我们色彩，带给我们向上的力量。教师引导幼儿通过学习幼儿诗《春风》，帮助幼儿了解春风的特征，感受春天的美丽。

活动目标

1. 培养热爱美丽的春天、热爱大自然的情感。
2. 了解春风的特征，感受春天的美丽。
3. 能欣赏诗歌语言，具有初步的诗歌仿编能力。

活动准备

1. 知识经验准备：

教师和家长在季节变化的时候引导幼儿观察春天的景色，对春风、春雨、春天的花草树木及小动物的特征有一些初步的了解。

2. 物质材料准备：

(1) 春天的图片。

(2) 录音设备。

活动过程

1. 谈话导入。

教师与幼儿交谈：冬天过去了，春天来了，小朋友发现春天有什么样的变化吗？

教师引导幼儿运用自己的经验和想象描述春天的主要特征。如：树绿了，草也绿了，花开了，小燕子回来了……

2. 观察画页。

教师请幼儿观察春天的图片，提问：图片上出现的是什么季节？你是怎么知道的？

教师启发幼儿从小草发芽、柳条轻轻飘荡、花儿开放、小燕子飞来飞去、蝴蝶飞舞、春雨淅沥、种菜种瓜等春天的特征进行描述，加深对春天的认识。

3. 欣赏诗歌。

(1)教师：春天来了，柳树为什么能够跳舞呢？小草为什么在轻轻地点头呢？是谁在施展魔法，让柳树和小草都动起来了呢？原来是春风魔法师，我们一起来看看它还有什么魔法？

(2)教师有感情地朗读诗歌，请幼儿一边观看画面，一边欣赏诗歌。

(3)教师在朗诵诗歌的时候，要用抑扬顿挫的语调突出重点词语，让幼儿感受诗歌的韵律美和节奏美。

(4)教师重点引导幼儿理解诗歌反复运用的“吹×了××”的句式，这种句式的铺陈，把春风带来的美，一个镜头接一个镜头地呈现在读者的眼前。

(5)教师带领幼儿一起有感情地朗诵诗歌。

4. 表演诗歌。

教师引导幼儿对诗歌中描写的事物的情态进行表演。重点表现“轻轻”“吹绿”“吹红”“吹来”“吹醒”等词的意义。

(1)“春风轻轻地吹”——春风怎样轻轻地吹？请小朋友用动作表现出来。

(2)“吹绿了柳树”——春风怎样吹绿柳树？请小朋友把柳枝飘拂的姿态做出来。

(3)“吹红了山茶花”——春风怎样吹红山茶花？请小朋友把山茶花开放的样子做出来。

(4)“吹来了燕子”——春风怎样把小燕子吹来呢？请小朋友把小燕子快乐飞翔的样子表现出来。

(5)“吹醒了青蛙”——春风怎样吹醒青蛙呢？请小朋友把小青蛙醒来的样子模仿出来。

(6)“吹得小雨轻轻地下”——小雨“轻轻”地下与春风“轻轻”地吹有什么区别？这个“轻轻”应该怎么表现？请小朋友用动作表现出来。

(7)“小朋友们种下了菜和瓜”——小朋友种菜、种瓜的动作是怎样的？请小朋友三三两两组合，一起进行情景表演。

5. 仿编诗歌。

(1)教师引导幼儿感受诗歌句式结构，请小朋友用诗歌里的语言说一说春风“吹×了××。”

(2)教师引导幼儿尝试更换诗歌中部分词语，学习仿编诗歌。

①教师讲述：春风是魔法师，可以变出各种各样神奇美妙的东西，把大自然打扮得非常美丽。春风一吹，吹绿了柳树，还吹绿了什么？老师先变一个魔法，把柳树变成小

草，“春风吹绿了小草”。请小朋友和老师一样变一变魔法。

②教师引导幼儿想象春天的各种景物，运用所积累的知识和经验，大胆仿编诗歌。如：春风“吹黄了迎春花”“吹红了桃花”“吹来了蜜蜂”“吹来了蝴蝶”“吹醒了乌龟”“吹醒了松鼠”等。

(3)教师把幼儿朗诵仿编的诗句录制下来，再播放给幼儿听一听。播放仿编录音，引起幼儿对诗歌仿编的兴趣，体验创造成功的快乐。

活动拓展

鼓励幼儿把诗歌改编成一个故事，或者用描述性的语言讲述出春天的景物。

十二、我爱妈妈

设计意图

妈妈，是伴随孩子成长的一棵大树，她日复一日无微不至地呵护着孩子们。3 月是温暖时节，3 月 8 日是属于妈妈的日子。这个时候，可以带着幼儿一起去感受妈妈的辛苦，去感受妈妈的付出，去感受母爱的伟大，从而让孩子懂得父母的爱，萌发对妈妈的爱和尊敬。幼儿诗《妈妈》就是这样一首情感质朴、贴近幼儿生活的诗歌，在幼儿朗朗的念诵中，他们会更加喜欢自己的妈妈，从心底里爱自己的妈妈。

活动目标

1. 产生爱妈妈、关心照顾他人的美好情感。
2. 理解诗歌内容，体会妈妈对孩子伟大、无私的爱。
3. 能够联系自己的生活经验，感受诗歌的意境和情感。

活动准备

1. 知识经验准备：

教师事先请幼儿在日常生活中观察妈妈是怎样照顾自己的。

2. 物质材料准备：

(1)洋娃娃若干(每个幼儿 1 个)。

(2)将活动室布置为“娃娃家”环境。

活动过程

1. 提问导入。

(1)教师请幼儿结合自己每天的生活，说一说自己的妈妈。提问：我们的妈妈平常都会为我们做哪些事情？妈妈辛苦吗？(幼儿自由讲述。)

(2)教师把幼儿讲述的内容记录下来，并予以充分的肯定，让幼儿对自己的妈妈产生一种崇拜和尊敬的感情。

2. 感受诗歌第一节——“我爱妈妈”。

(1)教师有感情地朗读幼儿诗《妈妈》，让幼儿认真聆听。

提问：这首诗是写给谁的？你们喜欢吗？

(2)欣赏第一节幼儿诗。

①教师带领幼儿诵读第一节。

②教师请幼儿讲述第一节的内容。

(3)教师引导幼儿用动作演示妈妈为小朋友所做的事情，表演第一节内容。

(4)教师提问：妈妈为什么要为我们做这么多事情？让幼儿了解妈妈的辛苦付出，鼓励幼儿大胆说出妈妈为宝宝付出的理由，激发幼儿对妈妈的爱。

(5)教师带领幼儿边做动作边朗读幼儿诗第一节，从而加强幼儿的印象。

3. 感受诗歌第二节——“我来做妈妈”。

(1)教师引导幼儿怀抱娃娃尝试做妈妈：现在我们来学习一下我们的妈妈，去尝试着做一下妈妈，体验一下妈妈的感受。

(2)欣赏第二节幼儿诗。

①教师带领幼儿诵读第二节幼儿诗。

②教师请幼儿讲述第二节的内容。

(3)教师引导幼儿用动作表现学妈妈所做的事情：在前面的一节儿歌里，妈妈帮我们做了什么？现在，我们把妈妈帮我们做的事情给洋娃娃做一遍。鼓励幼儿用动作演示学妈妈的样子为洋娃娃所做的事情，表达第二节的内容。

(4)教师带领幼儿边做动作边朗读幼儿诗第二节，体验做妈妈的感受。

4. 自由讲述——我想对妈妈说。

(1)教师自己先说一说对自己妈妈的热爱和感激之情，引导幼儿说出感谢妈妈的话，教师把幼儿的话记录下来。

(2)教师提出问题请幼儿交流讲述：

①妈妈辛苦劳累了一天下班回到家里，你会对妈妈说什么，做什么？

②你生病的时候，妈妈全心全意地照顾你，妈妈生病时，你应该怎样做？

③妈妈在家里忙着择菜、做饭时，你会帮妈妈做什么？

5. 教师小结：

妈妈那么爱我们，为我们付出了很多很多的爱，就是希望我们能够快乐健康地成长，也希望我们能够成为一个有爱心的人，也能够和妈妈一样关心别人、帮助别人、照顾别人。

活动拓展

1. 将幼儿对妈妈表达的感谢话语记录下来，张贴在家园栏中。
2. 鼓励幼儿在日常生活中为妈妈和家人做力所能及的事情。

十三、轻轻地……

设计意图

现在的孩子，享受着家人的关爱，却很少为他人着想；由于年幼，对很多不良行为没有辨别能力。幼儿诗《轻轻地……》直抒胸臆，让幼儿在轻轻地念诵中了解日常生活中的一些行为准则，比如有很多时候需要“轻轻地”——“轻轻地”说话、“轻轻地”做事、“轻轻地”走路……诗歌帮助幼儿知道遇事多为别人着想，养成关心别人、不随便打扰别人、遵守规则、礼貌待人的好习惯。

活动目标

1. 感受和体验作品中关爱、温馨的情感。
2. 学会有感情地朗读诗歌，理解诗歌的内容，体验语言营造的意境美和童趣。
3. 养成遵守规则、遇事多为别人着想、关心别人的好习惯。

活动准备

1. 玩具宝宝 1 个；玩具婴儿床 1 个。
2. 图片(画有教师在幼儿午睡时轻轻地检查幼儿睡觉的情景，轻轻地走路，轻轻地说话，轻轻地帮小朋友盖好被子)。

活动过程

1. 情景导入。

(1)教师出现在全班幼儿面前，轻轻地做了一个“嘘”声，说：“小朋友们，请你们轻一点儿，有个小宝宝，正在睡觉呢!”在幼儿们好奇的眼光中，轻轻推出婴儿床，里面有个玩具小宝宝正睡得香甜。

(2)情景提问。

①婴儿床里有个小宝宝睡得真香，这时你路过这里，应该怎么走路?(请一位幼儿演示轻轻地走过。)

②这时你应该怎么说话？（请一位幼儿演示轻轻地说话。）

③这时你要挪动椅子，你应该怎么做？（请一位幼儿演示轻轻地挪动椅子。）

(3)教师讲述并提问：小朋友做得非常好，轻轻地走路，轻轻地说话，轻轻地挪椅子。请小朋友说一说你们为什么要这么做呢？（因为宝宝正在睡觉，不要惊醒她。）

是的，当我们看到旁边有人需要我们安静的时候，我们做任何事情都要"轻轻地"。现在老师推小宝宝到寝室去睡觉啦。（教师把婴儿床推走后回来继续组织活动。）

2. 念诵幼儿诗。

(1)教师：刚才大家真棒！为了不影响小宝宝睡觉，小朋友都知道轻轻地做事，轻轻地说话，真是懂事的大哥哥、大姐姐！现在大家一起来听一首小诗，名字就叫《轻轻地……》。

(2)教师有感情地用轻柔语调示范朗诵幼儿诗，请幼儿欣赏。

(3)教师出示图片，幼儿边看图边跟教师念诵诗歌，加深体验"轻轻地"。

3. 延伸讨论。

(1)教师提问，引导幼儿进行发散性思维：小宝宝睡觉了，我们做事要轻轻地，还有什么时候，我们也要轻轻地说话做事呢？（幼儿自由讲述。）

(2)教师结合幼儿的表达列举几种要轻轻地说话做事的情形：

①爸爸晚上加班很辛苦，到早上还没有醒来的时候。

②幼儿园中午午睡时间，很多小朋友都睡觉了的时候。

③放学以后，邻居的姐姐正在做作业的时候。

④爷爷抱着小收音机，正在听广播的时候。

4. 小结。

在日常生活中，我们要学会关心别人，替别人着想。说话、做事的时候要想一想有没有影响到别人。如果会影响别人，就要动脑筋想一想怎样做才会不影响别人，我们试着换一种方式去做这件事。这样，别人会得到你的理解和关爱，你会得到别人的肯定和赞许。

活动拓展

1. 引导幼儿把获得的认知运用到生活中，中午午睡时轻轻地朗读一遍诗歌，提醒幼儿午睡时保持安静，给幼儿营造一个良好的互相关心、为他人着想的环境。

2. 鼓励幼儿回家给家人表演诗歌内容，并说一说在家里什么时候需要轻轻地做事，学会关心家人，为家人着想。

十四、小鸡吃食

设计意图

小班幼儿的语言正处于一个发展关键期，他们很爱说，很想说，语言表达的愿望很强烈，但由于发音器官的发育还不是非常成熟，有一些语音发得还不够标准，比如平翘舌音节 zi，ci，si 和 zhi，chi，shi，ri，舌面音声母 j，q，x 等。在平时的语言交流和语言活动中，教师应该多以游戏的方式让幼儿练习这些发音。本次活动就是让幼儿通过了解小鸡喜欢吃什么，会发“鸡”“吃”“食”等音节，培养幼儿学习发音的兴趣，让他们体验积极参与游戏的快乐。

活动目标

1. 体验积极参与游戏的快乐。
2. 学会正确发 ji，chi，shi 等音节。
3. 能主动地参与表演游戏。

活动准备

1. 小鸡头饰若干；小虫、米、青菜图片若干；小鸡的卡通图片若干。
2. 设置手工区，配置相应的图片，让幼儿学会配对和正确发音。

活动过程

1. 提问导入，引发兴趣。

(1)教师出示小鸡图片并贴在黑板上，然后模仿小鸡叫的声音“叽叽叽”，通过提问吸引幼儿的注意力：小朋友，这是什么声音？你们能学一学吗？(幼儿自由模仿小鸡的叫声。)

(2)教师认真倾听每一位幼儿的发音，并带领幼儿一起做小鸡的动作。

2. 问题讨论。

(1)教师指着黑板上的图片提问：小朋友，你们看这只小鸡在哪里呢？(草地上。)

小鸡在草地上找食物，你们猜猜小鸡喜欢吃什么呢？（幼儿讨论，回答问题。）

(2)如果幼儿回答正确，教师给予肯定；如果有幼儿说得不对，教师可以让其他幼儿纠正。

(3)让回答正确的幼儿到黑板前将其选中的食物(谷米、虫子、青菜)图片贴在小鸡图片的下面。

3. 练习发音。

(1)教师讲述：哦，你们帮助这只小鸡找到了食物，真棒！现在请小朋友把小鸡和它喜欢吃的食物名称组成一句话说一说。

(2)请幼儿逐一按要求说一句话，如“小鸡吃谷米”“小鸡吃虫子”“小鸡吃青菜”等。

(3)教师认真倾听每个幼儿说的话，特别注意幼儿关于 ji 和 chi 的发音。教师的发音要准确、清晰，以便幼儿学习正确的发音。

4. 念诵儿歌。

(1)教师出示小鸡吃食的图片，请幼儿观察后说一说画里有什么，引导幼儿口头描述画里的内容。

(2)教师结合图片念诵儿歌《小鸡吃食》，速度较慢、发音准确、表情动作夸张。

(3)教师带领幼儿有表情、完整地诵读儿歌，注意引导幼儿念准 ji、chi 和 shi 的读音。

5. 游戏表演。

(1)教师将谷米、虫子和青菜的图片(各为幼儿人数的三分之一)放在活动场地不同的地方，让幼儿戴上小鸡的头饰，扮演小鸡找食物。

(2)教师讲述：小鸡娃娃们，你们跟着鸡妈妈一起到草地上找食物好吗？

①教师带幼儿来到谷米的图片跟前，围成圆圈，请一部分幼儿拿起谷米的图片说：“小鸡吃谷米，吃、吃、吃。”

②教师带幼儿来到虫子的图片跟前，围成圆圈，请一部分幼儿拿起虫子的图片说：“小鸡吃虫子，吃、吃、吃。”

③教师带幼儿来到青菜的图片跟前，围成圆圈，请一部分幼儿拿起青菜的图片说：“小鸡吃青菜，吃，吃，吃。”

活动拓展

1. 教师准备很多头饰(猫、狗、兔、猪、鸡、鸭、鹅等)，让幼儿分别戴上扮演不同的动物，进行寻找食物的游戏，并按儿歌《小鸡吃食》中的句式各说一句话。如“小猫吃小鱼，吃、吃、吃。”

2. 请幼儿回家后将学会的内容表演给家长看。

十五、小动物唱歌比赛

设计意图

幼儿喜欢听故事，喜欢唱歌，喜欢做游戏，喜欢表演，教师应该注重幼儿的语言实践，让幼儿多听、多讲、多练，通过各种不同的方法和手段促进幼儿语言能力的提高。教师通过引导幼儿欣赏《小动物唱歌比赛》的故事，理解“太轻”“太响”“太快”“太慢”“不慌不忙”等词语的含义，了解什么声音最好听，并通过复述故事的方式提高语言的表述能力。

活动目标

1. 体验听故事的快乐感受。
2. 理解故事，学习词语“太轻”“太响”“太快”“太慢”“不慌不忙”。
3. 能够比较完整地复述故事内容，养成认真倾听故事的习惯，

活动准备

1. 知识经验准备：

幼儿知道各种小动物怎么叫的常识，自己有过唱歌的经验。

2. 物质材料准备：

(1) 小鸡、小鸭、小狗、小羊、小猫、小兔的头饰各 1 个。

(2) 故事音频。

活动过程

1. 情境导入，引起幼儿兴趣。

教师头戴小兔子头饰，站在幼儿中间，高兴地对小朋友说：今天真高兴，我接到了森林动物园的邀请信，森林里今天要举行唱歌比赛，请我们班的小朋友一起去观看。你们的耳朵最灵了，一定要认真听，听听谁的歌唱得最好！

2. 欣赏故事，熟悉故事内容。

(1) 教师绘声绘色地完整讲述《小动物唱歌比赛》的故事，提醒幼儿认真欣赏。

(2)教师结合故事提问：故事里有哪些小动物参加了唱歌比赛？谁唱得最好听？

教师提示幼儿根据听完故事后的记忆自由回答，指导幼儿初步了解故事的内容。

3. 听故事音频，理解故事内容。

(1)教师提问：故事里有哪些小动物？它们准备干什么？(小鸡、小鸭、小狗、小羊和小猫准备参加唱歌比赛，小兔当评委。)

(2)教师提问：小动物的唱歌比赛开始了，谁第一个上场？(小鸡。)小鸡是怎么唱的？它唱得怎么样？小白兔评委是怎么说的？(幼儿自由表述。)

教师请幼儿学一学小鸡唱歌，体验唱得“太轻了”的感觉。

(3)教师提问：接下来是谁上场？(小鸭。)小鸭是怎么唱的？它唱得好听吗？小白兔评委是怎么说的？(幼儿自由表述。)

教师请幼儿学一学小鸭唱歌，体验唱得“太响了”的感觉。

(4)教师提问：怎么都唱不好呢？后面谁来了？(小狗。)小狗一看可着急了。小狗说了什么？又是怎么唱的？小白兔评委是怎么说的？(幼儿自由表述。)

教师请幼儿学一学小狗唱歌，体验唱得“太快了”的感觉。

(5)教师提问：还有谁上场了？(小羊。)小羊上台前说了什么？他是怎么唱歌的？它唱得好听吗？小白兔评委是怎么说的？(幼儿自由表述。)

教师请幼儿学一学小羊唱歌，体验唱得“太慢了”的感觉。

(6)教师提问：有没有哪个小动物唱得好听呢？(小猫。)小猫是怎么唱的？它唱得好听吗？小白兔评委是怎么说的？(幼儿自由表述。)

教师请幼儿学一学小猫唱歌，体验“唱得不快也不慢，声音不小也不大”的感觉。

4. 复述故事，表演故事。

教师请幼儿在理解故事内容的基础上，完整地复述出来。请幼儿在复述故事的过程中，用声音和动作把“太轻”“太响”“太快”“太慢”“不慌不忙”的意思表演出来。

5. 小结：

小猫唱得不轻也不响，不快也不慢，不大也不小，声音好听极了，所以应该得第一名。我们小朋友要学习小猫，说话和唱歌也要像小猫一样，用好听的声音说话，用好听的声音来唱歌。

活动拓展

1. 请幼儿回家后将故事完整地讲述给家人听，进一步训练语言表述能力。

2. 将小鸡、小鸭、小狗、小羊、小猫、小兔子头饰放入游戏角或语言区，供幼儿分角色进行表演。

3. 与音乐活动相结合，让幼儿也来学习小动物唱歌比赛，学一学小猫正确的唱歌方法。

十六、山羊伯伯开店

设计意图

图画与文字相结合是帮助幼儿阅读的基本手段。鲜艳的色彩可以刺激幼儿的视觉，有趣的画面还可以让幼儿产生无限的联想。通过教师的引导，把联想的内容用口头语言表现出来，可以提高幼儿的思维能力和语言表达能力。看图讲述活动“山羊伯伯开店”，就是让幼儿掌握“拎”“捧”“背”“托”等动词的运用，训练幼儿大胆想象，大胆表达自己的想法。

活动目标

1. 产生看图讲述的兴趣，乐于在集体面前大胆讲述。
2. 学会完整清楚地进行看图讲述，学习运用“拎”“捧”“背”“托”等动词。
3. 具有一定的观察力和想象力。

活动准备

1. 山羊手偶 1 个；山羊、小狗、小猴、小刺猬、小花猫等动物头饰若干（各为幼儿人数的五分之一）。

2. 看图讲述《山羊伯伯开店》的挂图 1 套，配以图片 PPT。

活动过程

1. 情景导入，激发兴趣。

教师出示山羊伯伯手偶讲述：小朋友们，你们好！我是山羊伯伯。我呀，开了一个水果店，有各种各样的水果，小动物们可喜欢呢，它们都到我的店里来买水果，也欢迎你们哟！

2. 观看 PPT，交流讲述。

（1）教师请幼儿观看 PPT 图片，想象每幅图表达的意思，然后把各图的意思串联起来，想想这几幅图连起来说了个什么故事。

（2）教师请幼儿分组活动，在组内交流讲述自己看图所理解的故事。

3. 观看挂图，集体讲述。

（1）观看图1：

①山羊伯伯开了一个什么店？（水果店。）

②店里有些什么水果？（桃子、苹果、梨、香蕉、桂圆、西瓜，还有一串串的紫葡萄。）

（2）观看图2：

①小动物们都爱吃水果，你看到有哪些小动物到山羊伯伯店里来买水果？它们分别买了什么水果？（小狗买了很多梨；小猴买了四个大蜜桃；小刺猬买了一堆香甜的苹果；小花猫买了一大串紫葡萄。）

②小动物买了这么多水果，它们是怎样把水果拿回家的呢？（鼓励幼儿积极动脑，大胆讲述。）

（3）观看图3：

①小狗买了多少梨？（很多。）它是怎样把很多梨拿回家的？（幼儿自由讲述。）

②引导幼儿学习动词“拎”。

③请幼儿表演“拎”的动作，并说出：“小狗用篮子拎着梨回家。”

（4）观看图4：

①小猴买了多少大蜜桃？（四个。）它是怎样把大蜜桃拿回家的？（幼儿自由讲述。）

②引导幼儿学习动词“捧”。

③请幼儿表演“捧”的动作，并说出：“小猴子用双手捧着桃子回家。”

（5）观看图5：

①小刺猬买了多少苹果？（一堆。）它是怎样把苹果拿回家的？（幼儿自由讲述。）

②引导幼儿学习动词“背”。

③请幼儿表演“背”的动作，并说出：“小刺猬用背上的刺串着苹果背回家。”

（6）观看图6：

①小花猫买了多少葡萄？（一大串。）它是怎样把一大串葡萄拿回家的？（幼儿自由讲述。）

②引导幼儿学习动词“托”。

③请幼儿表演“托”的动作，并说出：“小花猫用一只手托着葡萄回家。”

4. 串联各图，完整讲述。

（1）教师请幼儿观看PPT，和教师一起完整讲述故事内容。

（2）教师在讲述过程中，注意引导幼儿重点掌握“拎”“捧”“背”“托”等几个动词。

5. 自选角色，表演故事。

在熟悉故事内容的基础上，让幼儿选择自己喜欢的角色头饰戴在头上，分角色进行故事表演。

活动拓展

续编故事：这些小动物把水果拿回家后又怎么样了？（引导幼儿续编故事，进一步训练幼儿的想象讲述能力。）

十七、飞来的云帽子

设计意图

夏天悄悄临近了，那茵茵绿草，朵朵荷花，声声蝉鸣，阵阵蛙声……夏天真是一个热闹的季节。夏天最大的特点是什么？当然是“热”呀！在太阳底下，人们都想戴顶帽子遮遮猛烈的阳光吧？《飞来的云帽子》来得正是时候。这个童话故事让幼儿初步感受夏季的天气特征，提高观察大自然的能力；在理解故事内容的基础上，学习故事中的对话，运用想象体验讲故事的快乐。

活动目标

1. 乐于运用想象讲述，体验讲故事的快乐情感。
2. 理解故事内容，熟悉角色形象和语言，了解太阳和云的基本特征。
3. 能感知夏天的天气特点，能复述故事。

活动准备

1. 知识经验准备：

教师和家长带领幼儿感知夏天天气炎热的特点，观察夏天云朵遮住太阳的情景。

2. 物质材料准备：

(1) 太阳公公、云朵、小花、小草、小树叶、小鸟的头饰若干。

(2) 夏日炎炎的图片 1 张。

(3) 童话故事《飞来的云帽子》讲述音频。

活动过程

1. 提问导入。

(1) 教师出示夏日炎炎的图片，提问：小朋友，夏天来了，小伙伴为什么都到水里去游泳？小伙伴为什么要吃冰淇淋？为什么人们都戴着太阳镜，打着遮阳伞呢？（幼儿自由讲述。）

（2）教师讲述：夏天到了，天气非常炎热，不仅小朋友怕热，许多的小动物也很怕热，连太阳公公也怕热呢，我们一起来听一个有趣的故事，名字叫《飞来的云帽子》。

2. 倾听故事录音。

教师播放故事录音，请幼儿认真欣赏故事。

3. 复述故事内容。

（1）教师结合故事提问，引发幼儿思考：故事的名称叫什么？帽子是什么样子的？谁要戴帽子？它们是怎么说的？（幼儿根据故事的内容讲述。）

（2）在幼儿表述的过程中，教师提示幼儿注意故事中重复语句的运用，并学习复述故事中角色语言。如：小草说……小花说……小树说……小鸟说……

4. 理解故事内容。

（1）教师再次有感情地讲述故事，加深幼儿的印象。

（2）教师提问：故事里说“天好热好热”，你认为是什么季节？最后是谁戴上了云帽子？为什么太阳公公戴上了云帽子，天就变凉快了？（幼儿根据故事内容讲述。）

（3）在幼儿交流表述的过程中，教师引导幼儿认真观察自然界的一些现象和变化，让幼儿养成自己去探究和找答案的习惯。

（4）教师小结：夏天到来时，因为太阳的照射，天气特别炎热，太阳光强烈，会晒伤人们的眼睛和皮肤，人们都怕晒太阳，出门时总要戴帽子，或者打雨伞，遮住太阳光。小草、小花、小树也怕热，当云遮住了太阳光，他们晒不到太阳，所以觉得凉快了。

5. 发挥想象力讲述。

（1）教师提问，请幼儿思考回答：自然界中，除了小草、小花、小树、小鸟怕热，根据你的观察，还有哪些动物和植物会怕热呢？它们怕热的时候是什么表现呢？如果云帽子从天边飞过来了，它们会怎么说呢？（鼓励幼儿发挥现象力讲述。）

（2）让幼儿互相进行评价，看谁说得最形象、最有趣。

6. 表演故事内容。

（1）教师讲述故事，幼儿自由表演。

让幼儿自己选择故事中的角色头饰戴在头上，在教师的故事讲述中进行自由表演。

（2）幼儿进行分角色表演。

让幼儿自愿选择角色进行表演，提醒幼儿自己创编肢体动作，并运用故事中的语言讲述和表演。

（3）教师评价幼儿的表演，激发幼儿学习故事和表演故事的热情。

活动拓展

带领幼儿做手影游戏，体验物体之间光和热的遮挡关系。

十八、太阳和苹果

设计意图

《太阳和苹果》是一首意境优美的幼儿散文诗，诗文中，作者把幼儿熟悉的事物——太阳和苹果放在一起描述和对比，呈现给幼儿令人欣喜的形象，富有动态，富有情趣。教师引导幼儿欣赏这首散文诗，感受优美的诗句，体验令人遐想的美好意境，抒发富有童趣的真挚情感，享受和同伴共同游戏的快乐。

活动目标

1. 培养文学素养，体验与同伴共同游戏的快乐，萌发热爱大自然的情感。
2. 理解散文诗的内容，了解太阳和苹果类比的特点。
3. 能够安静地倾听散文诗，感受其优美的情境和情趣。

活动准备

1. 知识经验准备：

幼儿对太阳、苹果、云朵和树叶等事物比较熟悉。

2. 物质材料准备：

(1)苹果树的图片1张；太阳和苹果的头饰若干；“云朵”和“树叶”的道具若干。

(2)大红苹果1个。

(3)节奏舒缓的背景音乐。

活动过程

1. 提问导入活动内容。

教师出示苹果树的图片，提问：这是一棵什么树？（苹果树。）这棵树上结什么果子？（苹果。）我们看看，苹果是什么颜色、什么形状的呢？像什么呢？（出示苹果实物，引导幼儿观察、描述。）苹果宝宝最喜欢和太阳玩游戏了，我们看看它们在玩什么游戏吧！

2. 欣赏散文诗。

(1)教师播放背景音乐，有感情地朗诵散文诗《太阳和苹果》，吸引幼儿倾听。

(2)教师引导幼儿交流。

①太阳的脸蛋什么形状，什么颜色?(圆圆的，红红的。)

②苹果的脸蛋什么形状，什么颜色?(圆圆的，红红的。)

③太阳从哪里露出了半个脸蛋儿?(云朵里。)它在干什么呢?(偷偷地瞧着树上的苹果。)

④太阳为什么只露出半个脸蛋，还偷偷地瞧呢?(因为太阳想和苹果交朋友，又不知道苹果愿不愿意跟它玩，有点不好意思。)

⑤请幼儿表演一下太阳的动作，边表演边说出散文诗里的句子:“太阳，从云朵里露出半个脸蛋儿，偷偷地瞧着树上的苹果。”体会太阳想和苹果交朋友的情感。

⑥苹果从哪里露出了半个脸蛋儿?(树叶里。)它在干什么呢?(偷偷地瞧着天上的太阳。)

⑦苹果为什么只露出半个脸蛋，还偷偷地瞧呢?(因为苹果也想和太阳交朋友，但不知道太阳愿不愿意跟它玩，有点不好意思。)

⑧请小朋友表演一下苹果的动作，边表演边说出诗里的句子:“苹果，从树叶里露出半个脸蛋儿，偷偷地瞧着天上的太阳。”体会苹果想和太阳交朋友的情感。

⑨太阳认为自己像什么呢?它是怎么想的呢?(太阳在想:“我多么像甜甜的苹果呀!”)

⑩苹果又认为自己像什么呢?它又是怎么想的呢?(苹果在想:“我多么像亮亮的太阳呀!”)

(3)教师播放背景音乐，带领幼儿有感情地朗诵散文诗，使他们体会散文诗的美好意境。

3. 表演散文诗。

(1)教师引导幼儿讨论怎样创编动作进行散文诗表演:

①朗诵第一、二句的时候做什么动作?用什么表情?(幼儿自由做动作，符合诗句的意思和情绪即可。)

②朗诵第三、四句的时候做什么动作?用什么表情?(用道具遮住半边脸，显出害羞的样子。)

③朗诵第五、六句的时候做什么动作?用什么表情?(“太阳”用两手的食指指向脸蛋，头稍稍偏向一边，显出“甜甜”的样子;“苹果”向上伸开两臂，显出“亮亮”的样子。)

(2)教师出示“树叶”和“云朵”道具，请幼儿自由选择苹果或太阳的头饰，表演一遍散文诗朗诵，然后互换头饰再次进行表演。

活动拓展

鼓励幼儿在教师和家长的帮助下，对散文诗进行改编和续编;教师将幼儿改编和续编内容布置成主题墙，作为记录幼儿成长的内容。

中班(上)

一、猜猜我有多爱你

设计意图

孩子们不管是在幼儿园还是在家里经常会被问到这样的话题：家里你最爱谁呀？毫无疑问，孩子们的回答都是：我最爱我的妈妈。是啊，孩子们最爱的是自己的妈妈，那是因为天下所有的妈妈都在为孩子奉献着最无私、最伟大、最细致的爱。孩子们在酣然享受着母爱的时候一定不会明白，无论自己多么爱妈妈，都不及妈妈对自己的爱。童话故事《猜猜我有多爱你》旨在让幼儿感知妈妈对自己的关心是无微不至的，感受妈妈对自己深深的爱，初步懂得用感恩的心去对待身边的每个人。幼儿通过表达自己内心真实的想法，既增进了热爱妈妈的情感，又充分地锻炼了语言表达能力。

活动目标

1. 乐于倾听故事，通过故事感受妈妈对自己的爱。
2. 学习用“我爱你，从……到……”完整地说一句话，表达自己对妈妈的爱。
3. 体会妈妈照顾孩子的辛苦，学习在生活中去关心别人、爱护别人。

活动准备

1. 知识经验准备：

会唱歌曲《我的好妈妈》。

2. 物质材料准备：

(1)玩具小兔1个。

(2)图片。

(3)教学电子资源：歌曲《我的好妈妈》。

活动过程

1. 歌曲导入，引起兴趣。

(1)播放歌曲《我的好妈妈》，幼儿一起跟唱。

(2)教师提问：小朋友们刚才唱的歌曲叫什么名字？是唱歌谁的歌？为什么小朋友让妈妈坐下，还给她倒茶呀？你们的妈妈好不好呀？为什么呢？

2. 回忆讲述，夸夸我的好妈妈。

(1)自由交流：我的好妈妈。

提问：妈妈是怎么对自己好的？

(2)说一说，妈妈对小朋友们这么好，你们爱妈妈吗？你们为妈妈做了什么事情？

3. 欣赏故事《猜猜我有多爱你》。

(1)出示玩具小兔，请幼儿说说它是谁？引出故事《猜猜我有多爱你》。

(2)教师讲述故事，要求幼儿仔细倾听，感受妈妈对自己的爱，联想自己的妈妈是不是也是这样爱自己的。

4. 引导幼儿观察故事图片，教师结合故事内容提问。

教师提问：

(1)小兔子要睡觉了，可它缠着妈妈，要妈妈好好听它说什么。它张开手臂对妈妈说："我爱你有这么多。"听到小兔子话后，妈妈是怎么做的？又是怎么说的？为什么他们都是张开手臂说"我爱你有这么多"，可是妈妈的爱要比小兔子的爱更多呢？小兔子双臂用力往上举，说"我爱你，像我举的这么高"。兔妈妈又是怎么做的，怎么说的呢？为什么妈妈的爱比小兔子的爱多呢？鼓励幼儿用"我爱你，从……到……"完整复述对话内容，并配以相应的动作。

(2)小兔子把头顶在树干上倒立起来，对妈妈说"我爱你，一直到我的脚趾头这么多"，妈妈是怎么做怎么说的呢？回答要求同提问(1)。

(3)小兔子跳过来又跳过去，对妈妈说"我爱你，有我跳得这么高。"兔妈妈又是怎么说的怎么做的？鼓励幼儿用"我爱你，从……到……"完整复述对话内容，并配以相应的动作。回答要求同提问(1)。

(4)兔宝宝要进入梦乡了，它对妈妈说了一句什么话后就睡着了？妈妈看到兔宝宝睡着了又是怎么照顾它的？说了一句什么话？鼓励幼儿用"我爱你，从……到……"完整复述对话内容，并配以相应的动作。回答要求同提问(1)。

5. 角色表演，巩固相关故事内容。

(1)请幼儿扮演小兔子，教师当兔妈妈，教师与幼儿合作表演故事内容。教师注意对话的引导，用故事中"我爱你，从……到……"完整地将语句说出来。其他幼儿认真观看，加深对故事内容的理解。

(2)集体表演，幼儿扮演小兔子，老师当兔妈妈，共同表演故事内容。

6. 情感牵引，用"我爱你，从……到……"为妈妈说一句话。

(1)故事中的小兔子爱妈妈吗？妈妈爱小兔子吗？听完了故事你觉得谁爱谁多一些呢？你和妈妈之间谁爱谁多一些呢？

(2)如果现在妈妈站在你的面前，让你们像小兔子一样说一句爱妈妈的话，你们准备怎么说呢？鼓励幼儿用"我爱你，从……到……"说一句话。

（3）教师小结：幼儿体会妈妈的爱是不容易的，是很辛苦的，我们也要学会用爱心去对待妈妈、对待身边的每个人。

活动延伸

1. 领域外活动延伸：学习、欣赏相关“爱妈妈的歌曲”，如《妈妈的吻》《小乌鸦爱妈妈》等。

2. 区域活动延伸：在美工区投放绘画材料，画画我的好妈妈。

3. 亲子活动延伸：每学期开展一次“妈妈亲，宝宝亲”活动，请妈妈来幼儿园，通过母子之间亲子游戏继续加强亲子交流，增进亲子感情。

二、超级变变变

设计意图

在孩子的眼中，生活是多姿多彩的，是在不断变化的，他们喜欢观察身边的变化，并乐意用语言表达自己的发现：“天气越来越冷，树叶都落了。”“我的头发越长越长了。”“幼儿园的玩具越来越多了。”通过《超级变变变》活动，引导幼儿观察生活中的变化，感受生活的乐趣，并学习用“越……越……”的句式表述事物的发展变化过程，发展幼儿的观察能力及口语表达能力。

活动目标

1. 乐意观察生活中的变化，感受生活的乐趣。
2. 学习用“越……越……”的句式表述事物的发展变化。
3. 发展观察能力及口语表达能力。

活动准备

1. 知识经验准备：

知道小蝌蚪会变成青蛙，毛毛虫会变成蝴蝶，花骨朵会开美丽的花等事物变化的现象。

2. 物质材料准备：

①配对图片(例如蝌蚪和青蛙、毛毛虫和蝴蝶等)。

②教学电子资源：多媒体电教设备，表现事物变化过程的 flash 课件(也可以改用几张表现事物变化过程的图片)。《找朋友》音乐。

活动过程

1. 配对游戏：找朋友。

(1)请小朋友每人拿一张图片，观察图片的不同。

(2)游戏《找朋友》，根据图片找到图片中最初或最后的样子，它们就成了朋友了。

如：小蝌蚪和青蛙，毛毛虫和蝴蝶等。

2. 观看课件，初步感知事物的发展变化。

(1)根据课件内容，引导幼儿讲述事物的变化。

(2)教师提问：小朋友们刚才在动画片里看到了什么？(气球、花儿、风筝、蛋糕等)它们发生了哪些变化？(气球吹大了；花儿一朵一朵地开了；风筝飞上了天空；蛋糕被小朋友吃了……)

(3)教师讲述："气球吹大了；花儿一朵一朵地开了……"我们用一个什么词来说说这些变化呢。

(4)启发幼儿用"越……越……"的句式来表达。如：火车越开越快，雨越下越大，风筝越飞越高，蛋糕越吃越少……

3. 幼儿观察图片，与同伴分享交流。

观察图片，提示幼儿看看图中有些什么东西，想想它们会发生哪些变化，用刚才学习的句式互相说一说。如：糖葫芦越吃越少，气球越吹越大，气球的颜色越来越浅，风筝越飞越高，飞机飞得越来越远……

4. 根据已有经验讲述生活中的变化。

教师请幼儿关注自己身边的一些有趣的变化，仔细想想，再说说自己的发现，看谁对身边的变化了解得更多。启发幼儿从动物、植物生长的变化，日常生活的变化，人体特征的变化等来思考、表述。如：小狗越来越有趣，落叶越来越多，天气越来越冷，牙膏越挤越少了，我越长越高了，小朋友越来越能干了，老师越来越喜欢我们了……

5. 教师小结：

在我们身边，每天都会发生许多有趣的变化，只要小朋友用心感受，仔细观察，就会发现越来越多有趣的事物，我们的生活也会变得越来越美好！

活动延伸

1. 领域外活动延伸：开展《一切都在变》的科学活动。

2. 区域活动延伸：在日常生活中组织幼儿观察周围环境的变化，并引导幼儿将这些变化用绘画的形式记录下来，投放到活动区，进一步学习说话练习。

3. 亲子活动延伸：与父母一起玩句式接龙的游戏，用"越……越……"的句式，说一句话，看谁说得多。

三、冬天到

设计意图

秋天似乎总是那么的短暂，转眼间寒冷的冬天就到来了。北风呼呼地吹，大树光秃秃的，孩子们都穿上了厚厚的棉衣……教师引导幼儿关注由于季节的更替所带来的事物变化：“我们都穿上了这么多的衣服，这条虫子什么也没有穿，它不怕冷吗？”“咦？天上怎么没有小鸟飞了呀？它们都去哪里了呢？”……针对孩子们的兴趣，开展儿歌《冬天到》活动，让幼儿了解一些动物在冬天的行踪，知道相关的科学常识，同时训练幼儿的语言表达，学习续编儿歌，进而感悟要有不畏寒冷的勇敢精神。

活动目标

1. 乐于围绕冬天的话题进行讲述，有不畏寒冷的勇敢精神。
2. 学习朗诵儿歌，在表述过程中语句完整、连贯。
3. 能仿编儿歌。

活动准备

1. 知识经验准备：

(1)已经学过有关冬天的歌曲。

(2)知道几种常见动物过冬的方式。

2. 物质材料准备：

(1)有关冬天的背景图1幅。

(2)燕子、乌龟、青蛙、蛇等贴绒教具。

(3)教学电子资源：北风呼啸的音频；录音机一台。

活动过程

1. 初步感知冬天的特征。

(1)教师播放录音，请幼儿说一说：你听到了什么？

(2)你们怎么知道是风吹的声音？

2. 出示冬天的背景图，引导幼儿观察。

这是什么季节？从哪里能看出是冬天？除了图中看到的，小朋友眼中的冬天是什么样子的呢？

3. 启发幼儿已有经验，讲述冬天里小动物的活动。

(1)出示燕子、青蛙、蛇、蜗牛、小熊等图片，引导幼儿讲一讲冬天里这些小动物们的活动。说一说，小动物们准备怎样迎接冬天的到来呢？

(2)根据幼儿讲述，教师把相应的贴绒教具贴到背景图中。

(3)请幼儿回忆过去冬天的经历，自由讲述：小动物们都有自己的过冬方式，小朋友在冬天进行了哪些活动呢？

4. 学习儿歌《冬天到》。

(1)欣赏、了解儿歌的内容。教师先示范朗诵儿歌《冬天到》。

(2)教师根据儿歌内容提问，加深对儿歌内容的了解，鼓励幼儿用儿歌语句回答问题：

①冬天到，北风呼呼叫，燕子见了北风是怎么做的？

②乌龟见了北风呢？

③小朋友见了北风呢？还有，小朋友们做了什么活动呢？小朋友为什么这样做？

(3)再次欣赏儿歌，幼儿在教师的带领下一边念儿歌，一边自由创编动作，表现儿歌中的形象，加深对儿歌的理解。

5. 模仿儿歌结构，仿编儿歌。

(1)请幼儿说一说，还有哪些动物以特殊的方式迎接冬天的到来？

(2)请幼儿说一说，在寒冷的冬天里，还有哪些人不怕冷，努力工作？引导幼儿想想在外工作的人，如清洁工人、交警叔叔等。

(3)鼓励幼儿模仿儿歌的结构将其他相关动物创编成儿歌，教师在语言精练和押韵方面给予幼儿及时指导。比如：蜗牛见了它，直把石缝找；鲸鱼见了它，海水深处逃……

活动延伸

1. 领域外活动延伸：体育游戏《北风吹》。
2. 区域活动延伸：在语言角继续开展《春天到》《夏天到》《秋天到》儿歌仿编活动。
3. 亲子活动延伸：和父母共同收集更多有关动物冬眠的知识，继续续编儿歌。

四、动物的尾巴

设计意图

动物是孩子们喜欢的朋友，孩子们乐于观察模仿各种小动物。小白兔怎么走路啊？小猫咪怎么叫啊？大象的鼻子长得什么样啊？……这些都是孩子们津津乐道的话题。中班幼儿正处于语言发展的关键期，为了促使幼儿主动地说、大胆地说，教师有意识地选择儿歌《动物的尾巴》进行语言活动，引导幼儿在比一比、说一说的过程中了解动物尾巴的主要特点，并乐意用完整的语言进行描述，从而使幼儿的口语表达能力得到锻炼。

活动目标

1. 乐于了解动物尾巴的特点，并大胆地朗诵儿歌。
2. 能用恰当的词句描述动物尾巴的主要特征，有一定的口语表达能力。
3. 会模仿儿歌格式仿编儿歌。

活动准备

1. 知识经验准备：

(1)对常见动物的外形特点有初步的了解。

2. 物质材料准备：

(1)背景图(如猴子、小兔、松鼠、公鸡、鸭子、孔雀等动物的图画)一幅。

(2)老虎和老鼠图片一张。

(3)每人一份画有猴子、兔子、松鼠、公鸡、鸭子、孔雀没有尾巴的操作表；固体胶人手一个。

活动过程

1. 找尾巴游戏。

(1)出示图片，情景导入：森林派出所一早上来了6个小动物报案，它们都说身上的一样东西不见了。你们看看都有谁报案？它们身上什么东西不见了？

(2)森林警察想请小朋友帮忙，帮助小动物们找尾巴，他把动物图像发给了小朋友。森林警察得到消息，尾巴就在大家的位置上，请大家找找看。

(3)找尾巴。请幼儿说说是在哪里找到的。教师引导幼儿准确地说出方位。

(4)请幼儿帮小动物们把尾巴贴在相应的位置上。

2. 说一说，小动物各自的尾巴是什么样子的？

提出问题，让幼儿边观察边思考：谁的尾巴长？谁的尾巴短？谁的尾巴好像一把伞？谁的尾巴弯？谁的尾巴扁？谁的尾巴好像一把扇？鼓励幼儿尝试用简短的语句完整回答上述问题。

3. 学习儿歌《动物尾巴》。

(1)教师示范朗诵儿歌《动物尾巴歌》，并以一问一答的方式引导幼儿学习儿歌。

(2)教师带领幼儿根据儿歌的内容进行表演，要求突出不同动物的尾巴特征。

4. 模仿儿歌格式，仿编儿歌。

(1)出示老虎和老鼠的图片，比较它们的尾巴，了解粗细尾巴的特点。

(2)教师引导幼儿根据《动物尾巴歌》儿歌的格式，仿编老虎和老鼠的尾巴。

(3)启发幼儿思考：小动物的尾巴除了长短、弯扁以外，还有什么区别？

(4)请小朋友找出一种不同的尾巴，进行仿编。

5. 游戏：我问你答。

采取接龙的形式，朗诵《动物的尾巴》。要求只要说出一种不同的尾巴，就用儿歌中的问答格式回答。

活动延伸

1. 领域外活动延伸：学习歌曲《问答歌》。

2. 区域活动延伸：在区域活动中投放更多小动物尾巴或耳朵的图片，请幼儿看图片猜动物。

3. 亲子活动延伸：根据《动物的尾巴》的格式，与父母一起仿编儿歌《动物的耳朵》。

五、假如风有颜色

设计意图

秋天到了，满地的落叶吸引了孩子们的注意力，他们追逐着随风飘舞的落叶，议论纷纷："绿绿的叶子怎么变成了黄色呀?""是秋风姐姐涂上的颜色吧。""风有颜色吗，为什么我们看不见呢?""我希望风是粉红色的……"是啊，孩子的世界是多姿多彩的，假如风有颜色，孩子的世界又会是怎样的呢？引导幼儿学习散文诗《假如风有颜色》，带领幼儿感受大自然的美妙，感受落叶给他们带来的快乐，体验散文诗丰富的意境，让幼儿通过落叶生动的形象，引发联想和想象，进入情景交融的世界，同时为他们开启一扇想说、敢说的大门，让他们初步感受到书面语言的丰富多彩和神奇魅力，发展思维和语言表达能力。

活动目标

1. 喜欢倾听、欣赏散文，感受散文诗的意境美和语言美。
2. 敢于大胆想象，并用完整的语言表述自己的想象。
3. 发展形象思维能力和语言表达能力。

活动准备

1. 知识经验准备：

幼儿对大自然的色彩有初步的认识。

2. 物质材料准备：

(1) 画有春、夏、秋、冬四季的自然景色图片各 1 张。

(2) 绿色、蓝色、金色、白色和五彩的粘绒贴各 1 个及其头饰若干。

(3) 教学电子资源：录有配乐的散文诗《假如风有颜色》的音频。

活动过程

1. 交流谈话，导入活动。

(1)大自然中有许多美丽的颜色，你们看到了哪些颜色？以“颜色”为话题，与幼儿交谈，引入活动内容。

(2)秋天的颜色是什么？大家看到了在空中跳舞的落叶，落叶真美呀！是什么把落叶吹到地上来的？(是风。)小朋友想一想风有颜色吗？

2. 欣赏配乐散文诗，理解散文诗的内容。

(1)播放配乐散文诗《假如风有颜色》的音频，请幼儿用心欣赏；教师再用表演的方式朗诵这首散文诗，请幼儿再次欣赏。

(2)教师利用春、夏、秋、冬四幅自然景色图和粘绒贴帮助幼儿感受散文诗《假如风有颜色》的意境美和语言美。

①出示春天的景色图，让幼儿说一说春天天气怎样，假如风有颜色，散文诗里希望它是什么颜色。(贴上绿色的粘绒贴。)绿色的风会怎么打扮小草、柳树和大地呢？(鼓励幼儿用散文诗中的句子说一说。)

②出示夏天的景色图，让幼儿说一说夏天天气怎样，假如风有颜色，散文诗里希望它是什么颜色。(贴上蓝色的粘绒贴。)蓝色的风会做什么好事呢？(鼓励幼儿用散文诗中的句子说一说。)

③出示秋天的景色图，让幼儿说一说秋天天气怎样，假如风有颜色，散文诗里希望它是什么颜色。(贴上金色的粘绒贴。)金色的风会起什么作用？(提示幼儿找一找图画中的金色，鼓励幼儿用散文诗中的句子说一说。)

④出示冬天的景色图，让幼儿说一说冬天天天气怎样，假如风有颜色，散文诗里希望它是什么颜色。(贴上白色的粘绒贴。)白色的风给我们带来了哪些快乐？(鼓励幼儿用散文诗中的句子说一说。)

⑤小朋友猜一猜老师希望风是什么颜色？(贴上彩色的粘绒贴。)老师用声情并茂的语言朗读散文诗的最后一段。

3. 幼儿集体朗读散文诗，选择颜色表演散文诗的内容。

(1)教师引导幼儿一起有感情地朗读散文诗，让幼儿进一步欣赏和理解散文诗的内容。

(2)鼓励幼儿选择散文诗中的颜色头饰，进行散文诗表演。选择哪种颜色的小朋友就表演哪一段，请其他幼儿欣赏，再轮换进行表演。让幼儿在表演中体会散文诗的意境美和语言美。

4. 引导幼儿运用联想和想象，进行散文诗句仿编。

提问：小朋友，假如风有颜色，你希望它是什么颜色的？为什么？引导幼儿进行发散性思维，让幼儿联想“风”还可以是其他颜色，鼓励幼儿自由想象并用完整的语句讲述。如：

假如风有颜色，我希望它是粉红色的，可以把桃花吹开。

假如风有颜色，我希望它是紫色的，希望把我的裙子变成紫色的。

假如风有颜色，我希望它是黑色的，把奶奶的白发变成黑发。

……

活动延伸

1. 领域外活动延伸：引导幼儿把自己仿编的散文诗画成有形有色的图画。

2. 区域活动延伸：将头饰和各种颜色卡投放在表演区，幼儿自主表演。

3. 亲子活动延伸：请家长在家进行亲子活动时，鼓励幼儿对散文诗进行改编和续编，并将其内容记录下来，交给老师作为幼儿成长记录内容。

六、萝卜回来了

设计意图

《萝卜回来了》是一篇经典的童话作品，通过几个小动物在寒冷的冬季互相关心互送食物的情节描写，向孩子传递了朋友之间互帮互助、团结友爱的真实情感。故事的语言和节奏具有一定的反复性和节奏感，孩子们在欣赏和感受故事的过程中能加强分享意识，感受互相关爱的幸福感。

活动目标

1. 感受好朋友之间的真挚友谊，体验小伙伴之间团结友爱的美好情感。

2. 初步理解故事内容，能进行简单的讲述和表演。

3. 在观察、讲述的过程中培养良好的倾听习惯，发展较连贯的语言表达能力和初步的表现能力。

活动准备

1. 知识经验准备：

幼儿认识故事中所涉及的动物以及食物。

2. 物质材料准备：

(1)根据故事情节配备的相应图片 9 张，小兔、小猴、小鹿、小熊头饰各 1 个。

(2)教学电子资源：录有故事的音频。

活动过程

1. 设疑导入，激发幼儿的兴趣。

(1)出示萝卜图片：这是什么？谁最喜欢吃萝卜？

(2)引出故事：有一只小兔子，它在寒冷的冬天找食物，找呀找，找呀找，好不容易找到一个萝卜，可是它却舍不得吃，它想着它的好朋友小猴也没有食物吃，于是它就把萝卜送给了小猴，可是小猴又把萝卜送给了他的好朋友小鹿，就这样，你送给我，我送给它，最后萝卜又回到了小兔的手中。这是多么温暖的画面啊！让我们一起来听听故事《萝卜回来了》，看看这到底是怎么回事吧。

2. 教师有感情地讲述故事，幼儿努力理解故事内容。

(1)完整讲述故事，请幼儿欣赏。

(2)依次出示相应图片，提出问题，帮助幼儿理解故事内容。

提问：

①这个故事的名字叫什么呀？

②出示图片1，提问：这个故事是发生在什么季节呀？你是怎么知道的？学习词语“白茫茫”。小兔子在干什么呀？它是怎么想的？它找到了什么呢？

③出示图片2，提问：小兔把萝卜送到谁家了？小猴在家吗？小兔是怎么分配两个萝卜的？如果你是小兔子，你会怎么分配呢？

④出示图片3，提问：小猴找到了什么食物？它准备和谁分享？经过家里时它看见家里放着的什么？它自己吃了萝卜吗？它是怎么想的？它是怎么做的？

⑤出示图片4，提问：小鹿在家吗？小猴是怎么分享食物的？

⑥出示图片5，提问：小鹿找到了什么食物？它准备和谁分享？经过家门口时它看见窗台放着的什么？它是怎么做的？

⑦出示图片6，提问：小熊在家吗？小鹿是怎么分享食物的？

⑧出示图片7，提问：小熊找到了什么食物？它准备和谁分享？经过家门口时它看见了什么？它是怎么做的？

⑨出示图片8，提问：小兔子醒来后，看见了什么？哦，大萝卜又回来了，它是怎么想的？请幼儿学说故事中多次反复的一段话：“雪这么大，天这么冷，×××在家里，一定很饿，我找到了东西，去和它一起吃。”

3. 播放录音，结合图片再次欣赏故事内容，巩固理解。

播完故事后，提出问题，让幼儿通过回忆传递萝卜的过程，感受小伙伴之间互相惦记、互相关爱的深厚情谊。

①小兔子把萝卜送给了谁？

②小猴又把萝卜送给了谁？

③小鹿把萝卜送给了谁？

④小熊把萝卜送给了谁？

活动延伸

1. 领域外活动延伸：在社区开展一次“互帮互助”的社会活动，继续强化孩子们互帮互助、关爱他人的感情。

2. 区域活动延伸：在区域活动中利用头饰进行《萝卜回来了》的故事表演。

3. 亲子活动延伸：幼儿和父母一起进行故事续编。

七、猫和老鼠

设计意图

《猫和老鼠》一直是孩子们感兴趣的动画话题，动画片色彩鲜艳，人物造型夸张，情节诙谐幽默、引人入胜。孩子们喜欢老鼠杰瑞那种不畏强大、机智勇敢、聪明幽默的表现。根据幼儿的兴趣，开展《猫和老鼠》的故事续编活动，旨在帮助幼儿进一步了解动画片所蕴涵的意义，鼓励幼儿根据故事情节大胆想象，讲述、改编和续编故事，丰富幼儿的想象力和语言表达能力。

活动目标

1. 喜欢《猫和老鼠》的动画片，感受其中的幽默与诙谐。
2. 尝试根据故事情节的发展，较完整地续编故事。
3. 有一定的想象力和语言表达的能力。

活动准备

1. 知识经验准备：

观看过《猫和老鼠》的动画片，知道其中的一些故事。

2. 物质材料准备：

(1)图片。

(2)教学电子资源：视频播放设备。

活动过程

1. 播放《猫和老鼠》动画片的片头，引出话题。

(1)提问：这是什么动画片？动画片中都有谁？

(2)你能说一说猫和老鼠之间发生了哪些有趣的故事吗？幼儿可随意选择一些片段进行讲述。

2. 教师讲《猫和老鼠》中的一段故事。

(1)教师讲述：老鼠杰瑞每天都在和汤姆猫斗智斗勇，看看今天它们又给我们带来了什么有趣的故事。一大早，老鼠杰瑞的儿子小杰瑞钻出洞口，准备活动活动身体。突然，它发现汤姆猫正在离洞口不远的地方盯着自己。小杰瑞吓得连忙钻进洞里，把这个消息告诉了妈妈。妈妈想了想说："别着急，我有办法对付它!"……

(2)提问：老鼠杰瑞会用什么方法对付汤姆猫？请小朋友们想一想，说一说。鼓励幼儿可联系以前看过的动画片进行想象讲述。

3. 观察图片，根据画面内容讲述故事、改编和续编故事。

(1)根据画面内容想象讲述故事的发展。

①观察图1：小杰瑞钻出洞口，发现汤姆猫正盯着自己。

②观察图2：小杰瑞连忙回到洞里把消息告诉妈妈。

③观察图3：老鼠杰瑞戴着老虎面具钻出洞口。

④观察图4：汤姆猫吓得拔腿就跑。

(2)根据画面内容想象改编情节，并把改编的情节画出来。

①教师提问：小朋友们还能帮小杰瑞想到更好的办法来对付汤姆猫吗？把你们的好办法讲给大家听。请幼儿发挥想象讲述改编的故事情节。

②请幼儿把改编的故事情节画下来。

(3)根据画面内容想象续编故事情节。

①幼儿分组讲述自己续编的故事，教师倾听并了解幼儿续编故事的情况。

②请幼儿在集体面前大胆地讲述续编故事。

4. 教师小结，帮助幼儿理解故事的主旨。

教师讲述：老鼠杰瑞虽然很弱小，但它总能利用自己的智慧战胜比自己身体强大的汤姆猫。看来只要肯动脑筋，就能化解一些危险和困难。希望我们小朋友也能像聪明的杰瑞一样，遇到危险和困难时沉着冷静，积极想办法解决问题!

活动延伸

1. 领域外活动延伸：将《猫和老鼠》续编故事活动延续，请小朋友们想一想，画一画，制作《猫和老鼠》连环画，然后看看讲讲。

2. 区域活动延伸：在区域活动中投放猫和老鼠的头饰，引导幼儿进行故事表演。

3. 亲子活动延伸：和父母一起进行《猫捉老鼠》的游戏。

附：

汤姆和杰瑞(讲述示例)

一天，老鼠杰瑞的儿子小杰瑞钻出洞口去玩耍，突然发现汤姆猫正在离洞口不远的地方盯着自己。小杰瑞吓得连忙钻进洞里，把这个消息告诉了妈妈。妈妈想了想说："别着急，我有办法对付它！"于是，老鼠杰瑞立刻找来纸和彩笔，画了一个大大的老虎面具。

杰瑞戴着老虎面具钻出了洞。汤姆猫一看，一只老虎张着血盆大口，露出尖尖的牙齿向他猛扑过来，吓得他拔腿就跑了。

汤姆和杰瑞(改编示例)

一天，老鼠杰瑞的儿子小杰瑞钻出洞口去玩耍，突然发现汤姆猫正在离洞口不远的地方盯着自己。小杰瑞吓得连忙钻进洞里，把这个消息告诉了妈妈。妈妈想了想说："别着急，我有办法对付它！"于是，杰瑞立刻找来纸和彩笔，画了一个黑猫警长的面具。

杰瑞戴着黑猫警长的面具钻出了洞。汤姆猫一看，连忙立正，敬礼，说："报告长官，汤姆向你致敬。请问有什么吩咐？"杰瑞装出很粗的声音说："今后不准欺侮杰瑞一家，要不然我就关你的禁闭！"汤姆吓得连忙说："是是是。"从此，杰瑞和小杰瑞再也不怕汤姆了。

汤姆和杰瑞(续编示例)

一天，老鼠杰瑞的儿子小杰瑞钻出洞口去玩耍，突然发现汤姆猫正在离洞口不远的地方盯着自己。小杰瑞吓得连忙钻进洞里，把这个消息告诉了妈妈。妈妈想了想说："别着急，我有办法对付它！"于是，老鼠杰瑞立刻找来纸和彩笔，画了一个大大的老虎面具。

杰瑞戴着老虎面具钻出了洞。汤姆一看，一只老虎张着血盆大口，露出尖尖的牙齿向它猛扑过来，吓得拔腿就跑了。

以后，汤姆见了戴着老虎面具的杰瑞就吓得发抖，求这个"老虎"不要吃他。杰瑞学着老虎的声音说："不吃你可以，你每天必须给我送吃的来，我就饶了你。"汤姆连忙说"好好好。"打这以后，杰瑞和小杰瑞再也不用担心受汤姆的伤害了，每天还有好东西吃。

八、我的小手会说话

设计意图

手指游戏是孩子们非常喜欢的活动。中班的孩子对手指游戏已经具有了一定的经验，他们会想象手指造型代表的意思。竖起两根手指在头上，他们知道那是小白兔；张开双手在嘴边摸一摸，他们知道那代表小猫咪……进行“我的小手会说话”这一手势游戏活动，旨在帮助幼儿进一步发现手的特殊作用，了解生活中的各种手势语，并启发幼儿根据手势编故事，培养幼儿的观察能力，发展幼儿的语言表达力和想象力。

活动目标

1. 乐意尝试用手势表达故事内容。
2. 感知不同的手势所表达的不同意思，学习看手势编故事。
3. 训练观察分析能力及口语表达能力，养成安静倾听的好习惯。

活动准备

1. 知识经验准备：

活动前教幼儿学唱歌曲《感恩的心》。

2. 物质材料准备：

(1)各种手势的图片。

(2)教师准备一则用手指表演的小故事。

(3)教学电子资源：视频播放设备，哑语新闻和交警指挥交通等视频。

活动过程

1. 会跳舞的手——教师表演儿歌《十个手指头》。

(1)教师讲述：小朋友，你们看过手指跳舞吗？今天老师就给你们露一手，让你们欣赏欣赏。

(2)教师一边念儿歌《十个手指头》，一边表演手指操，请幼儿欣赏，激发幼儿学习兴趣。

(3)提问：刚才儿歌是用什么表演的？你们看到哪些手指动作？请幼儿把看到的手指动作做一做。

2. 会说话的手——感受手势的意义。

(1)教师讲述：我的手不仅会跳舞，还会说话呢。猜猜我的手在说什么？教师做简单的手势，让幼儿猜猜是什么意思。如：过来、再见、暂停、胜利、很棒、安静等。

(2)请幼儿尝试用自己的小手说说话。启发幼儿用手势来表现一些活动，如：吃饭、洗脸、刷牙、敲门、打电话等。

3. 看手势编故事。

(1)教师讲述：我们的手本领大着呢，不仅可以跳舞、说话，还能讲故事呢！

教师做手势表演故事：小白兔蹦蹦跳跳走来了，看见一块石头，从石头上跳了过去。小鸭子嘎嘎叫着走来了，看见石头，从石头边绕了过去。小山羊高高兴兴地走来了，它没有看到石头，撞了一下，摔了个大跟头，它爬了起来，一瘸一拐地走了。

(2)教师讲述：我的手讲的故事好听吗？大家一起来学一学、说一说吧。

教师引导幼儿学手势，讲故事。在此基础上，教师引导幼儿进行发散性思维，鼓励幼儿发挥想象，做手势，编故事。

(3)教师请幼儿观察图片猜一猜，图片上的手势在说些什么？

4. 感受生活中手势的作用。

(1)教师联系幼儿看过的手势提问：你知道哪些人会用手势来说话？你在哪里见过？

(2)请幼儿观看哑语新闻及交警指挥交通录像，学做手势，说说手势表示的意义。

5. 歌曲手势表演。

教师带领幼儿一起用手势表演歌曲《感恩的心》，体验手势表达的丰富情感。

活动延伸

1. 领域外活动延伸：开展“我来做，你来说”游戏活动，进一步锻炼幼儿的想象力和口语表达能力。

2. 区域活动延伸：玩手影游戏，让幼儿初步了解手势在光的作用下还能发生奇妙的变化。

3. 亲子活动延伸：带领幼儿走进福利院参观聋哑儿童的学习和生活，增进幼儿关爱聋哑人的情感。

九、我最喜欢吃的水果

设计意图

秋天是丰收的季节，孩子们经常会吃到苹果、橘子、香蕉等水果，在享用这些形态各异、色彩鲜艳、味道甜美的水果时，他们还没有忘记和水果快乐地做游戏呢！你看，小小的香蕉在他们的手中变成了一艘正在远航的“船”，小嘴巴还不停地念叨“船儿船儿漂呀漂”；圆圆的苹果在他们的眼里就是一张可爱的娃娃笑脸，孩子们的笑脸和红红的苹果交相辉映。开展“我最喜欢吃的水果”的语言活动，让孩子们在想一想、看一看、尝一尝、说一说的过程中获得直接经验，丰富对各种水果名称、形状、颜色、味道等特征的认识，提高想象力，发展口语表达能力。

活动目标

1. 乐意围绕话题谈话，能在集体面前表达自己的见解。
2. 能用完整的语言讲述水果的特征，学习用“因为”说一句话。
3. 发展创新思维和口语表达能力。

活动准备

1. 知识经验准备：

认识各种水果，了解水果的特点。

2. 物质材料准备：

(1) 在活动区布置“丰收的水果”展览角。

(2) 每位幼儿带一种自己喜欢的水果入园。

活动过程

1. 参观“丰收的水果”展览角，引出水果的主题。

(1) 参观“丰收的水果”展览角，感知秋天水果品种的丰富。

(2) 提问：小朋友们都看到了哪些水果？说说它们都是什么样的？有什么特点？

2. 相互交流，说说我的水果。

请幼儿拿出自己从家中带来的水果，向同伴介绍它们的名称、外形、味道等。教师鼓励幼儿大胆讲述，用完整的句子讲述完整的意思。如：

我带的水果是香蕉，它看上去是黄黄的，像小船，吃起来又甜又软。

我带的水果是橘子，橘子是橘黄色的，圆圆的，吃起来又甜又酸。

3. 故事《猜一猜》。

(1)教师讲述故事《猜一猜》，请幼儿仔细听。

(2)提问：听完故事，聪明的小朋友们一定知道牛爷爷、熊叔叔、兔姐姐要吃的水果是什么的吧。谁能说一说，他们要吃的水果分别是什么呢？你是怎么知道的呢？幼儿自由讲述，说出自己对水果的认识。

4. 学用“因为”说一句话。

(1)教师讲述：小朋友们知道的水果可真多，喜欢吃的水果一定也不少哦。请小朋友们说说看，你最喜欢吃的水果是什么呢？为什么喜欢吃呢？用“因为”说一句话。

(2)教师举例：我最喜欢吃的水果是西瓜，因为西瓜又大又甜；我最喜欢吃的水果是葡萄，因为葡萄酸甜酸甜的。

(3)幼儿用“因为”完整地说一句话。

5. 教师小结，品尝水果。

(1)教师讲述：小朋友们对水果的了解还真不少，讲述了不同水果的名称、形状、颜色、味道。现在让我们一起来品尝好吃的水果吧！

(2)教师和幼儿一起分享各自带来的水果。

活动延伸

1. 领域外活动延伸：开展科学活动“分果果”，学习“5”的相邻数。
2. 区域活动延伸：在益智区投放各种季节水果图片，幼儿学习按季节分类。
3. 亲子活动延伸：请家长和幼儿在家一起制作水果沙拉，尝试水果的多种吃法。

十、找朋友

设计意图

《新纲要》提出："发展幼儿语言的关键是创设一个使他们想说、敢说、喜欢说、有机会说并能得到积极应答的环境。"结合中班幼儿年龄特点和语言发展水平，选择《小鸭子找朋友》这一充满浓郁情趣的童话故事作为教学载体，旨在帮助幼儿通过听、说、表演，充分感受每个小动物都有的独特本领。通过对话练习、故事表演的方式，引导幼儿用"我会……我不会……"的句式说话，锻炼幼儿的口语表达能力，激发幼儿的表现欲。

活动目标

1. 喜欢倾听故事，乐意参与故事表演。
2. 学习用"我会……我不会……"的句式和恰当的动词说出图中动物的本领。
3. 能生动地讲述和表演故事，锻炼口语表达能力。

活动准备

1. 知识经验准备：

会玩"找朋友"的游戏。

2. 物质材料准备：

(1) 小鸭、小兔、小蚂蚁、小鸡、小鸟、小猫、小猪、青蛙等动物的头饰各 1 个。

(2) 故事图片。

(3) 教学电子资源：《找朋友》歌曲音频；故事《小鸭子找朋友》音频。

活动过程

1. 游戏"找朋友"，激发幼儿活动兴趣。

(1) 教师提出游戏内容，幼儿玩"找朋友"游戏。

(2) 给好朋友一个"爱"的抱抱，为大家介绍自己的好朋友。

2. 了解故事《小鸭子找朋友》。

(1)出示小鸭头饰，请小朋友们说说它是谁？

(2)教师讲述并提问：今天天气真好呀，有一只可爱的小鸭子想去游泳。可是，一个人去玩多没意思啊，小鸭子想找一个好朋友跟它一起去。小朋友们猜猜看，它都遇到了哪些朋友？它会怎样邀请它的朋友呢？幼儿自由想象讲述。

(3)观察图片，看图思考并回答问题：

①小鸭子遇到了哪些朋友？

②小兔、蚂蚁、小猫会游泳吗？小鸭子邀请它们游泳时，它们会怎么说？

启发幼儿运用恰当的动词以及“我会……我不会……”的句式说出小动物的特点。如：

小兔说：“我会蹦蹦跳，我不会游泳。”

蚂蚁说：“我会爬，我不会游泳。”

小猫说：“我会跑，会抓老鼠，我不会游泳。”

③青蛙会游泳吗？它会怎样说呢？(青蛙说：“我会跳，也会游泳，我和你一起去游泳吧！”)

3. 提醒幼儿倾听故事，并根据画面复述故事。

(1)教师讲述：小鸭子的朋友是这样说的吗？我们一起来完整地听一遍故事吧。

教师播放《小鸭子找朋友》的故事录音，让幼儿完整地欣赏，提醒幼儿用心倾听，注意小动物的对话是怎么说的。

(2)教师请幼儿根据图片复述故事，提醒幼儿要将小动物的对话完整地说出来，进一步巩固“我会……我不会……”的句式。

4. 分角色进行对话练习，完整地进行故事表演。

(1)教师将幼儿分为若干小组，自行分配角色，进行对话练习。教师巡查辅导，重点训练幼儿的用词准确性。如：“我是小鸟，我会飞，我不会爬。”“我是蜗牛，我会爬，我不会跳。”“我是袋鼠，我会跳，我不会游泳。”……

(2)故事表演《小鸭子找朋友》

教师先戴上小鸭的头饰，扮演小鸭(并念旁白)，再请若干小朋友选择其他小动物的头饰，一起表演故事的内容：

一天，天气真好，小鸭想邀请小伙伴一起去游泳。

“小鸭”走到“小兔”面前说：“小兔，我们一起去游泳吧！”“小兔”摇摇头说：“我会蹦蹦跳，我不会游泳。”

“小鸭”走到“蚂蚁”面前说：“小蚂蚁，我们一起去游泳吧！”“小蚂蚁”摇摇头说：“我会爬，我不会游泳。”

“小鸭”走到“小鸡”面前说：“小鸡，我们一起去游泳吧。”“小鸡”摇摇头说：“我会捉虫子，我不会游泳。”

“小鸭”走到“小鸟”面前说：“小鸟，我们一起去游泳吧。”“小鸟”摇摇头说：“我会飞，我不会游泳。”

“小鸭”走到“小猫”面前说：“小猫，我们一起去游泳吧。”“小猫”摇摇头说：“我会跑，会抓老鼠，我不会游泳。”

“小鸭”走到“小猪”面前说：“小猪，我们一起去游泳吧！”“小猪”摇摇头说：“我会吃，会睡，我不会游泳。”

“小鸭”走到“青蛙”面前说：“青蛙，我们一起去游泳吧。”“青蛙”高兴地说：“好的，我们一起去游泳吧。”

小鸭和青蛙在池塘里游来游去，真开心！

5. 播放轻松愉快的音乐，幼儿模仿自己喜爱的小动物的动作自由舞蹈，结束活动。

活动延伸

1. 领域外活动延伸：绘画活动——“我的好朋友”。

2. 区域活动延伸：在表演区中投放不同的小动物头饰，让幼儿继续练习用“我会……我不会……”的句式说话。

3. 亲子活动延伸：请家长帮助幼儿查阅资料，了解更多小动物的特殊本领。

十一、夸夸我自己

设计意图

幼儿升入中班后，自我意识进一步增强。随着身体的发展变化，他们各方面的能力得到了进一步提高，其个性特点也更加突出。孩子们聚在一起常常会自豪地讨论："我会帮妈妈择菜""我最会跳舞""老师说我的故事讲得可好了""我参加绘画比赛得奖了"……教师引导幼儿开展"夸夸我自己"活动，旨在帮助幼儿在看一看、比一比、说一说的过程中发现自己与别人的异同(包括外貌、能力、喜好及生活习惯等)，能接纳这些异同，体验成长的快乐。激发幼儿爱自己、爱他人的情感，学习与人交往的技巧，培养勇敢、自信的品质。

活动目标

1. 发现自己的变化，体验成长的快乐。
2. 学习用完整的语句介绍自己，并大胆地与人交流。
3. 锻炼口语表达能力及与人交往的能力，增强自信心。

活动准备

1. 教师将自己不同年龄阶段的照片制作成电子相册(PPT)。
2. 请家长把幼儿成长的照片整理成10页左右的纸质相册，并辅以幼儿的成长变化口述录音。
3. 用来幼儿制作"个人名片"的白卡纸若干(每位幼儿1张)。
4. 多媒体电教设备。

活动过程

1. 欣赏教师的成长照片，导入活动。

(1)教师出示一张婴儿照片，提出问题：小朋友们猜猜看，照片中的宝宝是谁？(幼儿根据照片中宝宝的特点自由猜一猜，说一说。)

(2)教师告知答案：照片中的宝宝是老师。小朋友们，想不想看看老师从小长到大的相片，听听老师小时候有什么有趣的故事？(引起幼儿的兴趣。)

(3)教师在多媒体上顺次播放自己不同年龄阶段的照片，说说照片中的故事，与幼儿共同分享成长的快乐。(如：这是我一岁的时候，那时我还不会走路，所以得让妈妈抱着我照相。这是我三岁的时候，我上幼儿园了……)

2. 请幼儿根据自己的照片说说成长的趣事。

教师：小朋友们从小到大也有不少照片，把你们照片中的趣事跟大家说说吧。

如："这是在广场上，我和小朋友一起喂鸽子。"

"六一儿童节，妈妈给我买了件新衣服，还带我去照相。"

"去年我和爸爸妈妈一起去北京旅游，这是我在长城上拍的相片。"

……

3. 引导幼儿比较、发现自己的成长变化，并为之感到骄傲。

(1)播放部分家长的口述录音，让幼儿感知自己长大了，变能干了。

如："××小时候不会说话，还老爱哭，现在她变能干了，不仅会唱歌、跳舞，还会讲故事呢。"

"××小时候不讲究卫生，还爱发脾气，总是把玩具乱扔，现在她懂事了，学会收拾自己的房间了。"

……

(2)请幼儿对比小时候的照片，说一说自己现在有哪些变化，增强幼儿的自豪感。

如："小时候我没长牙齿，只能吃奶，现在我有整齐的牙齿，可以吃各种食物。"

"小时候我不会走路，总要大人抱着，现在我会跑会跳，还会做游戏呢。"

"小时候我不会画画，现在我可以画出许多漂亮的图画。"

……

4. 引导幼儿互相交流，讲述自己成长的故事。

请幼儿打开自己的纸质相册，在小组内根据画面交流自己成长的故事。然后各组选出代表在全班进行交流讲述。

5. 引导幼儿制作、交换"个人名片"，并向同伴介绍自己。

教师讲述并提问：爸爸妈妈都很关心自己的宝宝，能仔细地观察到宝宝的每一点变化和进步。可是如果面对新朋友，他们对你还不够了解，你该怎样让别人很快地认识你、喜欢你呢？

教师发给每位幼儿1张白卡纸，指导幼儿用绘画的方式制作个人名片。内容包括姓名、年龄、属相、爱好等。

引导幼儿根据个人名片做自我介绍：我叫×××，今年×岁，属×，我喜欢×××(我会×××)，我愿意跟你做好朋友。

6. 鼓励幼儿进行好朋友自由派对。

教师播放轻松优美的音乐，提供游戏器材，让幼儿与自己的好朋友结伴游戏，加深和同伴的友谊。

活动拓展

1. 在此活动的基础上开展“夸夸我的好朋友”的活动，增进幼儿关注、热爱他人的情感。

2. 在区域活动中设置“岗位招聘台”，进一步锻炼幼儿的表述能力及与人交往的能力。

3. 带领幼儿诵读儿歌《别说我小》，增强幼儿的成长意识。

十二、圆宝宝　变变变

设计意图

圆圈，在没有想象力的人眼里仅仅就是一个小小的圆形，可是在拥有奇思妙想的幼儿眼中，却是百变的“圆宝宝”——气球、西瓜、足球、蛋糕……只要你认为它是什么它就是什么。是的，幼儿拥有无尽的想象，只需要教师的正确引导。语言活动“圆宝宝变变变”，让幼儿以小圆形为起点，充分发挥自己的奇思妙想，大胆讲述。小小的圆形在他们的眼里变成了一个红红的太阳，高高地挂在天边；变成了妈妈甜甜的笑脸，温暖又亲切；变成了美丽的地球，把全世界所有的小朋友都装在里面……孩子们在思考、想象、表述的过程中，既发挥了创造思维能力，又充分锻炼了语言表达能力。

活动目标

1. 乐于围绕教师提供的话题展开想象讲述。

2. 以“圆”为切入点，大胆呈现自己对圆形事物的了解，说出生活中各种各样圆形的物品，并在教师引导下串编成儿歌。

3. 通过讲述，训练发散思维能力和语言表达能力。

活动准备

1. 画有圆形的图片。

2. 具有圆形特征的实物或图片(如气球、镜子、游泳圈、锅盖、盘子……)

活动过程

1. 提问导入，引发兴趣。

教师出示画有圆形的图片，提问：这是什么图形呀？(圆形。)哦，这是一个聪明的圆宝宝，为什么说它聪明呢？因为它可以变成好多东西。小朋友们，你们说说，圆形能变成哪些东西呢？(幼儿自由讲述。)

2. 组织讨论，自由想象。

教师与幼儿交流，激发幼儿想象力，引导幼儿表达，丰富幼儿词汇，锻炼他们的语言表达能力。

教师讲述并提问：

(1)小朋友们说圆宝宝能变成气球，那么，气球是怎么变出来的？(我把气球吹足气，让气球飞呀飞呀，飞得好高好高，飞上天。)我们用一句完整的话来说说我们变出的宝贝好吗？(圆宝宝，变变变，变个大气球，飞呀飞上天。)

(2)小朋友们说圆宝宝能变成纽扣，纽扣有什么用途呢？(纽扣可以把我们敞开的衣服扣在一起，我们很暖和。)我们也用一句完整的话来说说好吗？(圆宝宝，变变变，变成小纽扣，扣在我胸前。)

(3)小朋友们说圆宝宝还能变成太阳，你们说说，太阳是什么颜色的？可以用哪些词语来形容呢？(早晨的太阳是鲜红的、中午的太阳是金黄的、下午的太阳是火红的。)我们也用一句完整的话来说一说太阳吧！(圆宝宝，变变变，变个红太阳，挂呀挂天边。/圆宝宝，变变变，变成金太阳，挂呀挂天边。/圆宝宝，变变变，变个火红的太阳，挂呀挂天边。)

(4)小朋友们说圆宝宝还能变成妈妈的脸，妈妈的脸是什么样的呢？可以用哪些词语形容呢？(妈妈的脸上有大大的眼睛，甜甜的笑容，很美很美。)同样用一句完整的话可以怎么说呢？(圆宝宝，变变变，变成妈妈的脸，真美，真甜。)

……

3. 串编儿歌，体会想象的乐趣。

根据师幼共同讲述，引导幼儿将讲述内容串编成儿歌，加强幼儿对生活中圆形物品的印象，提高听说兴趣，继续巩固幼儿的语言表述能力。

教师讲述：小朋友把圆宝宝变成了这么多宝贝，还添上了这么多美丽的词语，现在我们一起来把它们串联起来，编成一首好听的儿歌好吗？

教师带领幼儿一起诵读串编的儿歌：

圆宝宝，变变变

圆宝宝，变变变，变个大气球，飞呀飞上天。
圆宝宝，变变变，变个红太阳，挂呀挂天边。
圆宝宝，变变变，变个小纽扣，扣在我胸前。
圆宝宝，变变变，变成妈妈的脸，笑得美又甜。

4. 自由仿编，巩固认知。

(1)教师：你们还知道圆宝宝能够变成什么？跟旁边的小朋友说一说，然后用完整的句子表达出来，好吗？

(2)和幼儿一起自由创编。

比如：圆宝宝，变变变，变成大西瓜，尝尝真是甜。

圆宝宝，变变变，变成小镜子，照照我的脸。

圆宝宝，变变变，变成小足球，天天来锻炼。

活动拓展

1. 创设语言活动角，继续开展延伸活动，说说圆形宝宝还会变成什么。

2. 和家长一起收集其他圆形物品，继续开展讲述和创编活动。

3. 开展其他图形“宝宝变变变”的活动，比如“三角形变变变”“正方形变变变”“椭圆形变变变”等语言讲述、儿歌创编活动。

十三、我最喜爱的动物

设计意图

幼儿对小动物有天然的亲近感。幼儿喜欢小动物，有的幼儿不仅能说出自己喜欢的动物名称，还能简单地说出原因。教师针对幼儿的兴趣，开展“我最喜爱的动物”的讲述活动，让幼儿从生活经验出发进行讲述，加深对动物的外形特征、生活习性、本领的认识，获得喜爱动物、乐于保护动物的情感体验，锻炼口语表达能力，初步感知人与动物和谐相处的美好境界。

活动目标

1. 乐于围绕话题进行交流讲述，增进喜爱动物的情感。
2. 能用完整的语言讲述自己喜爱动物的外形特征、生活习性及其本领。
3. 通过讲述活动锻炼口语表达能力。

活动准备

1. 生活经验准备：

(1)幼儿对常见动物有所了解。

(2)活动前引领幼儿学会儿歌《小白兔》。

2. 物质材料准备：

(1)各种动物头饰若干。

(2)信封若干(大小以能套住幼儿的手为准，数量与幼儿数量相同)。

(3)有节奏的背景音乐。

活动过程

1. 表演儿歌，导入活动。

教师带领幼儿一起表演儿歌《小白兔》：小白兔，白又白，两只耳朵竖起来，爱吃萝卜和青菜，蹦蹦跳跳真可爱。

教师讲述：老师最喜爱的动物就是小白兔，你们知道为什么吗？因为小白兔长得可爱，它身上的毛白白的，两只耳朵长长的，走起路来一蹦一跳，非常有趣。小朋友们一定也有自己喜欢的动物，请你们和大家一起分享一下吧。

2. 教师提问，幼儿讲述。

（1）你喜欢什么动物？你能说说你喜欢的动物长什么样吗？（我喜欢的动物是小猫，它长着一双大大的眼睛，嘴巴上还有长长的胡须呢。/我喜欢的动物是小狗，小狗唱起歌来汪汪叫，声音很响亮。）

（2）你知道你喜欢的动物爱吃什么吗？（小猫喜欢吃鱼。/小狗喜欢啃骨头。）

（3）你知道你喜欢的动物有什么本领吗？（小猫的本领是抓老鼠，它可会抓老鼠了。/小狗的本领是给主人看门，还会抓坏蛋呢。）

3. 游戏体验，扩展认识。

请幼儿在信封上画上自己最喜欢的动物，做成纸袋手偶，做好后套在一只手上。游戏时，幼儿一边操作纸偶，一边介绍动物，享受操作表演的快乐感觉。如：我是小蜜蜂，我唱起歌来“嗡嗡嗡”，我整天飞来飞去采蜜，真忙碌。/我是小青蛙，我唱起歌来“呱呱呱”，我穿着绿绿的衣服，我长着圆鼓鼓的白肚皮，我每天能吃很多很多的蚊子。

4. 在音乐辅助下，再次表达对动物的喜爱。

幼儿随音乐做自己喜欢动物的动作，表现对自己喜爱动物的热爱。

5. 教师小结。

动物是我们的好朋友，也是全人类的好朋友。它们都有各自的用处。我们小朋友都很喜欢小动物，我们更要好好地爱护它们，保护它们，这样，我们的世界才会更加美丽。

活动拓展

1. 请家中养有动物的幼儿，就其饲养动物的经验说说爱护动物的方式和趣事，分享和动物建立感情的经验和体会。

2. 开展“我喜爱的动物”绘画大赛，比比看，看谁画得好。

3. 开展“保护动物，从我做起”宣传活动。鼓励幼儿向身边的人宣传，不吃有益动物，不捕杀有益动物。

十四、小树叶的旅行

设计意图

秋天，树叶开始变黄飘落。不知不觉中，孩子们对飘落下来的树叶产生了浓郁的兴趣。“树叶为什么会落下来呢?”“落下来的树叶会飘到哪里去呢?”“他们还会回到树妈妈身边吗?”……带着这一连串的问题，孩子们走进了大自然，进行了一次愉快的秋游。“小树叶的旅行”是在孩子们走进大自然的基础上进行的讲述活动，旨在帮助幼儿初步了解秋天的季节特征，感受大自然的美丽，为幼儿创设一个想说、敢说、会说的语言环境，发展幼儿的观察力、想象力和语言表达能力。

活动目标

1. 亲近大自然，感受秋天的美丽，并愉快地与同伴交流分享。
2. 初步了解秋天的季节特征，并尝试利用已有的生活经验进行想象讲述。
3. 培养和发展观察力、想象力和语言表达能力。

活动准备

1. 知识经验准备:

(1)组织幼儿秋游。

(2)会唱歌曲《小树叶》。

2. 物质材料准备:

(1)歌曲《小树叶》音频。

(2)体现秋季整体特征的图片。

(3)不同环境下的秋天的图片(树林、花园、幼儿园等)。

活动过程

1. 欣赏歌曲《小树叶》，导入活动。

(1)教师带领幼儿随音乐表演歌曲，激发幼儿兴趣。

(2)根据歌曲内容提问，鼓励幼儿根据歌词内容进行回答：

①歌曲里唱到的是什么季节？(秋天。)你从哪一句歌词中知道的？(秋风起来了。)

②歌曲讲了一个什么故事？(小树叶离开了妈妈，到处飘。)

③小树叶为什么要离开妈妈？(因为秋天天气变凉了，小树叶都落下来了。)

④小树叶会飘到哪里去呢？它心里害怕吗？(幼儿回忆秋游的经历，自由想象讲述。)

2. 观察画面，想象讲述。

(1)请幼儿观察描绘秋天的图片，帮助幼儿初步了解秋天的季节特征。(秋天天气慢慢变凉了，美丽的菊花开放了，树叶变黄了，到处是落叶，果园里的果实都成熟了，农民伯伯丰收了……)

(2)教师讲述：一阵秋风吹来，小树叶离开了大树妈妈，它飘呀飘，飘向四面八方。最后，它到底飘到了哪些地方，这些地方会变成什么样呢？请你们仔细观察画面，想一想、说一说。

引导幼儿根据画面自由想象讲述，如：小树叶飘到屋顶上，屋顶变得金黄金黄。小树叶飘到小河里，水面上像漂动着许多小船。小树叶飘到草地上，草地像铺上了一层金色的地毯……

(3)请幼儿观察不同环境下秋天的图片，根据画面自由想象并讲述。如：

小树叶飘到花园里，菊花姐姐说："啊，好漂亮的蝴蝶呀！"

小树叶飘到小蚂蚁身上，小蚂蚁高兴地说："太好了，我正需要一张小床呢。"

小树叶飘到树妈妈脚下，树妈妈轻轻地和它说着悄悄话。

小树叶飘到幼儿园里，小朋友们开心地和它做游戏。

……

(4)教师记录整理幼儿的谈话，串编成不同情节的小故事。

例：天气慢慢凉了，风儿轻轻一吹，小树叶告别了妈妈，开始了秋日的旅行。小树叶飘啊飘，飘到了花园里，菊花姐姐高兴地说："啊，好漂亮的蝴蝶呀！"小树叶飘啊飘，飘到小蚂蚁身上，小蚂蚁高兴地打个滚儿，躺在上面拍着手："太好了，我正需要一张小床呢。"小树叶飘啊飘，飘到树妈妈脚下，树妈妈摇摇头，轻轻地和它说着悄悄话。小树叶飘啊飘，飘到幼儿园里，小朋友们开心地和它做起了游戏。

"沙沙，沙沙。"小树叶幸福地唱起了歌，"秋天的旅行真快乐！"

3. 再次欣赏歌曲《小树叶》，师幼进行交谈。

(1)教师带领幼儿随音乐表演歌曲，让幼儿感受到小树叶离开树妈妈的心情。

(2)教师和幼儿交谈问题：小树叶爱妈妈吗？它是怎么说的？你喜欢小树叶吗？

在交谈中，引导幼儿体验小树叶留恋树妈妈的情感，帮助幼儿完成情感迁移，增进幼儿爱妈妈的情感。

活动拓展

1. 引导幼儿收集各种树叶，并从颜色、形状、大小等方面进行观察，发现树叶的不同特点。

2. 在活动区中利用树叶开展丰富的美工活动，如树叶拼贴画、树叶拓印画、漂亮的树叶书签等。

十五、香蕉皮流浪记

设计意图

阳光明媚的日子里，带领孩子们一起到郊外秋游，孩子们玩着，闹着，可开心了。玩累了，孩子们就拿出在家准备的食物津津有味地吃了起来：薯片、果冻、饼干、水果……真好吃呀。虽然教师一再叮嘱孩子们把垃圾放进塑料袋里，地上还是零零散散地堆放着薯片筒、果冻盒、饼干袋……教师通过引导幼儿进行看图讲述活动“香蕉皮的故事”，能让他们在观察了解动物处理垃圾的不同方式中，判断哪种做法是正确的，哪种做法是不正确的，让幼儿树立初步的环保意识，养成良好的爱清洁、讲卫生的好习惯。

活动目标

1. 喜欢看图讲故事，快乐地参与环境卫生的保护活动。

2. 在观察图片的基础上，按情节发展的顺序讲述图片的主要情节；学习词语“抛”“叼”“扔”“顶”“推”“搬”，能用动作表示出来。

3. 培养爱清洁讲卫生的好习惯，建立初步的环保意识。

活动准备

1. 小猴、小鸟、小鱼、小青蛙头饰各 1 个。

2. 故事图片(PPT)。

活动过程

1. 自由讲述，导入活动。

教师提问，引起幼儿回忆：小朋友们郊游时都带了哪些好吃的东西呢？你们是怎么处理吃完后的垃圾？能和大家说一说吗？（幼儿自由讲述。）

2. 观察画页，感知情节。

教师打开 PPT，请幼儿通过观察画面初步理解情节。

教师讲述并提问：有一只小猴和它的朋友们在湖边游玩，小朋友们仔细观察图片，看看他们发生了什么故事呢。

(1)小猴踩了一块香蕉皮，它是怎么做的？(捡起香蕉皮向上抛。)小朋友们能学学“捡”和“抛”的动作吗？(幼儿演示。)

(2)香蕉皮落到哪里了？(鸟窝。)小鸟是怎么对待香蕉皮的呢？(叼起香蕉皮向下扔。)你们能学学“叼”和“扔”的动作吗？(幼儿演示。)

(3)香蕉皮又落到哪里了呢？(湖水里。)小鱼是怎么处理香蕉皮的呢？(顶着香蕉皮往湖边推。)你们能学学“顶”和“推”的动作吗？(幼儿演示。)

(4)青蛙是怎么对待香蕉皮的呢？(把香蕉皮搬进了垃圾箱。)你们能学学“搬”的动作吗？

3. 幼儿分组活动，按画面顺序，交流讲述内容。

4. 情景表演，加深理解。

按讲述内容进行情景表演，加深幼儿对看图讲述内容的理解。

(1)请幼儿对教师说一说，小猴、小鸟、小鱼、青蛙看见香蕉皮后是怎么做的？(引导幼儿正确使用“抛”“叼”“扔”“顶”“推”“搬”等词语。)

(2)将幼儿每四人分为一组，依次进行情景表演。

5. 交流讨论，体验情感。

教师引导幼儿讨论：

(1)小猴、小鸟、小鱼、青蛙谁做得对？谁做得不对？为什么？

(2)如果小朋友们遇到了这样的事情，你们会怎么做呢？我们以后会怎么对待我们身边的垃圾呢？

在幼儿交流讨论的过程中，教师重点引导幼儿把自己的想法讲述清楚，讲述完整，同时帮助幼儿建立初步的环保意识，注意爱护公共卫生，做一个爱护环境的好孩子。

活动拓展

1. 将小猴、小鸟、小鱼、小青蛙的头饰投放到活动区中，幼儿可以随时在活动区自由表演，在游戏过程中丰富词汇，获得情感体验。

2. 定期开展“我为环保做贡献”的活动，请幼儿说一说自己今天做了哪些保护环境的事情。

十六、过家家

设计意图

“过家家”是幼儿最喜爱、最熟悉的游戏。幼儿通过这种角色游戏，能再现生活，体验生活，感受情感，提高交际能力。在游戏过程中，总会遇到令人忍俊不禁的画面。教师要善于捕捉这些有趣的镜头，引导幼儿用语言描述这些画面，感受游戏的趣味。绕口令《过家家》描写的就是幼儿的体验，结合孩子们喜爱的绕口令这种文学体裁，更是妙趣横生。同时，能让幼儿在活动中初步了解绕口令的发音特点，并学会用标准的普通话念绕口令，锻炼幼儿的口语表达能力。

活动目标

1. 喜欢念绕口令，感受绕口令幽默有趣的特点。
2. 理解绕口令的有趣含义，读准“花”“丫”“家”“妈”“娃”“叉”“哈”等字的发音。
3. 学说标准的普通话，锻炼口语表达能力。

活动准备

布娃娃 2 个。

活动过程

1. 情景导入，引起幼儿兴趣。

教师出示一个布娃娃，请布娃娃向小朋友问好，介绍自己的名字：大家好，我叫花花，这是我的好朋友丫丫。（出示另一个布娃娃。）

2. 教师讲述布娃娃过家家的故事，帮助幼儿理解绕口令内容。

花花和丫丫是一对好朋友，她们经常在一起做游戏。一天，她们俩又碰到一起，花花对丫丫说：“丫丫，我们一起来玩过家家吧。”丫丫开心地说：“好哇！我来当妈妈，你来当娃娃，妈妈来抱娃娃啰。”丫丫一把抱起花花，一不小心，俩人摔了个仰八叉，她们躺在地上，你拍我一下，我拍你一下，大家乐得笑哈哈。

3. 教师引导幼儿讨论。

(1)花花和丫丫在一起做什么游戏?(过家家。)

(2)谁当妈妈,谁当娃娃?(丫丫扮妈妈,花花扮娃娃。)

(3)她们在玩游戏时发生了什么事?(妈妈抱娃娃,摔了个仰八叉。)

(4)她们快乐吗?你是怎么知道的?(快乐。她们你拍拍我,我拍拍你,乐得笑哈哈。)

4. 教师完整地朗诵绕口令《过家家》,让幼儿感受绕口令的趣味性。

5. 幼儿学念绕口令,发准"花""丫""家""妈""娃""叉""哈"等字的读音。

(1)以中等节奏学习念诵绕口令。

(2)以快速节奏念诵绕口令,感受快速念绕口令的趣味性。

6. 幼儿自由结对,一边念儿歌,一边进行情景表演。

活动拓展

1. 幼儿自由结伴玩"过家家"的游戏。

2. 引导幼儿回忆自己玩"过家家"的游戏情景,进一步丰富儿歌内容。

十七、金色的房子

设计意图

孩子们经常会把自己喜欢的玩具带到幼儿园，在向同伴“炫耀”的同时却不愿意和别人共享，经常会听到他们说：“这是我的！”“我的东西不给你玩！”孩子们虽然升入中班了，独占意识依旧明显，分享意识还没有完全形成。优秀儿童文学作品、经典童话《金色的房子》，让幼儿感受到好的东西自己一个人拥有是不快乐的，与大家共同分享才会得到快乐。故事情感自然，语言优美，重点语句反复吟唱，非常富有感染力。对话简洁、生动，富有节奏感，能让幼儿体会角色形象的心理感受。幼儿通过听赏和讲述故事，能扩大词汇量，提高对语言的感受力，获得与同伴之间相互关心、友好相处的情感体验。

活动目标

1. 乐于倾听故事，体会同伴之间相互关心、友好相处的情感。

2. 理解故事内容，学习故事中的对话，通过对话体会故事中各种角色的心理感受，学习词语“羡慕”“亮堂堂”“热闹”。

3. 培养初步的早期阅读能力，增进与同伴间的交往能力。

活动准备

1. 各种各样的房子(平房、楼房、红房、绿房、圆屋顶房、尖屋顶房等)图片。

2. 小鸟、小狗、小羊、小猴、动物贴绒教具。

3. 故事 PPT 图片。

活动过程

1. 观察房子图片，导入活动。

(1)教师：小朋友们看看这些都是什么房子？能够和大家说说你们家住的是什么样的房子吗？你还见过什么样的房子呢？

幼儿自由讲述(平房、楼房、石房、木房、红房子、绿房……)。

(2)教师：小朋友们家的房子都这么美呀！有一个小姑娘，她也有一座漂亮的房子，小朋友们想知道究竟是什么样的房子吗？那就听老师讲一个故事吧！

2. 教师播放 PPT，先让幼儿根据观察自由想象讲述，教师再分阶段讲述故事。

(1)观察图 1(一座屋顶是金色的房子，红的墙，绿的窗，金色的屋顶。小鸟、小狗、小猴、小羊和小姑娘在草地上一起唱歌跳舞。小姑娘身边有一个装着鲜花的花篮。)

提问：这是一座什么样的房子？(墙是红色的，窗户是绿色的，屋顶是金色的。)这座房子的主人是谁？(是小姑娘的。)鼓励幼儿用恰当的词句描述房子的特点。

小姑娘在草地上干什么？(采花装扮房子。)都有哪些小动物来了？(小鸟、小狗、小猴、小羊。)它们会夸奖这座房子吗？它们会怎样夸奖小姑娘的房子？(小姑娘您早！您那金色的房子真好，红的墙，绿的窗，金色的屋顶亮堂堂！)请幼儿学说这句夸奖的话。

小姑娘听了这些话后怎么样？(说“谢谢！”)后来小姑娘和小动物们一起做什么了？(和小动物们一起高兴地唱歌、跳舞。)

教师讲述相对应故事，幼儿欣赏。

(2)观察图 2(小羊、小鸟、小狗、小猴都很想到小姑娘房子里玩，小姑娘向他们摆手拒绝)。

提问：小动物们真喜欢这座金色的房子，它们都请求小姑娘让它们进去玩玩，它们会怎么说？(“小姑娘小姑娘，让我进去玩玩吧！”)请小朋友们说说小姑娘让他们进去玩了没有？

教师讲述相对应故事，幼儿欣赏。

(3)观察图 3(小姑娘一个人闷闷不乐地待在自己金色的房子里)。

提问：观察小姑娘的面部表情，她现在一个人在家里是高兴还是不高兴？为什么？

教师讲述相对应故事，幼儿欣赏。

(4)观察图 4(小姑娘推开窗户，看到小动物们在草地上高兴地玩耍)。

提问：小姑娘现在的心情是怎样的？接下来她会怎么做呢。

教师讲述故事，幼儿欣赏，并引导幼儿学习词语“羡慕”“热闹”。

(5)观察图 5(小姑娘轻轻推开门，来到草地上，小动物邀请她一起玩)。

提问：现在小姑娘高兴吗？为什么？

教师讲述故事，幼儿欣赏。

(6)观察图 6(小姑娘和小动物们一起在金色的房子里快乐地玩耍)。

提问：小动物们现在怎么又来到了金色的房子里？到底发生了什么事情？鼓励幼儿大胆猜想，自由讲述。

教师再讲述故事结尾，幼儿欣赏。

3. 幼儿完整地听一遍故事，教师提出相应问题，加深幼儿对故事情节的了解。

(1)金色的房子吸引了哪些小动物们？(小羊、小鸟、小狗、小猴。)它们都是怎样夸金色的房子的？(小姑娘您早！您那金色的房子真好，红的墙，绿的窗，金色的屋顶亮堂堂！)

(2)小鸟想进去玩耍时，小姑娘是怎么说的？(你扑棱扑棱地乱飞，会把我的房子弄脏的。)小狗想进去玩耍时，小姑娘是怎么说的？(你汪汪汪地乱叫，会闹得我睡不着觉的。)小猴和小羊想进去玩时，她又是怎么说的？(你们啪嗒啪嗒地乱跑，会把我家的地板踩坏的。)这个时候小姑娘让小动物们进来玩耍了吗？(没有。)

(3)小姑娘一个人回家后，心情是怎么样的呢？(不高兴，闷极了。)她打开窗户后，看到了什么呢？(小动物们在草地上玩得很开心，很热闹。)她的心情是什么样的呢？(很羡慕。)接着她是怎么做的呢？(悄悄走近到小动物身边。)

(4)小动物们看见小姑娘走过来后是什么反应？(热情欢迎她，邀请她一起玩。)小姑娘的心情此时又是什么样的呢？(很不好意思。)她接下来对小动物们说了一句什么话？("请你们到我家去玩吧！")小动物们都去了吗？它们玩得开心吗？(它们和小姑娘一起来到金色的房子，唱呀跳呀，玩得真开心。)

4. 教师和幼儿一起给故事取名字，领悟故事的中心思想。

教师：我们一起来给这个故事取个好听的名字吧！("金色的房子""金色的房子亮堂堂""亮堂堂的金色房子""小姑娘和她的房子"……)

5. 小结：

好东西是应该与好朋友一起分享的，这样，你的快乐就会成为大家的快乐。小姑娘开始不让小动物们进到金色的房子里玩，她感到孤单、闷极了，一点儿也不快乐。后来她主动邀请小动物们进来玩，大家都很快乐。我们小朋友之间也是这样，既要友好相处，还可以互相分享好玩的东西。大家如果都能这样做，我们就会获得很多很多的快乐。

活动拓展

1. 在语言活动角投放小鸟、小狗、小羊、小猴等动物头饰，幼儿分角色表演故事。

2. 开展词句练习活动，鼓励幼儿用"亮堂堂""羡慕""热闹"学说一句话，比比看，谁说得最好。

3. 定期开展"今天你和伙伴分享了吗"教育活动，鼓励幼儿说一说今天和同伴分享了什么。

十八、跟我说相反

设计意图

随着年龄的增长，幼儿的思维越来越活跃，他们喜欢观察生活中的事物，并乐于用语言表达自己的感知。早上入园时，他们会发现“今天××来得早，××来得晚”；晨间活动时，他们会注意“××的绳子长，××的绳子短”；午间休息时，他们还会讨论“××的鞋子大，××的鞋子小”……他们不知不觉地运用比较的方法去发现事物的异同点。教师通过引导幼儿进行“跟我说相反”的活动，旨在帮助幼儿进一步发现生活中的异同点，运用各种感官去感知事物的相对特征，初步了解反义词，学习正确使用反义词，发展幼儿的观察能力和口语表达能力。

活动目标

1. 愿意参与听说活动，并积极思维、大胆表述。
2. 通过比较，理解反义词的含义，并能说出一些成对的反义词。
3. 训练思维敏捷性，提高观察能力、口语表达能力。

活动准备

1. 内容相似，主要特征相反的两张图片 A 和 B（A 图中的房子大一些，B 图中的房子小一些；A 图中的树高一些，B 图中的树矮一些；A 图中的花是红色的，B 图中的花是白色的；A 图中的小朋友在笑，B 图中的小朋友在哭……）。

2. 特征相反的两个娃娃图片 C 和 D（区别有①胖、瘦；②高、矮；③哭、笑；④头发多、少；⑤穿长袖、穿短袖；⑥一个白短裤、一个黑短裤；⑦一个睁眼、一个闭眼……）

3. 糖、苦瓜、铁块、海绵、棉花、沙子等实物若干。

活动过程

1. 观察并比较图片 A、B 内容，导入活动。

（1）出示两张内容相似的图片并提问：图片上有什么？它们有什么不一样？

（请幼儿仔细观察。）

(2)引导幼儿说说两张图片画面的不同之处。

(3)教师小结：一座房子大，一座房子小；一棵树高，一棵树矮……“大”和“小”，“高”和“矮”，像这样意思相反的词，我们就叫它反义词。

2. 运用各种感官，在尝试中理解什么是反义词。

(1)教师讲述：今天老师为小朋友们准备了很多东西，请你们用耳朵听听，嘴巴尝尝，手捏捏、拎拎，再仔细观察观察，你们会发现许多有趣的反义词，看看谁发现的反义词最多。

(2)教师引导幼儿感受反义词。

①教师两次拍手，让幼儿感知并说出速度的“快”和“慢”。

②请幼儿尝一尝糖和苦瓜，感知并说出“甜”和“苦”。

③让幼儿捏一捏铁块和海绵，感知并说出“软”和“硬”。

④让幼儿拎一拎棉花和沙子，感知并说出“轻”和“重”。

3. 观察图片C、D，说出反义词。

教师讲述：图中的两个娃娃身上也藏着许多反义词呢，请小朋友们仔细找找，与你旁边的小朋友一起说一说：(一个娃娃胖，一个娃娃瘦；一个娃娃高，一个娃娃矮；一个娃娃哭，一个娃娃笑；一个娃娃头发多，一个娃娃头发少；一个娃娃穿长袖、一个娃娃穿短袖；一个娃娃穿白短裤，一个娃娃穿黑短裤……)

4. 进行“跟我说相反”的游戏，巩固反义词。

(1)幼儿自由结伴游戏，训练思维敏捷性。如：一个小朋友领头说出一个词“前”，另一个小朋友迅速说出反义词“后”。

(2)教师将反义词融入一句话里，请小朋友仿照老师的句式说相反。

如：教师说：“我有一个大皮球。”幼儿说：“我有一个小皮球。”

教师说：“我走路很快。”幼儿说：“我走路很慢。”

……

5. 启发幼儿根据平时的积累，尝试说出新的反义词。

(1)教师说一些新的词语，请幼儿试着说出它们的反义词。(如：好—坏，前—后，里—外，远—近，多—少，香—臭……)

(2)引导幼儿观察生活中的事物，尝试说出新的反义词。

教师请幼儿想想生活中还有哪些反义词，大家一起来找一找、说一说。

活动拓展

1. 请家长引导幼儿在生活中发现更多的反义词，并经常与幼儿一起玩“说相反”的游戏。

2. 在活动区投放大量的图片，引导幼儿去寻找一组组意思相反的图片，并用相应的反义词描述一组组画面。

十九、奇妙的梦

设计意图

人人都有梦想，人人都会做梦。孩子们经常在一起交谈自己做过什么样的梦。有的说，我梦见我飞到天上去了；有的说，我梦见我的奶奶了；有的说我梦见我长了四条腿，和小兔一起赛跑……他们羡慕梦里发生的很多很多现实不可能做到的事，他们希望那些梦都能成真。散文《奇妙的梦》把幼儿再次带入奇妙的梦境之中，把他们内心深处独特的想法通过梦境展现出来，表现了他们天真烂漫、乐于想象的特点。教师引导幼儿欣赏这篇散文，让幼儿结合梦境与现实，根据自身经验大胆讲述自己曾经做过的梦以及自己想要实现的梦想，发展幼儿的想象、创造能力以及辨别梦境与现实的能力。

活动目标

1. 理解作品内容，体会散文的优美意境。
2. 能围绕主题，根据自身体验进行大胆讲述。
3. 发展想象力和创造力。

活动准备

1. PPT 图片：夜晚，窗外有月亮，树枝上小鸟也休息了。房子里有个小女孩睡着了，脸上露出幸福的笑容。

2. 舒缓的背景音乐。

活动过程

1. 谈话导入。

教师以“梦”为话题与幼儿交流：小朋友，你们做过梦吗？什么时候才会做梦呢？(睡着的时候。)你们都做过些什么梦呢？能和大家说一说吗？

2. 看图听赏散文。

(1)教师出示 PPT 图片，请幼儿观察并回答问题：这幅图画的是什么时候？(晚上。)你是怎么看出来的呢?(月亮出来了。)这个娃娃在干什么?(在睡觉。)

(2)教师讲述:娃娃在睡觉的时候,做了一个好美好美的梦,到底是什么梦呢?让我们一起在散文《奇妙的梦》中找答案吧。

(3)教师在背景音乐的伴奏下朗诵散文,幼儿欣赏散文《奇妙的梦》。

3. 理解作品内容,体会散文的优美意境。

(1)提问:这篇优美的散文题目叫什么?(“奇妙的梦”。)

(2)提问:这个奇妙的梦是什么时候做的?(睡着的时候。)为什么会睡着?(因为天黑了,月亮回家睡觉了,小鸟回家睡觉了,我也躺在小床上睡觉了。)

(3)提问:娃娃做了一个什么梦?(梦见自己变成一只小鸟,飞到太阳上面去了,太阳变成了馅饼,又香又脆。)

(4)讲述:哇,奇妙的梦可真美呀!请小朋友们闭上小眼睛,一边听老师朗诵一边在脑海里想象自己飞到太阳上面把这个又香又脆的馅饼吃掉的情景,好吗?

在优美的音乐声中,幼儿闭上眼睛,听老师优美地朗诵。

4. 自由交流自己的梦。

提问:小朋友们,你们觉得散文里哪些词语很好听、很美呢?你们也试着说说自己做过的奇妙的梦吧!(在优美的音乐声中,幼儿自由表达。)

5. 小结。

大家的梦真美呀!老师非常希望每个小朋友的美梦都能成真。只要小朋友们认真学习,大胆思考,不断努力,长大一定能够实现自己的梦想!

活动拓展

1. 开展“我的梦”绘画活动。鼓励幼儿通过画笔把自己美丽的梦描绘下来,留作幼儿成长档案。

2. 请幼儿回家和父母互相交流自己的梦,了解大人的梦和自己的梦有什么不同。

二十、盲人摸象

设计意图

成语是中国传统文化的一大特色，是中华文化中一颗璀璨的明珠。成语有固定的结构形式和固定的说法，在语句中作为一个整体来应用，其特点是深刻隽永、言简意赅。大部分成语从古代相承沿用至今，背后通常代表了一个故事或典故。把适合幼儿听赏、理解的成语故事传达给幼儿，不但可以让幼儿了解更多的中国传统文化，还能培养他们敏捷的思维能力和准确、精辟的语言表达能力，提高他们的审美品位和文化修养。教师引导幼儿了解成语故事《盲人摸象》，能引发幼儿对成语故事浓厚的兴趣，扩大对量词的掌握，懂得认识事物要全面深入，同时可以培养幼儿良好的早期阅读习惯。

活动目标

1. 乐于倾听成语故事，记住故事名称，理解故事内容。
2. 学习“根”“条”“堵”“颗”“把”等量词，并学习用量词说一句话。
3. 能够指出盲人摸象的错误，懂得认识事物要全面的道理。

活动准备

与故事情节配套的 PPT 图片。

活动过程

1. 出示图片，解释题目。

教师出示盲人摸象的图片并讲述：小朋友们请看，图片上有几个人正在干什么呀？（摸大象。）为什么要“摸”大象呢？原来呀，他们的眼睛看不见。我们把眼睛看不见的人叫做“盲人”。

虽然这几个盲人的眼睛都看不见，但他们很想知道大象到底长得什么样，于是他们决定摸摸看。让我们一起来听听这个有趣的成语故事《盲人摸象》吧。

2. 教师讲述故事，幼儿听赏故事情节。

3. 提出相关问题，帮助幼儿理解故事。

(1)指示画面中摸大象鼻子的盲人，提问：这个盲人认为大象像什么？（大象像一根圆圆的、长长的、软软的橡皮管子。）小朋友们也是这样认为的吗？（幼儿自由回答。）

教师引导幼儿学习量词“一根”，请幼儿用“一根”学说一句话。

(2)指示画面中摸大象尾巴的盲人，提问：这个盲人认为大象像什么？（大象像一条粗绳子。）小朋友们也是这样认为的吗？（幼儿自由回答。）

教师引导幼儿学习量词“一条”，请幼儿用“一条”学说一句话。

(3)指示画面中摸大象身体的盲人，提问：这个盲人认为大象像什么？（大象像一堵又高又大的墙。）小朋友们也是这样认为的吗？（幼儿自由回答。）

教师引导学习量词“一堵”，请幼儿用“一堵”学说一句话。

(4)指示画面中摸大象粗腿的盲人，提问：这个盲人认为大象像什么？（大象像一棵大树。）小朋友们也是这样认为的吗？（幼儿自由回答。）

教师引导幼儿学习量词“一棵”，请幼儿用“一棵”学说一句话。

(5)指示画面中摸象牙的盲人，提问：这个盲人认为大象像什么？（大象像一根又粗又大的萝卜。）小朋友们也是这样认为的吗？（幼儿自由回答。）

教师引导幼儿学习量词“一根”，请幼儿用“一根”学说一句话。

(6)指示画面中摸大象耳朵的盲人，提问：这个盲人认为大象像什么？（大象像一把大大的扇子。）小朋友们也是这样认为的吗？（幼儿自由回答。）

教师引导幼儿学习量词“一把”，请幼儿用“一把”学说一句话。

4. 交流讨论，总结对大象的认识。

(1)提问：小朋友，盲人们说的大象的样子对吗？（不对。）大象长得真的是盲人们说的那样的吗？（不是。）为什么盲人们却认为大象长得就是那样的呢？（因为他们都只摸到大象身体的一个部分。）他们怎么做才能认识真正的大象呢？（把大象身体的每个部位都摸一摸。）

(2)提问：小朋友们，你能告诉盲人们大象到底长得什么样吗？（大象是一个庞然大物，又高又大的身体上长着长长的、软软的鼻子，像扇子那么大的耳朵，像萝卜那么大的牙齿，大树般的腿又粗又壮……）

5. 小结：

从《盲人摸象》这个成语故事中，小朋友们都知道了认识事物不能像盲人摸象一样片面地分析，只看到一个表象、一个部分，而要全面整体地认识才是正确的。

活动拓展

1. 在熟记故事的基础上让幼儿分角色表演故事。
2. 请幼儿回家把《盲人摸象》的故事讲给爸爸妈妈听。
3. 请幼儿收集成语故事图画书，带到幼儿园讲给小朋友听。

二十一、气球 灯笼 糖葫芦

设计意图

谜语是我国民间艺术园地的一朵小花，可以是无韵的一两句话，也可以是有韵的一首歌谣。有些谜语针对幼儿的知识经验，在谜面中通过比喻、拟人、象征等手法，集中描绘出幼儿熟悉的事物的特征、性能、作用等，专门供幼儿通过联想、推理、归纳等脑力活动猜出所隐藏的谜底。开展谜语活动，能帮助幼儿理解谜语结构特征，知道谜语由谜面和谜底构成，还可以帮助幼儿认识事物、培养幼儿的想象能力、开发幼儿智力、增添幼儿生活乐趣。猜谜是幼儿喜闻乐见的一种活动。

活动目标

1. 产生对猜谜语活动的意愿和兴趣。
2. 理解谜语的构成特征，提高理解语言的能力。
3. 能在教师引导下根据谜面猜出谜底，加深对事物特点的认识。

活动准备

实物氢气球、灯笼、糖葫芦各若干。

活动过程

1. 教师谈话导入，引出猜灯谜的活动。

教师讲述：小朋友，春节就要到了，你们知道春节有哪些习俗吗？（幼儿自由回答。）春节有好多习俗，其中猜灯谜就是一项大家都很喜欢的活动，谁要是猜中了灯谜，还可以得奖呢。今天老师也准备了奖品，并且把奖品的名称编成了灯谜，只说出他们的形状、用途和特别的地方，哪个小朋友猜中了，这个奖品就归他。小朋友们一边听一边想，猜一猜这些奖品的名称吧！

2. 猜谜活动。

（1）教师念谜语《氢气球》，引导幼儿猜谜语。

①红的瓜，绿的瓜，一条细线牵住它；线儿断了瓜不落，飞上天空不回家。

②讲述：老师刚刚念的就是谜语的谜面，小朋友们能猜出这是一样什么东西吗？如果猜出来了，那就叫做谜底，谁能告诉老师谜底是什么呢？

③提示幼儿：谜底要符合谜面的每一句话哦！

④如果有幼儿猜出来，请他说一说猜中的理由，说对了就把氢气球奖给他。

如果幼儿猜不出来，教师通过提问向幼儿提供一些线索。如：有的小朋友说是西瓜，西瓜能飞上天吗？（不能。）那么谜底是西瓜吗？（不是。）有小朋友说是小鸟和飞机，小鸟和飞机有没有线牵着呢？看来也不是小鸟和飞机，有小朋友说是气球，哦，气球有红色的，也有绿色的，也有线牵着，可是平常普通的气球能不能飞上天呢？那小朋友们想想你见过飞上天的气球叫什么气球呢？小朋友们猜出来了吗？对啦，是氢气球。

⑤出示实物氢气球，引导幼儿逐句复述谜面，再请幼儿轮流玩一玩氢气球。

（2）教师念谜语《灯笼》，幼儿猜谜语。

①身上红彤彤，心里亮堂堂，节日上门楼，脸上喜盈盈。

②如果有幼儿猜出来，请他说一说猜中的理由，说对了就把小灯笼奖给他。

③如果幼儿猜不出来，则引导幼儿从谜面分析："身上红彤彤"表示这样东西的外表是红色的；"心里亮堂堂"表示这件东西里面很亮，能发光；"节日上门楼"表示这件东西过节的时候出现得多；"脸上喜盈盈"表示这件东西的外面还写上了"喜"字。小朋友们现在猜到了吗？对啦，就是红红的灯笼。

④出示灯笼，引导幼儿逐句复述谜面，并让孩子们轮流提着灯笼念出谜面。

（3）教师念谜语《糖葫芦》，幼儿猜谜语。

①吃吃甜津津，看看红彤彤，插在竹签上，像串小灯笼。

②如果有幼儿猜出来，请他说一说猜中的理由，说对了就把糖葫芦奖给他。

③如果幼儿猜不出，可从谜面提出相应问题，引导幼儿猜谜底。颜色红红的，吃起来甜甜的，还是用竹签穿起来的，像小灯笼一样，引导幼儿猜出来。

④出示相当数量的糖葫芦，幼儿逐句复述谜面，让每个幼儿都品尝糖葫芦。

3. 自编谜语活动。

请幼儿想想自己还能说出哪些谜语。幼儿分组活动，轮流说谜语，大家猜谜语。

活动拓展

1. 请幼儿回家把谜语说给爸爸妈妈猜。
2. 请幼儿回家收集更多的谜语，到幼儿园后和同伴之间互相说互相猜。
3. 把幼儿说到的谜语记录下来制作成册，作为班级档案资料。

中班(下)

一、春天的色彩

设计意图

春天来了，万物复苏。在这万紫千红的季节里，孩子眼中的世界更是五彩斑斓，他们运用自己的感官去发现春天的多姿多彩。幼儿诗《打扮春天》为孩子勾勒了一幅富有童趣的美丽画面。教师在引导幼儿欣赏和理解诗歌的基础上，帮助他们体验春天色彩的美丽，增进热爱大自然的情感，进而引导幼儿通过朗诵和仿编，进一步提升想象力和语言表达能力。

活动目标

1. 体验诗中所蕴涵的春天色彩的美，提高幼儿对语言美的感受力。
2. 理解诗歌内容，学会有感情地朗诵。
3. 能模仿杜鹃、马兰花、油菜花等不同角色的语音、语调说话。

活动准备

1. 知识经验准备：

幼儿对基本色彩和常见的花草比较熟悉。

2. 物质材料准备：

(1) 以春天为主题的背景音乐。

(2) 与诗歌《春天的色彩》相配的图片。

(3) 杜鹃、马兰花、油菜花等各种花的头饰。

活动过程

1. 演唱歌曲，引出主题。

(1) 师幼演唱歌曲《春天在哪里》。

(2) 教师：歌曲里唱的是什么？除了这首歌，今天老师还带来了一首关于春天的诗歌。

2. 欣赏幼儿诗，感受诗歌的意境。

教师在背景音乐声中，富有感染力地朗诵幼儿诗《春天的色彩》。

3. 自由讨论，理解幼儿诗内容。

(1) 教师出示图片并提问：画面上有杜鹃花、马兰花、油菜花、蔷薇花、丁香花、小草。大家看，它们互相会说些什么呢？

①杜鹃花为什么说要“用红色打扮春天”？（引导幼儿根据画面和生活经验讲述。）

②马兰花为什么说要“用蓝色打扮春天”？（引导幼儿根据画面和生活经验讲述。）

③油菜花为什么说要“用黄色打扮春天”？（引导幼儿根据画面和生活经验讲述。）

④蔷薇花为什么说要“用白色打扮春天”？（引导幼儿根据画面和生活经验讲述。）

⑤丁香花为什么说要“用紫色打扮春天”？（引导幼儿根据画面和生活经验讲述。）

⑥为什么写小草“跟着说”？小草为什么说要用“绿色衬托春天”？（引导幼儿根据画面和生活经验讲述。）

⑦花草们为什么说“一起用五颜六色打扮春天”？（引导幼儿根据画面和自己的理解讲述。）

(2)组织幼儿讨论：还有谁说要用自己的颜色打扮春天？

4. 操作图片，朗诵幼儿诗。

(1)教师再次有感情地朗诵诗歌，幼儿跟着教师逐句念诵诗歌。

(2)幼儿操作图片，朗诵诗歌。

5. 创设情境，表演幼儿诗。

(1)教师扮演“春天”，幼儿戴上杜鹃、马兰花、油菜花等头饰进行表演。

(2)请幼儿随着音乐朗诵诗中的优美词句，并模仿杜鹃、马兰花、油菜花等不同角色的语音、语调说话。

活动延伸

1. 引导幼儿画出诗中春天的色彩，进一步感受春天的美。

2. 引导幼儿用发散性思维积极大胆讲述，模仿格式仿编诗歌。

附：

打扮春天(仿编示例)

春天来了，春天来了，
喜坏了那些花儿们。
桃花说，我用红色打扮春天。
蝴蝶花说，我用蓝色打扮春天。
迎春花说，我用黄色打扮春天。
梨花说，我用白色打扮春天。
紫薇花说，我用紫色打扮春天。
绿树、翠竹和小草都跟着说，
我们用绿色衬托春天。
花草树竹都高兴地说，
我们一起用五颜六色打扮春天！

二、圆圆的春天

设计意图

四季是一首唱不完的动听的歌，是一幅描绘不尽的漂亮的画，给孩子带来了多元的感知空间。春姑娘提着百花篮，伴着春风，带着春雨，悄悄地来到了人间。大地万物复苏，鸟语花香，呈现出一派生机勃勃的景象。春天来了。在这春暖花开的季节里，教师可以带幼儿到大自然中寻找春天、感受春天、欣赏春天，体验美好春光。老师还可以用文学作品让幼儿欣赏春天的美景，可以在音乐声中感受春天的美，可以在运动中感受春天的活力，可以在画画中体验春天的丰富多彩。老师和幼儿共同融入春天优美的画卷中，感受春天带来的清新和欢快，希望和愉悦。

活动目标

1. 欣赏散文诗，感受散文诗的语言美和意境美。
2. 学习散文诗中表现春天优美的语句和词汇。
3. 能用普通话有感情地朗诵散文诗。

活动准备

1. 知识经验准备：

幼儿已有观察并发现春天特点的经历。

2. 物质材料准备：

(1)PPT《圆圆的春天》。

(2)种子头饰若干；两段不同风格的音乐(安静与动感)。

活动过程

1. 观看视频，萌发兴趣。

(1)教师创设情境：春天来了，小朋友们，你们在来幼儿园的路上，会发现小树有什么变化？爸爸妈妈带我们上公园时，你发现路边的花草有什么变化？(幼儿自由表述。)

(2)教师讲述：春天的景物真美。有一颗小种子，它也想从泥土里钻出来，看看春天是什么样子。让我们静静听一听这颗小种子在想些什么，在说些什么吧！

2. 引导幼儿结合实景感知散文诗的内容。

(1)教师有感情地朗诵散文诗《圆圆的春天》，幼儿欣赏。

(2)教师提问：听完散文诗，你有什么感赏？

(3)引导幼儿大胆表达自己的感受，初步体会散文诗的语言美和意境美。

3. 理解散文诗，学习词句。

(1)欣赏第一段，重点引导幼儿体会圆圆希望春天快点来的心情。

①请幼儿仔细观察圆圆在泥土下的图画，说说圆圆生活在什么地方？他为什么希望春天快点来到？(幼儿根据观察和理解表述。)

(2)欣赏第二段，重点指导幼儿感受圆圆的心理活动。

①教师有感情地朗诵第二段内容，提问：圆圆这时是怎么想的呢？(请幼儿用散文诗中的语句说出来。)

②教师引导幼儿体会疑问句引出的问题和疑问句表达的语气和语调，请幼儿一起做一做“认真想问题”的动作。

(3)欣赏第三段，重点引导幼儿从语言中感知春天温暖的气息带给人们舒服的感觉。

①教师有感情地朗诵第三段内容，提问：圆圆想知道外面什么时候能够暖和起来？它是怎么做的？(幼儿根据想象做动作。)

②教师请幼儿用“圆圆”的口气说一说它对外面的感受。(请幼儿用散文诗中的语句说出来。)

(4)欣赏第四段，重点引导幼儿体会风姑娘说的话。

①教师有感情地朗诵第四段内容，提问：风姑娘来了，她看到了什么？她对圆圆说了什么？(请幼儿用散文诗中的语句说出来。)

②教师启发幼儿思考：你觉得风姑娘心情是什么样的？为什么？(幼儿自由表述。)

(5)欣赏第五段，重点引导幼儿感受圆圆对春天的体会。

①教师有感情地朗诵第五段内容，提问：圆圆听到风姑娘的话，他是怎么做的？又是怎么说的？(请幼儿边做动作边用散文诗中的语句说出来。)

②教师启发幼儿思考：圆圆说：“春天真美妙！”请小朋友说一说春天哪些地方美妙？你为什么喜欢春天？(幼儿自由表述。)

4. 视听结合，朗诵散文诗。

(1)师幼探究：怎样才能使散文诗读起来更动听？(为散文诗配乐。)

(2)播放两段风格不同的音乐，请幼儿选择。

(3)播放课件，配上音乐，师幼一起有感情地朗诵散文诗。

(3)教师小结：散文诗中把小种子圆圆比作了一个人，圆圆虽然是一粒种子，但他会做动作、会说话、会思考，这样把事物比作人的方法叫做“拟人”。很多儿歌和童话故事里都会用到”拟人“的方法。

活动延伸

1. 开展春游活动，带幼儿到大自然中身临其境地观察春天的变化。

2. 请幼儿将看到的、听到的、感受到的春天的美景，用绘画的形式表现出来。

3. 鼓励幼儿将散文诗朗诵给家长听，给家长讲一讲春天的景物，家长可以和幼儿一起表演朗诵散文诗。

三、夸夸我的好妈妈

设计意图

“三八”国际劳动妇女节到了，在这个特别的节日里，孩子们纷纷用各种方式表达自己对妈妈的爱。比如制作精美的美术作品献给妈妈；在亲子游戏时给妈妈送上一个甜蜜的香吻；用自己的零花钱给妈妈送上一个小小的饰品……开展“夸夸我的好妈妈”讲述活动，旨在让孩子们在已有知识经验基础之上，进一步通过夸奖妈妈表述自己对妈妈的爱，了解妈妈的辛劳，增进热爱妈妈的情感，提高语言表达能力。

活动目标

1. 乐于围绕话题进行交流讲述，感受妈妈的爱。
2. 能用恰当的词和较完整的语言讲述自己的妈妈。
3. 能安静地倾听同伴讲述。

活动准备

1. 知识经验准备：

幼儿会唱《我的好妈妈》歌曲。

2. 物质材料准备：

(1) 请每个幼儿带一张妈妈的照片来园。

(2) 设计调查表《我的妈妈》。

活动过程

1. 唱歌导入活动。

(1) 教师播放歌曲《我的好妈妈》，请幼儿一起跟着唱：我的好妈妈，下班回到家，劳动了一天多么辛苦呀！……

(2) 教师提问：小朋友，你们知道老师今天为什么要大家一起唱《我的好妈妈》这首歌吗？(幼儿自由讲述。)因为“三八”国际劳动妇女节就要到了。你们知道“三八”国际劳动妇女节是谁的节日吗？（妈妈的节日。）你们喜欢自己的妈妈吗？（喜欢。）今天我们就一起来夸夸自己的妈妈吧！

2. 夸夸我的好妈妈。

（1）教师提问：小朋友们都那么爱妈妈，妈妈肯定有很多方面值得我们爱她。那么，请你们说说妈妈都有哪些优点和本领呢？

（2）教师引导幼儿围绕话题进行交流讲述，增进热爱妈妈的情感。

（3）在幼儿讲述的过程中，教师用录音设备进行记录，同时予以整理。如：

我的妈妈长得很美。

我的妈妈穿的衣服非常漂亮、整洁。

我的妈妈特别爱我。

我的妈妈工作特别认真。

我的妈妈爱做家务活，把家里收拾得很干净。

我的妈妈爱帮助别人，她的朋友都喜欢她。

我的妈妈对我说话总是小声，不乱吼乱叫。

……

3. 我给妈妈送礼物。

（1）教师引导：我们的妈妈都值得我们爱，那么在妈妈的节日里，我们打算送什么礼物给妈妈呢？

（2）教师引导幼儿围绕话题进行交流讲述，激发感激妈妈的情感。

（3）在幼儿讲述的过程中，教师用录音设备进行记录，同时予以整理。如：

我给妈妈唱支歌。

我给妈妈画幅画。

我给妈妈折一只小鸟。

我给妈妈跳个舞。

我要亲一亲妈妈。

我用压岁钱给妈妈买一个蛋糕。

我帮妈妈做一件事。

……

4. 我对妈妈说……

教师提问：你的妈妈爱你吗？你也爱自己的妈妈吗？请你对妈妈说说自己最想说的话吧！

活动延伸

1. 游戏活动区中，教师引导幼儿做“妈妈我想对你说”的游戏，启发幼儿跟妈妈说一说最想说的话，来表达自己对妈妈的爱。

2. 美工区：教师引导幼儿画出“我的妈妈”。

四、光说不做的狐狸

设计意图

中班的幼儿已经能够在家做一些力所能及的事情了。但是，有的幼儿明明自己可以做的事情，还要大人代劳；有的幼儿口头许诺自己做的事情，就是不动手。针对这种现象，教师组织“光说不做的狐狸”的语言活动，让幼儿自己教育自己。这个故事通过几个小动物和狐狸的行为对比，浅显易懂地告诉大家：光说不做是不行的，决定的事情就要尽力地去做好，只有付出努力才能有所收获。

活动目标

1. 知道任何事情只有付出努力才能有所收获。
2. 尝试根据手偶表演和即兴表演讲述故事。
3. 能大胆、完整地讲述故事。

活动准备

1. 知识经验准备：

(1)幼儿对狐狸、熊、山羊和小兔子等动物比较熟悉。

(2)幼儿有一定的讲述经验。

2. 物质材料准备：

故事场景图片；手偶娃娃(狐狸、熊、山羊和小兔子各一个)

活动过程

1. 介绍角色，引出内容。

(1)教师提问：今天我们班上来了一位客人，它尖嘴尖耳尖下巴，细腿细脚细小腰，生性狡猾多猜疑，尾巴拖着一丛毛，它是谁？

(2)教师出示狐狸手偶，讲述：有一只小狐狸，每天喜欢逛来逛去。今天小狐狸又会做些什么呢？引起幼儿对表演情境故事的兴趣。

2. 手偶表演，理解情节。

(1)教师以场景图片为背景，操作手偶表演，引导幼儿了解故事内容。

这是什么季节呀？(春季。)小动物们都在干什么呀？(种菜种瓜。)狐狸又在干什么呢？(什么也没干。)

(2)根据故事内容教师依次表演小狐狸与熊、山羊、小兔子对话的情景。

①狐狸来到熊大哥家门口，看见熊大哥正准备做什么呢？(刨地。)熊大哥准备种什么？(种红薯。)狐狸告诉熊大哥准备种什么呢？(种西瓜。)狐狸说话时做了什么动作？(拍了拍胸膛。)

②狐狸又来到山羊姐姐的家门口，看见山羊姐姐正准备干什么？(浇水。)山羊姐姐准备种什么？(种白菜。)狐狸告诉山羊姐姐准备种什么呢？(种人参。)狐狸说话时做了什么动作？(摇头晃脑。)

③狐狸又来到小兔子家门口，看见小兔子正在干什么？(撒种子。)小兔子准备种什么？(种萝卜。)狐狸告诉小兔子准备做什么呢？(种草莓。)狐狸说话时做了什么动作？(神气地昂着头。)

(3)教师继续进行手偶表演：一转眼，什么季节到了？(秋天。)小动物们各自拿出什么与狐狸分享？狐狸种出了什么吗？(什么也没有种。)狐狸当时是什么表情？(不好意思地低下了头。)

教师提问：山羊姐姐拍着狐狸的肩膀说了什么？(小狐狸，光说得好是不行的，还要真正做得好啊!)你是怎么理解这句话的？(幼儿根据自己的理解自由讲述。)

3. 角色表演，学说对话。

(1)教师请幼儿再次欣赏手偶表演《光说不做的狐狸》。

(2)让幼儿分组扮演角色，大胆模仿故事中角色的语言、神态和动作。

4. 总结提升，结束活动。

(1)教师提问：你用勤劳的双手做了什么事情？

(2)鼓励幼儿不学狐狸的懒惰，要学其他小动物们的勤劳。不能光说不做，要懂得只有付出艰苦的努力和辛勤的劳动，才能收获成果。

活动延伸

1. 在语言区开展词句练习活动，鼓励幼儿用“刨”“浇”“撒”学说一句话，比比看，谁说得最好。

2. 教师可引导幼儿扮演各种小动物，进行情景表演。

五、雾

设计意图

绕口令是我国一种传统的语言游戏，又称“急口令”“吃口令”“拗口令”。由于它是将若干双声词、叠音词或发音相同、相近的词有意集中在一起，组成简单、有趣的语韵，然后快速念出，所以读起来节奏感强、妙趣横生。绕口令《雾》呈现了三只小动物在雾中走山路的画面，通过学习能够让幼儿进一步了解绕口令的发音特点，学会用标准的普通话念绕口令，锻炼其口语表达能力。

活动目标

1. 感受说绕口令的快乐和趣味。
2. 学念绕口令，发准“雾”“路”“猪”“兔”“鹿”“树”“助”“呼”等韵母相同的字。
3. 能口齿清楚地朗诵绕口令。

活动准备

1. 知识经验准备：

幼儿有念诵绕口令的经验，玩过拍球的游戏。

2. 物质材料准备：

背景图一幅，小动物图若干个。

活动过程

1. 谈话导入。

(1)出示背景图，请幼儿说说图中有些什么？

(2)幼儿讲述，教师重点提示幼儿注意“雾”“路”“树”“助”“呼”等词语。

2. 游戏：找动物。

(1)出示隐藏有动物的图片，教师提问：早上山里下着大雾，有几只小动物在爬山呢？很危险吗？它们是怎样出去的？

(2)幼儿找一找，说一说动物在哪里？

(3)教师提问：①故事发生在什么时间、什么地点？（早晨，山里。）天气是什么样子的？（有大雾。）三个主人公是谁？（小猪、小兔和小鹿。）

②它们在一起干嘛呀？（它们一起爬山，走山路。）

③它们是怎么走山路的呢？（小猪领着小兔，小兔拉着小鹿，拉着藤，扶着树，一步一步走山路。）

④在路上天气发生了什么变化？（呼呼的秋风吹散了大雾。）

(4)教师：它们有没有迷路？为什么？幼儿反复学念："雾""路""猪""兔""鹿""树""助""呼"，分清其发音。

3. 学说绕口令。

教师有节奏地朗诵绕口令，让幼儿说说听后的感觉。

幼儿观看背景图，跟读两次，重点关注韵母是"u"的音节的读音。

4. 分组游戏：练习绕口令。

教师请幼儿自由组合，一边念绕口令，一边进行情景表演。

活动延伸

1. 教师和家长教幼儿多念几首有趣的绕口令，并理解绕口令的内容。
2. 鼓励幼儿回家和爸爸妈妈一起开展绕口令比赛。

六、小猪变干净了

设计意图

《小猪变干净了》是敬爱的孙敬修爷爷讲述过的经典童话故事之一。这个故事的情节很简单，说明的道理也浅显易懂。教师引导幼儿进行这个语言活动，可以让孩子们在欣赏故事、理解故事、讲述故事的同时，提高口语表达能力，学会做个讲卫生、爱清洁的好孩子。

活动目标

1. 乐意和同伴一起表演，体会故事的内容。
2. 学会有序地观察画面，理解“油腻腻”“黑乎乎”“湿淋淋”等叠音词的含义。
3. 能够连贯地讲述连环画中的故事。

活动准备

1. 知识经验准备：

幼儿有玩照镜子的游戏，有一定的表演经验。

2. 物质材料准备：

故事连环画《小猪变干净了》。

活动过程

1. 游戏“照镜子”，引出内容。

(1)教师模仿做小兔、小蝴蝶、小猪等的动作，幼儿跟着做。

(2)教师最后将动作定格在小猪动作上，引出话题。

2. 初次看连环画，理解内容。

①翻看第一张图片：这只小猪长得什么样？你喜欢它吗？为什么？(引导幼儿理解“油腻腻”“黑乎乎”“湿淋淋”等叠音词的含义。)

②翻看第二张图片：小猪第一次在路上碰到谁？它怎么对小白兔说的？小白兔是怎

么回答小猪的？

③翻看第三张图片：小猪第二次在路上碰到谁？它怎么对小山羊说的？小山羊又是怎么回答小猪的？

④翻看第四张图片：小猪第三次在路上碰到谁？它怎么对小白鹅说的？小白鹅又是怎么回答小猪的？后来小白鹅又是怎样说的？

⑤翻看第五张图片：接着小白鹅是怎么做的？

⑥翻看第六张图片：小猪洗干净后大家都是怎么说的？说完了后它们又做了些什么？

⑦教师小结：这个故事告诉我们，只有爱干净、讲卫生的小朋友，才能得到大家的喜欢和欢迎。

3. 再次看连环画，编讲故事。

(1)教师引导幼儿看连环画，分组讲述故事。

(2)每组请一位代表在集体面前完整讲述故事。

(3)教师完整讲述故事。

4. 扮演角色，表演故事。

幼儿分成若干个小组，自选角色，简单装扮，进行故事表演。

活动延伸

在语言活动角投放小猪、小白兔、小山羊和小白鹅的动物头饰，鼓励幼儿运用动作、语言和表情进行故事表演。

七、老虎外婆

设计意图

《老虎外婆》是故事大王鲁兵先生的经典作品。作者通过曲折的故事情节和富有节奏感和韵律感的语言，塑造了老虎和小朵朵两个主要形象。教师引导幼儿进行讲故事活动，可以使幼儿在欣赏这个曲折故事的同时，又能被小朵朵的机智、勇敢所折服。另外，幼儿还可以从中获得爱与恨的情感体验，潜移默化地受到安全意识的教育。

活动目标

1. 乐于安静地倾听故事，并理解故事的内容。
2. 能够通过故事情节和角色对话，认识和了解不同角色的性格特征。
3. 获取爱与恨的情感体验，提高自我保护意识。

活动准备

1. 知识经验准备：

幼儿有基本的自我保护防范意识。

2. 物质经验准备：

PPT《老虎外婆》，故事角色头饰各 1 个。

活动过程

1. 以师幼互动交流，导入活动。

教师提问：小朋友们想想看，要是你们在路上遇到了坏人，你会怎么办呢？(幼儿自由发表意见。)要是你一个人在家，有坏人敲你家的门，你会怎么办呢？(幼儿自由发表意见。)有一个机智、勇敢的小姑娘，她的名字叫小朵朵，让我们一起看看她遇到坏人时是怎么做的。

2. 观看课件，欣赏故事。

(1)教师播放 PPT 课件《老虎外婆》，请幼儿一边看图，一遍聆听故事。

(2)教师根据画面，结合故事提出问题，引导幼儿理解故事的内容。

①观看图1：这位老婆婆蒸的馍馍(馍馍就是馒头)又大又香，她可真能干。你们看，这位婆婆年纪大了，就像我们小朋友的奶奶、外婆一样，可她还是不怕辛苦，蒸出香馍馍给外孙女吃，这是因为什么呀？(因为她非常爱她的外孙女。)

②观看图2：老婆婆忙着要把馍馍送给外孙女吃，可路上遇见了谁？(大老虎。)看看大老虎的表情，听听大老虎说的话，你觉得这是一个什么样的大老虎？(好像是很热心的大老虎。)结果呢？(它找老婆婆要馍馍。)这真的是一只有礼貌的大老虎吗？你觉得它是一只什么样的老虎？(贪婪的大老虎。)

③观看图3：馍馍吃完了，大老虎又干了什么坏事呢？(把老婆婆吃掉了。)你现在觉得它又是一只什么样的大老虎？(凶恶、残忍。)

④观看图4：大老虎打扮成老婆婆的模样，还捡起几个鹅卵石放在篮子里当馍馍，要去干什么呢？(大老虎装扮成了外婆要去吃小朵朵。)小朵朵开门了吗？(没有。)她知道这是老虎装扮的婆婆吗？(知道。)她是怎么知道的？(她听出大老虎的声音像破锣，不是婆婆的声音。)是呀，小朵朵很有警惕性。

⑤观看图5：小朵朵是怎么捉弄大老虎的？(让大老虎把自己捡的鹅卵石当馍馍吃。)结果呢？(大老虎的门牙崩掉了好几颗。)大老虎的门牙崩掉了后是什么表情？(发火了。)大老虎说了什么？(半夜要来吃小朵朵。)然后大老虎又怎么样？(捂着嘴哎哟哎哟地走了。)小朵朵看见大老虎狼狈地走了，做了什么？(拍手。)说了什么？(要扒大老虎的皮。)这说明小朵朵是一个怎样的小姑娘？(勇敢。)

⑥观看图6：小朵朵毕竟只是一个小姑娘，怎么能对付一只凶猛的大老虎呢？(她找了好多人帮忙。)她最先找的谁？(绣花的大姐姐。)大姐姐给了她什么？(一包绣花针。)

⑦观看图7：小朵朵又找了谁？(卖杂货的大哥哥。)大哥哥给了她什么？(两个大炮仗。)

⑧观看图8：小朵朵还找了谁？(捉鱼的老伯伯。)老伯伯给了她什么？(两个大螃蟹。)

⑨观看图9：小朵朵接着找了谁？(种菜的老爷爷。)老爷爷给了她什么？(两大箩西瓜。)

⑩观看图10：深夜，老虎来到小朵朵家敲门，结果怎么样？(老虎的爪子被门上的绣花针扎得像蜂窝。)这是谁干的事？(小朵朵。)

⑪观看图11：老虎到水缸边洗手，结果怎么样？(大螃蟹钳住老虎爪子甩不脱。)这是谁干的事？(小朵朵。)

⑫观看图12：老虎到灶头前点火，结果怎么样？(老虎被炮仗炸着了。)这是谁干的事？(小朵朵。)

⑬观看图13：老虎要到楼上去吃小朵朵，结果怎么样？(被西瓜砸得没法躲。)这是谁干的事？(小朵朵。)

⑭观看图 14：老虎赶快逃命，刚跑到门口结果怎么样？(被一群人打得哇哇叫。)这一群人是谁呢？(种菜的老爷爷，捉鱼的老伯伯，绣花的大姐姐，还有卖杂货的大哥哥。)

⑮观看图 15：老虎求饶，这群人也没放过它，结果怎么样？(打得老虎翻白眼，哇的一口吐出老婆婆。)老婆婆活过来了，这老婆婆是谁呀？(小朵朵的外婆。)

⑯观看图 16：后来呢？(小朵朵编了一支小山歌，唱给外婆听一听，外婆乐得笑呵呵。)小朵朵的山歌是怎么唱的？我们一起来念一念。(老虎，老虎，装作外婆，坏事它做，好话它说，它是一个坏家伙。咱们人多力量大，咱们人多办法多，打死这个坏家伙。)

3. 交流讨论，发表感悟。

(1)教师请幼儿依次看图，和同伴一起回忆故事的情节。

(2)教师提出问题请幼儿思考：你听了这个故事后有什么感想？(幼儿根据自己的理解自由发表看法。)

(3)在幼儿讲述的基础上，教师小结：在这个故事里，我们认识了热心、善良的老婆婆，她可是个好人；我们也分辨出了虚伪、贪婪、凶恶的老虎，它是一个爱说好听话的大坏蛋。我们还知道了在危险到来时，要像小朵朵一样，机智、勇敢，还要学会寻求别人的帮助，因为人多力量大嘛；同时，我们也感受到了绣花的大姐姐、卖杂货的大哥哥、捉鱼的老伯伯和种菜的老爷爷乐于助人、见义勇为的精神。

活动延伸

在语言活动角投放与故事相关的角色头饰，鼓励幼儿在活动区分角色自由表演，指导幼儿怎样把外婆的热心和善良、老虎的虚伪和凶恶、小朵朵的机智和勇敢，以及绣花的大姐等乐于助人、见义勇为的精神表现出来。

八、新编《小猫钓鱼》

设计意图

《小猫钓鱼》是幼儿文学经典作品之一，故事的主题对幼儿有着深刻的教育意义。本次活动在传统版本的基础上推陈出新，在幼儿回忆原版《小猫钓鱼》故事后，进行交流讲述，对原版故事进行改编，形成创新版《小猫钓鱼》。其目的是让幼儿的思维不受约束，充分发挥想象力，通过努力来获得新的语言信息，提高语言表达能力。

活动目标

1. 乐意与同伴交流。

2. 尝试根据画面提供的信息创编故事，学习理解“绿油油”“耐心”“高高兴兴”等词语。

3. 能大胆在集体面前讲述自己创编的故事。

活动准备

1. 知识经验准备：

幼儿熟知原版《小猫钓鱼》的故事内容。

2. 物质材料准备：

新编《小猫钓鱼》故事图片。

活动过程

1. 了解角色，萌发讲述兴趣。

(1)教师引导幼儿回忆：小朋友都听过《小猫钓鱼》的故事吗？谁能给大家把这个故事讲给大家听？(幼儿自由讲述故事大意。)这个故事说明了什么道理？(我们只有专心，做到一心一意，才能学会一种本领，做好一件事情。)

(2)教师讲述：小猫知道了做事要一心一意，不能三心二意。今天小猫和猫妈妈又来到了河边钓鱼，小猫还会像以前那样去扑捉蝴蝶、蜻蜓吗？它们还会发生什么新的故事呢？请小朋友们一起看图来讲一讲新的《小猫钓鱼》故事吧！

2. 观察图片，分段交流讲述，创编故事。

(1)观看图1。

①提问：图画里的天气怎么样？那是个什么地方？(幼儿根据画面和想象讲述。)

②引导幼儿理解词语“绿油油”，并用“绿油油”学说一句话。

(2)观看图2。

①提问：上次钓鱼小猫去捉蝴蝶、蜻蜓，这次钓鱼它是怎么表现的？蝴蝶、蜻蜓又飞来了吗？(幼儿根据画面和想象讲述。)

②引导幼儿理解词语“自言自语”，并用“自言自语”说一句话。

(3)观看图3。

①提问：小猫会很快钓到鱼吗？过了好久都没钓着鱼，小猫会是怎么想的？猫妈妈对小猫说了什么？小猫听了猫妈妈的话后是什么反应？(幼儿根据画面和想象讲述。)

②引导幼儿理解词语“耐心”，并用“耐心”学说一句话。

(4)观看图4。

提问：图画里是什么时间？小猫为什么着急？接着它又怎么样？小猫跑开去会干什么？(幼儿根据画面和想象讲述。)

(5)观看图5。

提问：小猫跑回来了，它头上有什么？手里多出了什么？猫妈妈怎么问小猫的？小猫是什么表情？小猫是怎么说的？小猫准备干什么？(幼儿根据画面和想象讲述。)

(6)观看图6。

①提问：小猫和猫妈妈在干什么？小猫是怎样把鱼钩甩进水里的？(幼儿根据画面内容讲述。)

②出示系着一排钓鱼钩的绳子，帮助幼儿理解：小猫牵着绳子的一头，猫妈妈牵着绳子的另一头。

(7)观看图7。

①提问：鱼儿上钩了吗？小猫和妈妈感觉到绳子怎么样了？它们拉绳子的时候嘴里喊了什么？它们钓了多少鱼？(幼儿根据画面内容讲述。)

②引导幼儿一边模仿喊“嘿哟”，一边做使劲拉绳子的动作。

(8)观看图8。

①提问：小猫和妈妈钓完鱼是什么时候了？它们是怎么回家的？(幼儿根据故事内容讲述。)

②引导幼儿理解词语“高高兴兴”，并用“高高兴兴”学说一句话。

(9)教师将每个图的内容连贯起来讲述一遍，征求幼儿的意见进行修改、整理。

(10)引导幼儿讨论：你喜欢这个故事中的小猫吗？为什么？(幼儿根据自己的理解与大家一起交流，并讲述。)

在幼儿交流讲述的基础上，教师小结：这个故事和以前的《小猫钓鱼》不同，这个故事中的小猫不仅不再三心二意，而且能动脑筋、想办法，和猫妈妈一起钓到更多的鱼。这个小猫更聪明可爱，我们大家都喜欢它。

3. 幼儿大胆想象，看图讲述。

(1)教师提问，串联故事情节：你喜欢这个故事中的小猫吗？为什么？这个故事和以前的《小猫钓鱼》哪里不同，小猫想了什么办法来钓鱼？还有什么办法来钓更多的鱼？

(2)幼儿两人一组，互相交流，看图讲述故事。教师注意倾听幼儿讲述时是否能围绕画面内容展开。

4. 请个别幼儿完整讲述故事。

教师引导幼儿按顺序用完整的句子进行讲述，教师注意提示幼儿使用丰富的词句，如“绿油油”“耐心”“高高兴兴”等。

5. 相互交流，表达对故事的理解。

活动延伸

1. 将图片放置在图书区供幼儿使用，鼓励幼儿将新编的《小猫钓鱼》故事回家后讲给家长听，并请家长帮助孩子进一步拓展故事情节。

2. 在美工区中投放空白绘图本，鼓励幼儿大胆创编不同的新编故事版本，并以图画的形式表现出来。

九、古诗《咏柳》

活动目标

1. 萌发对春天的喜爱之情。
2. 理解古诗内容，感受古诗的意境美。
3. 能在音乐的伴奏下，初步学会按古诗韵律吟诵古诗。

活动准备

1. 知识经验准备：

幼儿对春天的基本特征有所了解。

2. 物质材料准备：

古诗景象的图片一幅；教学课件。

活动过程

1. 说说“我眼中的春天”。

（1）教师提问：现在是什么季节？你看到的春天是什么样的？

（2）引导幼儿描述春天的景色，激发幼儿对春天的喜爱。

2. 看图感知诗意。

（1）出示图片，教师提问：画上有什么？这是哪个季节？爸爸妈妈带你们出去游玩的时候，有没有发现春天给柳树带来的变化呀？

（2）引导幼儿观察、讲述画面上的景物，春风一吹让柳树如此地美丽，春风像什么？会给春天带来什么变化呢？

3. 理解古诗内容。

（1）教师讲述古诗《咏柳》大意：春天来了，高高的柳树满身碧绿，就像绿色的玉石。柳条下垂着，如同万条绿丝带在风中飘动。柳条上的细叶，不知是谁的巧手剪裁出来的，原来，二月的春风就像无形的剪刀。这首诗的作者是我国古代一位很有名的诗人，通过对柳树的精心描写和联想，表现了大自然的美妙。这首诗的名字叫《咏柳》。

(2)请幼儿根据图片复述古诗内容。

4. 欣赏古诗韵律。

(1)教师有感情地吟诵古诗两遍，让幼儿感受古诗的韵律。

(2)围绕古诗内容进行讨论，帮助幼儿进一步理解古诗的内容。

5. 学习吟诵古诗。

(1)指导幼儿边欣赏画面，边跟着完整吟诵古诗两至三遍。

(2)幼儿再次欣赏教师吟诵，感受古诗的韵律。

(3)鼓励幼儿尝试在音乐的伴奏下进行吟诵，进一步感受古诗的意境。

活动延伸

(1)在班级开展一次诵读活动，鼓励幼儿将学到的古诗与爸爸妈妈分享。

(2)在美工区制作柳条和柳叶。

附：

咏柳

贺知章

碧玉妆成一树高，
万条垂下绿丝绦。
不知细叶谁裁出？
二月春风似剪刀。

十、雨娃娃

设计意图

诗歌是最具文学性的文体，幼儿诗从幼儿视角出发，用生动有趣的语言描述幼儿眼中的世界，抒发独具幼儿情趣的情感，给幼儿以美的享受。《雨娃娃》是一首描写春雨美景的诗歌。作者运用拟人的手法和想象的描写，把春雨中不同植物和动物的动作情态表现出来。教师引导幼儿欣赏这首诗歌，在理解诗歌内容的基础上，感受其语言的优美、意境的美妙，进而打通想象的通道，仿编诗句，挖掘幼儿的文学潜质，训练他们的想象能力和口语表达能力。

活动目标

1. 乐于欣赏诗歌，感受诗歌的意境美及语言美。
2. 学习有感情地朗诵诗歌，尝试仿编诗句。
3. 训练想象能力和口语表达能力，拓展发散性思维。

活动准备

1. 生活经验准备：

在春雨来临的时候，有目的地引导幼儿观察雨中的自然景物。

2. 物质材料准备：

(1)诗歌《雨娃娃》的朗诵音频和配乐。

(2)诗歌《雨娃娃》图片 PPT。

活动过程

1. 提问交谈，导入活动。

(1)教师与幼儿交谈：下雨的时候，你们会听到什么声音？(启发幼儿根据已有经验用各种象声词来描述，如滴答滴答、沙沙沙、哗哗哗等。)雨是从哪里来的？(引导幼儿说出是由云朵撒下来的。)它是怎样从空中落下来的？雨点落在哪里？地上会发生什么变化？（幼儿自由讲述。）

（2）教师导语：小朋友都讲得很好，老师给你们介绍一首诗歌，看看这首诗是怎么描述雨点的。

2. 欣赏诗歌，理解诗歌。

（1）教师在背景音乐伴奏下朗诵诗歌《雨娃娃》，请幼儿完整地欣赏。

（2）教师打开 PPT，引导幼儿依次看图，分句理解诗歌。

①观看图 1：

提问："滴滴答"是什么声音？为什么说"云妈妈""雨娃娃"？（幼儿根据诗歌的内容和自己的理解讲述。）

讲解："滴滴答"是小雨落下的声音。雨水是从聚集的云层里落下的，所以说雨娃娃是云妈妈的孩子。

②观看图 2：

提问：雨娃娃离开妈妈落在了哪里？发生了什么变化？为什么说"桃花乐得开了花"？（幼儿根据诗歌的内容和自己的理解讲述。）

讲解：雨娃娃落在果园里，桃树得到雨水的滋润，桃花开了，就像露出了笑脸。"桃花乐得开了花"。

③观看图 3：

提问：雨娃娃又落在了哪里？发生了什么变化？蝌蚪为什么"转圈摇尾巴"？（幼儿根据诗歌的内容和自己的理解讲述。）

讲解：雨娃娃落在池塘里，蝌蚪很快乐。下雨之前的天气很闷，水里的动物都会喜欢浮到水面。遇到下雨，蝌蚪高兴地要和雨娃娃嬉戏。"蝌蚪转圈摇尾巴"说明蝌蚪很快乐，是一种形象性的描写。

④观看图 4：

提问：雨娃娃还落在了哪里？发生了什么变化？"竹子拔节响叭叭"是什么意思？（幼儿根据诗歌的内容和自己的理解讲述。）

讲解：雨娃娃落在竹林里，竹子就长高了。"拔节"是竹子长高的意思，春雨落下促使竹子长高，"响叭叭"是形容竹子拔节时发出的声响，表现了竹子欢迎雨娃娃的心情，"竹子拔节响叭叭"也是一种形象的描写。

⑤观看图 5：

提问：雨娃娃接着落在了哪里？发生了什么变化？为什么说"麦苗长高一大茬"？（幼儿根据诗歌的内容和自己的理解讲述。）

讲解：雨娃娃落在田野里，麦苗也长高了。麦苗需要雨水的滋润，在雨娃娃落下的时候，一下子"麦苗长高一大茬"，这是一种夸张的说法，也是一种形象的描写。

⑥观看图 6：

提问：云妈妈为什么笑着夸奖雨娃娃？（幼儿根据自己的理解讲述。）

讲解：俗话说"春雨贵如油"，雨娃娃及时落下来了，给地上的植物和水里的动物带来了希望和欢乐，云妈妈当然要夸奖雨娃娃。这也表达了人们对春雨娃娃的欢喜。

3. 朗诵诗歌。

（1）教师播放朗诵音频，并有感情地配上表情动作，请幼儿欣赏。

（2）教师在配乐伴奏下，带领幼儿用适当的语调和表情动作朗诵诗歌，体会诗歌表达的意境。

（3）教师播放配乐，请幼儿自行朗诵诗歌，鼓励幼儿自由做动作，表达自己的情感体验。

4. 仿编诗句。

（1）教师提问：雨娃娃除了落在果园、池塘、竹林和田野里，还会落到哪些地方？那里又会出现什么变化？（幼儿自由想象，交流讲述。）

（2）教师打开 PPT，请幼儿看图仿编诗句。

①观看图 7：

提问：雨娃娃把雨点洒在山坡上，将会发生什么变化？（幼儿自由想象讲述。）

梳理、提炼诗句："茶树乐得开了花"。

②观看图 8：

提问：雨娃娃落在湖水里，将会发生什么变化？（幼儿自由想象讲述。）

梳理、提炼诗句："鱼儿游水摇尾巴"。

③观看图 9：

提问：雨娃娃落在花园里，将会发生什么变化？（幼儿自由想象讲述。）

梳理、提炼诗句："迎春花吹起小喇叭"。

④观看图 10：

提问：雨娃娃落在山谷里，将会发生什么变化？（幼儿自由想象讲述。）

梳理、提炼诗句："小溪欢畅哗啦啦"。

（3）教师将梳理、提炼好的诗句组成完整的诗歌，朗诵给幼儿听。

（4）教师及时评价和鼓励，并带领幼儿齐声朗诵仿编的诗歌，让幼儿体验创造的快乐。

活动拓展

1. 鼓励幼儿将自己的想象诗句画出来，贴在展板上，与小朋友共同分享。
2. 建议家长引导幼儿收集更多的雨中趣事进行讲述。

十一、美丽的春天

设计意图

春天来啦，小朋友们终于脱下了厚厚的棉袄，穿上了轻便的衣服和春天相约，欣喜地观察春天的景物，享受着温暖的春天带给他们的快乐。教师以“美丽的春天”为题引导幼儿开展看图讲述活动，能够让孩子们在已有的感性经验基础之上，丰富认识，扩大词汇量，增强语言表达能力、观察能力和综合审美能力。

活动目标

1. 喜爱春天，喜爱看图讲述，乐于表达。

2. 学习围绕春天的话题进行看图讲述，学会运用恰当的词语以及“像……”或“像……一样”的句式描写春天的景色。

3. 培养观察力，增强语言表达能力和综合审美能力。

活动准备

1. 生活经验准备：

活动前组织幼儿春游，引导幼儿观察大自然的变化，感受春天的气息。

2. 物质材料准备：

(1)将春游所见的几处典型景物进行视频摄制和拍照，并据此设计幼儿看图讲述的画面。

(2)描绘春天景色的卡通图片。

(3)歌曲《春天在哪里》的演唱音频。

(4)多媒体播放设备。

活动过程

1. 欣赏歌曲，导入活动。

(1)教师播放歌曲《春天在哪里》，请幼儿欣赏。

(2)教师请幼儿说一说：这是描写什么季节的歌？春天在哪里呢？(启发幼儿从植物的变化、动物的复苏和人们的衣着变化等方面讲述春季的特征。)

2. 回忆讲述春游所见的景物。

(1)教师播放春游的视频，引导幼儿回忆春游所见的景物。

(2)教师请幼儿说一说自己在春游时所见的最喜欢的一处景物。

3. 根据画面描述景色。

教师打开描绘春天景色的卡通图片，请幼儿观察并讲述。

①画面上是什么季节的景物？(幼儿根据画面讲述。)

②请小朋友们用好听的词来描绘春天的花、草、树、木吧！(幼儿自由讲述，如粉红的桃花开了，嫩绿的柳枝随风飘舞，草坪绿茵茵，湖水清清亮，美丽的迎春花笑哈哈……)

③请小朋友们再来描述一下春天里忙碌的小动物吧？(蝴蝶在花丛中飞舞，蝌蚪在水中游来游去，蜜蜂辛勤地采花蜜……)

④春天里小朋友又有什么样的变化呢？(小朋友们脱下了厚厚的棉衣，穿上了美丽的花毛衣……)

4. 学习用句式描述春天的景色。

(1)教师示范运用"像……"或"像……一样"的句式描写春天的景色。

(2)教师请幼儿继续观察春天的图片，启发幼儿用"像……"或"像……一样"的句式看图讲述。如：

绿色的草坪像地毯。

粉红的桃花像妹妹的脸蛋一样可爱。

风筝像蝴蝶一样在天空中飞舞。

蝴蝶像花朵一样美丽。

蜜蜂"嗡嗡嗡"地飞来飞去，像唱着快乐的歌儿一样。

……

(3)教师将幼儿讲述的句子用录音设备记录下来，并回放给幼儿听一听，与幼儿一起修改不恰当的地方。

5. 结束语：

春天来了，大地都热闹起来，我们都欢迎春天，喜爱春天，让我们一起为春天跳一曲吧！

教师播放歌曲《春天在哪里》，和幼儿一起随着音乐跳舞。

活动拓展

1. 组织幼儿继续到大自然中寻找美丽的春天。

2. 日常生活中，引导幼儿运用"像……"或"像……一样"的句式描述其他事物。

十二、词句泡泡龙

设计意图

中班幼儿的口语处于初步发展期，个体间的表达能力发展不均衡。有的幼儿能用口语较好地表达自己的需求，有的幼儿在进行口头表达时却存在发音不清晰、用词不规范、语句不完整等现象。设计“词句泡泡龙”这一活动，旨在为幼儿创设宽松和谐的语言环境，通过看一看、听一听、说一说等方式，引导幼儿根据提供的材料进行联想，初步学习用字组词、扩句，锻炼幼儿的发散性思维和语言表达能力。

活动目标

1. 乐于参与组词、说话游戏，学习安静倾听、轮流讲述。
2. 能根据提供的材料进行联想和表达，初步学习用字组词、扩句。
3. 训练发散性思维和语言表达能力。

活动准备

1. 知识经验准备：

幼儿有看图识字的经验。

2. 物质材料准备：

常见的名词性识字图片 1 套(如“水”、“花”、“车”等)。

活动过程

1. 情境导入。

教师摆出识字图片，先不让幼儿看到画面和文字，而是采用情境导入的方式：小朋友们，今天老师请来了一群字宝宝，你们喜欢吗？字宝宝们也很喜欢小朋友们，而且它们知道我们班的小朋友都很聪明，想请你们帮一些忙，你们愿意吗？

2. 游戏一：字宝宝找朋友(组词)

(1)说规则：我们都有自己的好朋友，这一群字宝宝啊，它们也有很多好朋友，但是它们自己不知道，你们能告诉它们吗？现在呀，你们看到老师手里的是什么字宝宝，就赶快帮它想一想，它可以和什么字组成一个词，那个字就是它的好朋友啦！看谁帮它找的好朋友多！

(2)教师示范：出示一张识字图片，幼儿观察图片，猜出上面的字，再用这个字组成不同的词语。例如教师出示“水”字的识字图片，幼儿用这个“水”字可以组成“泉水”“水车”“水壶”“汽水”等词语。

(3)组词游戏：教师请各组幼儿先后从一摞识字图片中抽出一张，大家用这张图片上的字组成不同的词语。如：

花 →(雪花)(鲜花)(桃花)(花生)(花猫)……

车 →(火车)(汽车)(车灯)(开车)(自行车)……

3. 游戏二：词语穿衣服(组成定语短语)

(1)过渡语：字宝宝太高兴了，它们说，小朋友们太聪明了，在你们的帮助下，它们知道自己原来有这么多好朋友呢！谢谢小朋友们了！现在，它们还想请你们帮个忙，你们愿意吗？

(2)说规则：字宝宝们说，小朋友们帮它们找到好朋友，组成了词，如果给这个词穿上漂亮的衣服，它就形象、生动多了。例如我们在“雪花”前面加一个词语，说成“洁白的雪花”，让人听了就知道雪花是“白色”的，而且很洁净。我们还可以说成“飘舞的雪花”，让人听了就知道风把雪花吹得像在空中跳舞一样。看，就这样加一个词语，表达的意思就有特点了。我们来试一试吧。

(3)教师引导幼儿用识字图片上的一个字先组成一个词语，然后在这个词语前加修饰词语，组成不同的短语。如：

花→花猫→(可爱的花猫)(聪明的花猫)(淘气的花猫)(机灵的花猫)……

车→汽车→(漂亮的汽车)(红色的汽车)(大轮子的汽车)(飞快的汽车)……

4. 游戏三：词语手拉手(组词扩句子)

(1)过渡语：小朋友们太棒了！为字宝宝、词宝宝穿上漂亮的衣服，让它们的特点与众不同。现在，这些漂亮的字宝宝、词宝宝们想拉起手来做游戏，聪明的小朋友们一起来帮帮它们吧！

(2)说规则：先用识字图片上的字组成一个词语，然后给这个词语穿上衣服(加上修饰语)，扩充为较长的词语(短语)，最后再扩充为一句完整的话。例如我们用“花”组成词语“桃花”，然后扩充为“粉红的桃花”，最后扩充为“树上开满了粉红的桃花”，或者扩充为“粉红的桃花真是美丽”。

(3)教师引导幼儿用识字图片上的一个字先组成一个词语，然后在这个词语前加修饰词语，组成不同的短语，最后扩充为一个完整的句子。如：

花→花猫→(机灵的花猫)→(机灵的花猫捉住了一只老鼠。)

车→汽车→(漂亮的汽车)→(我们坐上漂亮的汽车出发了。)

5. 结束语。

今天，字宝宝们太开心了，它们说我们班的小朋友真聪明，帮它们解决了好多困难，以后，它们还要带更多的字宝宝来我们班玩，到时候还要请小朋友们帮忙哦！

活动拓展

1. 在幼儿掌握一定词汇量的基础上引导幼儿进行词句接龙游戏。

2. 引导幼儿进行“词汇联想”游戏：请一名幼儿任意选取一张识字图片，请全体幼儿根据图片上的字进行联想讲述，直至说不出来为止。如：选择“鸟”的图片进行讲述：“看到鸟让我想起天空，天空让我想起了飞机，飞机让我想起了宇宙飞船，宇宙飞船让我想起了太空……”

十三、乐乐的花园

设计意图

培养幼儿积极乐观的情感是幼儿教育重要的目标之一。幼儿在生活中的情绪、情感会受到环境的影响，周围的人、事、物都会让幼儿产生不同的情绪。“乐乐的花园”就是一个充满了各种情感的环境，隐含了很多教育价值，如四季交替的自然规律、花开花谢的生命现象、丰富多样的情绪情感，以及如何体察他人的情绪情感、如何调节与表达自己的情绪情感等。在活动中，教师借助“乐乐的花园”春、冬两季的变化，引导幼儿观察、发现、运用这些线索开展想象和讲述活动，理解快乐与忧伤的情感，萌发关心意识。通过语言的交流，帮助同伴解除烦恼，并从中获得快乐和满足。

活动目标

1. 感受和理解故事中快乐和忧伤的情感，并大胆表达自己的想法。
2. 学习帮助他人消除不开心的情绪，体验快乐的美好与重要。
3. 训练清楚、准确地讲述，发展口语表达能力。

活动准备

1. 乐乐的花园图片两张（春天和冬天，表现出不同的景象——一个欢悦，一个萧瑟）。
2. 表现快乐和忧伤的音乐各一首；《幸福拍手歌》音频。
3. 教师录制画外音（乐乐妈妈的话）。
4. 多媒体设备。

活动过程

1. 引导幼儿体验快乐的情感。

（1）教师请幼儿观看春天花园图，与幼儿交谈：春天到了，乐乐家的花园里开满了美丽的鲜花，有红红的玫瑰、粉红的桃花、金黄的迎春花……蝴蝶、蜜蜂在花丛中飞来飞去。如果你是乐乐，你的心情会怎样？（高兴、快乐、开心。）是啊，在这么美丽的花园里，乐乐高兴极了，眼睛都笑弯了。你们猜一猜，乐乐高兴的时候会在花园里做哪些事情呢？（可以和朋友唱歌跳舞；可以捉蝴蝶玩；可以看漂亮的花；可以和朋友在花园里踢球。）

（2）鼓励幼儿用动作表现快乐的感受。

①原来高兴的时候可以做这么多有趣的事情。那谁会用好看的动作表示一下高兴的心情呢？（引导幼儿做出各种样子。）

②现在让我们听音乐跳个快乐的舞吧。（教师播放快乐的音乐，和幼儿一起用动作表达快乐的感受。）

2. 引导幼儿体验忧伤的情感。

（1）教师转换音乐风格，播放忧伤的音乐。提问：你觉得乐乐现在的心情怎么样？（伤心、难过、不高兴。）乐乐为什么这么伤心呢？我们一起去看看吧。

（2）教师请幼儿观看冬天花园图，引导幼儿观察讨论：仔细看看现在的花园跟前面的花园有什么不一样？（冬天来了，花草都枯萎了，小鸟都飞走了，树叶也都落了……乐乐看到花园变了样，很伤心，流下了眼泪。）

3. 引导幼儿学会调整不良情绪。

（1）教师引导幼儿交流讨论：怎样让乐乐快乐起来？

①冬天来了，乐乐看到花园里变了样，很伤心，你们怎样来安慰乐乐呢？（幼儿自由讲述。）

②大家想了很多安慰乐乐的话，说得都挺好。乐乐妈妈也说了一段话安慰乐乐，听听她是怎么说的。（播放录音："乐乐，不要伤心，不要难过，冬天会过去的。等春天来了，小花还会再开放，小草、树叶还会长出来，小鸟也会回到花园里来。"）

③乐乐听了妈妈的话，心里好受多了。可是现在春天还没到，我们来帮乐乐想一想在冬天可以做些什么事情、玩些什么游戏，怎样才能快乐起来？（可以跳绳、堆雪人、打雪仗、滑冰、看冰雕……）

④原来冬天有这么多好玩的游戏，能让我们快乐起来，我们把这些好的建议告诉乐乐吧，希望他能度过一个快乐的冬天。（鼓励幼儿用完整的语言讲述让乐乐快乐的方法。）

⑤教师小结：一年四季是按顺序变换的，不论在哪个季节都会有快乐的事情。春天的花园很美，能给我们带来快乐；冬天有许多春天没有的东西，可以做许多春天无法做的事情，所以只要我们用心去寻找，就会发现冬天也有许多快乐的事情。

（2）引导幼儿结合生活实际，说说自己调整不快乐心情的办法。

①刚才我们想了许多帮助乐乐找回快乐的办法。你们在生活中也遇到过不开心的事吗？你伤心的时候是怎么样的？（幼儿自由讲述。）

②遇到伤心的事时，你是怎么让自己高兴起来的呢？（幼儿自由交流讨论。）

③教师小结：我们每个人都会有不开心的时候，但我们要注意调节自己的情绪，做

个快乐的小朋友。我们还要学习体会别人的心情，帮助别人快乐起来。

④集体表演《幸福拍手歌》结束活动。

活动拓展

1. 在活动区设置“心情树”(形状类似圣诞树，上面挂一些不同表情的图卡)，引导幼儿借助树上的表情图卡积极与人交流自己的心情，及时调整不快乐的情绪。

2. 鼓励幼儿为家人做一件让他们感到快乐的事。

十四、古诗《一去二三里》

设计意图

古诗形式工整、韵律优美、语言精练、节奏感强，富有想象力和创造力，是我国传统文化宝库中的一丛娇艳的花朵。让幼儿知晓、欣赏、念诵一些语言浅显、形象鲜明的古诗，能让幼儿接受中国传统文化的熏陶，从小产生对古典文学的兴趣，为提高幼儿的语言素养打下基础。古诗《一去二三里》用语简练，朗朗上口，语义浅显，适合幼儿听赏。教师引导幼儿欣赏这首古诗，既可以让幼儿感知古代乡村美景，还能领略作者将数字嵌入诗歌的巧妙，更能激发幼儿学习中国古典诗词的兴趣。

活动目标

1. 喜欢欣赏并念诵古诗，乐于发现古诗中十个数字运用的巧妙。
2. 理解古诗的内容，感受古诗所描绘的乡村美景。
3. 感受传统文化的熏陶，萌发喜欢学习古典诗词的情感。

活动准备

1. 知识经验准备：

幼儿有念诵古诗的经验。

2. 物质材料准备：

描述古诗《一去二三里》的图片，一句一幅，共 4 幅。

活动过程

1. 谈话导入，引发幼儿参与活动的兴趣。

（1）教师讲述：平时，小朋友们经常在一块交流朗诵古诗，今天请小朋友们再来一起说说，你们会念诵哪些古诗呢？（引导幼儿诵读已知的古诗。）

（2）教师：小朋友们可真能干，都会念诵这么多的古诗了。今天老师给你们带来了一首新的古诗。这首古诗里面藏着一个秘密，看哪位小朋友能够发现这个秘密。

2. 念诵古诗，引导幼儿发现古诗的特点。

（1）教师朗诵古诗《一去二三里》。

（2）提问：谁发现了诗歌里的秘密？（如果幼儿没有发现，教师就用强调数字的方式再念诵一遍。）

（3）教师讲解：这首古诗的特别之处，就是把一至十的数字写进了诗歌里。这样的诗也叫做“数字诗”。

3. 观看描述古诗的图片，引导幼儿欣赏、理解古诗。

（1）观看图1：

提问：第一幅图上画的是什么？（一个人正走在乡村的路上。）

讲解：在乡村的小路上，有一个人在走路，他不知不觉就走了二三里地，所以就是“一去二三里”。

（2）观看图2：

提问：第二幅图上画的是什么？（一座村庄里，有几户人家的烟囱正在冒烟呢。）

讲解：他经过了一座村庄，看到不远处的村子里，有四五户人家还在生火做饭，他是怎么知道的呢？原来他是看到这些人家的烟囱里冒起了袅袅炊烟，所以就是“烟村四五家”。

（3）观看图3：

提问：第三幅图上画的是什么呢？（有好几座亭子。）

讲解：后来，他又看见远处大概有六七座亭台楼阁，所以就是“亭台六七座”。

（4）观看图4：

提问：第四幅图上画的是什么呢？（一棵树上开满了鲜花。）

讲解：他看到近处有一棵树，树上鲜花绽放，走过去数一数呀……八枝、九枝、十枝，哦，满树都是盛开的鲜花，所以写为“八九十枝花”。

4. 整体感受诗歌。

教师引导幼儿整体观察图片，感受诗中所描绘的古代农村景色的美。提问：四幅图连贯起来看，小朋友们有什么感觉呢？（画面的景色真美，有村子，有房屋，有亭子，还有很多漂亮的花。）

5. 教师小结：

这首故事巧妙地将一至十的数字写进诗中，组成了一幅静美如画的乡村风景图，在平淡中显出悠然的情趣。

活动拓展

1. 向幼儿介绍作者邵雍即时赋诗的故事。
2. 鼓励幼儿回家把这首古诗朗诵给家人欣赏，并讲解诗歌的内容。
3. 建议家长带幼儿在郊外游玩的时候，念诵或仿编这首古诗。

附：

一去二三里

（山村咏怀）

邵雍

一去二三里，
烟村四五家。
亭台六七座，
八九十枝花。

十五、快乐的“六一”

设计意图

一年一度的“六一”儿童节是孩子们最盼望的节日。在节日里，教师和家长总会为孩子们安排丰富多彩的活动，鲜花和歌声伴随着孩子们度过快乐的一天。“六一”前后，趁着孩子们对节日的兴趣，教师引导他们围绕节日进行讲述，朗诵儿歌，让孩子们讲述有内容，学习有兴趣。教师在幼儿围绕“六一”儿童节话题讲述的基础上，让他们学习、欣赏儿歌，感受节日的快乐，同时发挥想象力，学习仿编儿歌，运用形容词性的叠音词，积累词汇，发展语言表达能力。

活动目标

1. 愿意围绕“六一”儿童节的话题进行交流讲述，充分感受“六一”的快乐。
2. 学习儿歌，理解儿歌中的形容词：“红红的”“艳艳的”“脆脆的”“美美的”。
3. 能发挥想象力，仿编儿歌，发展语言表达能力。

活动准备

1. 知识经验准备：

幼儿有集体过“六一”儿童节的经验。

2. 物质材料准备：

(1)活动室“六一”儿童节的盛装布置。

(2)幼儿园“六一”庆祝活动的录像视频。

(3)幼儿欢度“六一”的图片。

活动过程

1. 师幼谈话，导入活动。

教师：今天的活动室和平常有什么不一样？(张灯结彩，很漂亮。)小朋友，你们知道这是为什么吗？(因为我们的节日到了。)你们的节日是哪一天？(6月1日。)每年的6

月 1 日都称为什么节日？（“六一”国际儿童节。）

2. 观看视频，交流感受。

教师播放幼儿园“六一”庆祝活动的录像视频，请幼儿说说自己对节日的感受。

①说说自己在节日里最高兴的事情。

②说说儿童节里自己的心情是怎样的。

3. 欣赏儿歌，理解内容。

(1) 教师快乐地朗诵儿歌《快乐的“六一”》，请幼儿欣赏。

(2) 教师带领幼儿齐声朗诵儿歌，提示幼儿运用语调表达快乐的感情。

(3) 教师请幼儿观看图片，通过提问引导理解儿歌的内容。

①儿歌里告诉我们“六一”儿童节有什么呢？（阳光、鲜花、歌声、欢笑。）

②“六一”的阳光是什么样的？（红红的。）

③“六一”的鲜花是什么样的？（艳艳的。）“艳”是什么意思？（鲜艳美丽。）

④“六一”的歌声是什么样的？（脆脆的。）“脆”是什么意思？（清脆、响亮。）为什么这么说呢？（因为小朋友的声音很清脆。）

⑤“六一”的欢笑是什么样的？（美美的。）“美”在这里是什么意思？（笑得好看，甜美。）为什么欢笑总是美美的？（因为“六一”儿童节的时候，老师和家长为我们准备了很多惊喜，所以我们的心里都是美滋滋的。）

⑥“六一”儿童节里你们的心情是怎样的？（快乐的。）

(4) 教师小结：这首儿歌通过描写阳光、鲜花、歌声和欢笑，烘托出“六一”儿童节欢乐的气氛，运用一系列重叠的形容词表现了节日的热闹欢腾和小朋友的快乐。

(5) 教师请幼儿再次齐声朗诵，深入感受儿歌表达的快乐心情。

4. 发挥想象力，仿编儿歌。

(1) 教师引导：小朋友们想一想，“六一”儿童节还有哪些快乐的事情？我们把它们编到儿歌里好吗？（引导幼儿发挥想象力仿编儿歌。）

(2) 在幼儿仿编的过程中，教师把幼儿讲述的句子记录下来，并进行归纳、整理、提炼。如：

六一的天空蓝蓝的，
六一的空气甜甜的，
六一的气球艳艳的，
六一的舞蹈美美的，
六一的我是快乐的。

(3) 教师鼓励幼儿将编好的诗句诵读熟练，然后集体表演。

活动拓展

1. 鼓励幼儿回家和爸爸妈妈一起围绕“六一”的主题继续仿编儿歌。
2. 给儿歌《快乐的六一》谱曲，指导幼儿学唱，并排练歌舞节目。

十六、守株待兔

设计意图

成语是让幼儿了解中国传统文化的一扇窗口。简单有趣的成语故事往往能吸引幼儿的注意，引起幼儿的兴趣，其中蕴涵的道理也能让幼儿在潜移默化中领悟和接受。成语故事《守株待兔》批判了不知变通、死守教条的思想，也讽刺了不想努力，只想坐享其成的行为，对幼儿的日常行为是一种启发。或许幼儿并不能马上领会其中的深意，但有趣的成语故事本身就能让幼儿看到实质。幼儿通过对成语故事的了解，能够扩大掌握词汇量，培养良好的阅读习惯。

活动目标

1. 乐于倾听成语故事。
2. 记住故事名称，熟悉故事大意，学习词语“窜”“撞”“拎”“自言自语”“乐滋滋”。
3. 懂得劳动才会收获的道理，从小养成勤劳的品质。

活动准备

1. 成语故事《守株待兔》的图片 6 幅。
2. 成语故事《守株待兔》讲述音频(与图片配合)。

活动过程

1. 设疑导入，引发幼儿兴趣。

教师讲述：有一个农夫，他本来是个很勤劳的人，可经历了一件事情之后，他却变得什么事也不想做了。小朋友，你们猜猜，到底是什么事情让他变懒惰的呢？(幼儿猜测讲述。)你们听老师讲一个《守株待兔》的成语故事就知道了。

2. 观看图片，欣赏成语故事。

教师出示图片，讲述故事。

(1)观看图 1：从前有个农夫种着几亩地，他的地头上有一棵大树，他每天都在地里干活，累了就坐在树下休息一下。

（2）观看图 2：一天，他在地里干活，忽然看见一只兔子箭一般地窜过来，猛地撞在那棵大树上，一下子把脖子折断，死了。

教师引导幼儿理解“窜”“撞”等动词，并鼓励幼儿演示“窜”“撞”等动作，强化对动词的理解。

（3）观看图 3：农夫飞快地跑过去，把兔子捡起来，心里乐滋滋的。他自言自语地说：“这真是一点劲没费，白捡了个大便宜，回去可以美美地吃上一顿了。”

教师引导幼儿理解“乐滋滋”“自言自语”等词语的意思，并用这两个词语造句。如：

妈妈给我买了一件新衣服，我乐滋滋的。

我自言自语地说：“今天天气真热呀！”

（4）观看图 4：他拎着兔子一边往家走，一边自得地想：“我的运气真好，没准明天还会有兔子跑来，我可不能放过这样的便宜。说不定，以后每天都会有一只兔子跑过来撞死在树下，那么我每天不干活就能有美味的兔肉吃了，哈哈哈。”

（5）观看图 5：第二天，他来到地里，也不干活，只守在那棵大树下，等着兔子撞过来。结果，等了一天什么也没等到。

（6）观看图 6：他却不甘心，从此天天坐在那棵大树下等着兔子来撞树。他等呀等呀，直到地里的野草长得比庄稼都高了，连个兔子影也没有见到。后来，田里的庄稼荒芜了，这个农夫也饿死了。

3. 交流讨论，理解故事内容。

（1）教师播放音频，请幼儿完整欣赏成语故事《守株待兔》。

（2）教师提问，引导幼儿理解故事的内容。

①这个农夫每天的工作是什么呀？（在地里干活。）

②这一天，他在地头干活，看见了什么？（看见一只兔子窜过来，撞在他家地头的大树上，死了。）

③这个农夫是怎么做的呢？（他跑过去把兔子捡了起来。）他的心里是怎么想的呢？（他的心里真高兴，心想回家可以美美吃一顿了。）

④他的心里还有什么想法呢？（他想明天兔子还会来的，明天他还要接着在大树旁等。）

⑤第二天他是怎么做的呢？（他到地里从早上等到晚上。）他等到兔子了吗？（没有等到。）他在地里干活了吗？（没有干活。）

⑥以后的日子这个农夫又是怎么做的呢？（他整天什么事情也不做，就等着兔子来撞大树，直到地里的野草长得比庄稼都高了，但是什么也没有等到。）

⑦这个成语故事的名字是什么？（《守株待兔》）农夫的做法对吗？为什么？如果你是这个农夫的朋友，你想对他说些什么呢，想怎么劝劝他呀？（幼儿自由交流讲述。）

4. 小结：

这个成语故事讽刺了像农夫那种不愿踏踏实实地劳动和工作，总幻想着不费力就获得意外收获的人。我们应该懂得天上不会掉下馅饼，只有通过自己的双手才能创造幸福的生活。

活动拓展

1. 在活动区设置情景，请幼儿进行故事表演。
2. 请幼儿把这个成语故事讲给爸爸妈妈听。
3. 鼓励幼儿和同伴一起开展说成语的比赛活动，看谁的成语说得多。

十七、夏天的秘密

设计意图

炎热的夏天到了。幼儿对夏天的基本特征是了解的，池塘里的荷叶和荷花，荷叶上的青蛙，池塘边树上的知了，都是幼儿熟悉的具有夏天特征的事物。在幼儿已有经验的基础上，教师引导幼儿欣赏散文诗《夏天的秘密》，有助于幼儿理解作品的内容，体会作品描述的优美意境，进而借助已有经验进行发散思维，仿编散文诗句，从而发展想象力，提高语言表达能力，同时进一步加深热爱大自然的情感。

活动目标

1. 喜爱散文诗的语言，体验作品描述的优美意境。
2. 了解夏天的主要特征，学会运用恰当的词句进行描述。
3. 能仿编散文诗句，表达对大自然的热爱之情。

活动准备

1. 知识经验准备：

幼儿对夏天的特征有一定的了解。

2. 物质材料准备：

(1)歌曲《夏天到》音频。

(2)散文诗《夏天的秘密》的配图、配乐。

(3)配乐朗诵散文诗《夏天的秘密》音频。

活动过程

1. 听歌曲，导入活动内容。

(1)教师播放儿童歌曲《夏天到》，请幼儿一起跟唱。

(2)教师提问：歌里唱的是什么？(夏天到，雷声响，青蛙叫……)我们听到雷声响、青蛙叫，就知道夏天到了。我们还可以根据什么知道夏天到了呢？(幼儿根据已有经验讲述。)

2. 观看画页，欣赏散文诗。

(1)教师出示配图，请幼儿看图交流谈话：画面画的是什么季节？(夏季。)你是怎么知道的？(画面有池塘，池塘里有荷叶、荷花，荷叶上有青蛙呱呱叫；池塘边的树上有知了吱吱地叫。)这个画面表现了一首散文诗的内容。我们来听听这首散文诗，它告诉了我们夏天的秘密。

(2)教师朗诵《夏天的秘密》，请幼儿欣赏。

朗诵之后，教师提问：这篇散文诗美吗？你听了之后看到夏天有什么秘密？你感受到什么？

(幼儿自由讲述。)

(3)教师播放配乐散文诗《夏天的秘密》，请幼儿进一步感受。

(4)教师结合散文诗提问，引导幼儿理解散文诗的内容。

①夏天来了，夏天来了，夏天在哪儿呢？谁知道呢？(青蛙。)它是怎么说的？(夏天在这儿，夏天在这儿。)为什么说夏天在它那儿呢？(因为只有夏天才是青蛙活动的季节。)青蛙是什么动作？(从一张荷叶跳到另一张荷叶上。)我们一起来学学青蛙的动作。(幼儿自由做青蛙跳的动作。)

②夏天来了，夏天来了，夏天在哪儿呢？还有谁知道呢？(荷花。)它是怎么说的？(夏天在这儿，夏天在这儿。)为什么说夏天在它那儿呢？(因为只有在夏天荷花才开放。)荷花是什么动作？(抬起头，露出笑脸。)我们一起来学学荷花的动作。(幼儿自由做荷花露出笑脸的动作。)

③夏天来了，夏天来了，夏天在哪儿呢？还有谁知道呢？(知了。)它是怎么说的？(夏天在这儿，夏天在这儿。)为什么说夏天在它那儿呢？(因为只有在夏天知了才爬到树上叫唤。)知了是什么动作？(晒太阳。)我们一起来学学知了的动作。(幼儿自由做知了晒太阳的的动作。)

(5)教师小结：青蛙、荷花和知了都是体现夏天特征的事物，因此诗人让它们说出夏天在它们那里这个秘密，为我们展示了一幅幅生动有趣的画面。

3. 交流讲述，仿编散文诗句。

(1)教师引导提问：夏天还会在哪儿呢，请小朋友继续找一找，夏天还有哪些秘密？(引导幼儿运用发散思维自由讲述。)

(2)教师提示讲述：怎样用好听的话说出夏天在哪儿呢？请你和好朋友商量一下。(鼓励幼儿模仿散文诗的句式讲述夏天在哪儿。)

(3)教师根据幼儿仿编的诗句进行归纳、梳理和提炼，串编成一首新的散文诗。

(4)教师带领幼儿在配乐声中有感情地朗诵自己仿编的散文诗，体验创造的快乐。

活动拓展

鼓励幼儿根据自己仿编的散文诗画一幅画，并讲述画面的内容。将幼儿的作品布置成《夏天在哪儿》的主题墙饰。

十八、排图讲述《拔河》

设计意图

《拔河》是一组很奇妙的画面，按照不同顺序排列，可以讲述不同情节的故事。教师引导幼儿开展《拔河》的排图讲述活动，让他们通过不同的排图顺序，能够讲述不同情节的故事，训练他们的发散性思维，进一步提高他们的口语表达能力。

活动目标

1. 对“排图讲述”这一新颖的形式产生浓厚的兴趣，乐于想象和讲述。
2. 学会合理想象并围绕话题进行排图讲述活动。
3. 具有对画面的综合理解能力，发展思维的灵活性和语言的连贯性。

活动准备

1. 知识经验准备：

幼儿有拔河的经验。

2. 物质材料准备：

《拔河》图画故事 4 幅(可自由排序)：

第一幅：小兔和小猫玩拔河比赛，双方势均力敌。

第二幅：小熊和小兔一边，小猫在另一边。小猫被拉得直往前滑，眼看就要输了。

第三幅：小牛和小猫一边，与小熊、小兔相对，两边势均力敌。

第四幅：绳子断了，两边的小熊和小兔、小猫和小牛都摔了个四脚朝天。

活动过程

1. 谈话导入活动内容。

教师导语：运动会上，小朋友们都参加过拔河比赛，你们还记得是怎么拔河吗？(绳子两边各站一队，两队与绳子中心的距离一样。号令响起之后，两队分别向自己方向拉绳子，绳子中心超过哪一方的界限哪一方就胜利了。)有一群小动物，它们也在进行拔河比赛，让我们一起来看看他们发生了什么事情吧。

2. 幼儿看图讲述故事。

(1)教师把四幅图片依次排列在黑板上，引导幼儿按图1、图2、图3、图4的顺序观察画面，创编讲述故事。

(2)在幼儿讲述的基础上，教师梳理故事：

①小兔和小猫进行拔河比赛，双方力量都一样大，绳子中心一动不动。②小熊说："小兔，我来帮你!"它加入到小兔一边拔起来。哼唷，哼唷，哎呀呀！小猫被拉得直往前滑，眼看就要输了。③小牛说："不行，不行，小猫这边也要有人来帮忙!"小牛加入到小猫这边拔起来。哈哈，双方力量又是一样了。只看到绳子一会儿往小兔和小熊这边偏一点儿，一会儿又向小猫和小牛这边偏一点儿。④加油！加油！拔呀拔，使劲拔，不好！只听到"嘎嘣"一声，绳子断了，小熊、小兔、小猫和小牛摔了个四脚朝天。哈哈哈！四个好朋友可高兴啦!

3. 更换排序讲述故事。

(1)教师提示：这四幅图非常神奇，按照1、2、3、4的顺序是一个故事，换一个顺序又是一个故事，你们想看看吗?

(2)教师按图2、图1、图3、图4的顺序排列图片，请幼儿观察画面，创编讲述故事。

在幼儿讲述的基础上，教师梳理故事：

②小兔、小猫、小熊一起玩拔河比赛，小熊和小兔一边，小猫是另一边。哎呀呀！小猫用尽全身力气拉起来，拉得满头大汗，还是一个顶不过两个，眼看就要输了。①小熊对小猫说："我们两个拉你一个，这样对你不公平。"小熊退出了比赛，小兔和小猫继续拔起来，双方的力量就差不多了。③这时，小牛跑过来了，说："我也要拔河!"小熊说："正好！我帮小兔拉，你帮小猫拉。"四个好朋友一起拔河。④拔呀拔，使劲拔，不好！嘎嘣一声，绳子断了，小熊、小兔、小猫和小牛摔了个四脚朝天。哈哈哈！四个好朋友可高兴啦!

(3)请幼儿按图3、图1、图2、图4的顺序观察画面，创编讲述故事。在幼儿讲述的基础上，教师梳理故事：

③小兔、小熊、小猫和小牛一起玩拔河比赛。小熊和小兔一边，小猫和小牛一边，双方力量相当，难分胜负。①小熊对小牛说："我们俩力气大，还是让小兔和小猫拔吧!"于是，小兔和小猫拼命拔起来。②眼看小兔快要输了，小熊急忙跑过去，帮助小兔拔。④小牛见了，也跑过去帮小猫拔。拔呀拔，使劲拔，不好！嘎嘣一声，绳子断了，小熊、小兔、小猫和小牛摔了个四脚朝天。哈哈哈！四个好朋友可高兴啦!

4. 分组看图讲述故事。

(1)教师：这四幅图还有很多不同的排序方法，根据这些不同的顺序可以讲述很多不同情节的故事，请小朋友分组讨论，试试看，还能排出其他的顺序来编成故事吗?

(2)幼儿分组活动，继续按不同的顺序排列画面，讲述不同情节的故事。

活动拓展

1. 将看图讲述图片继续保留在语言活动区，让幼儿继续排出不同的顺序进行讲述。
2. 在活动区投放小动物头饰，请幼儿进行故事表演。
3. 鼓励幼儿回家搜集其他图片，进行排图讲述活动。

大班(上)

一、咕咚

设计意图

《咕咚》是一篇由西藏民间故事改编的作品，故事的内容情节诙谐有趣，符合大班孩子的年龄特点和探索欲望，其结局令人可笑，具有讽刺意味。本节语言活动教师的设计意图主要是充分调动孩子们大胆探索解决问题的能力，同时领悟一个深刻的道理：我们遇到任何事情不要惊慌，不要盲从，要看清楚、弄明白。

活动目标

1. 乐于倾听，体会故事所表现的诙谐与可笑。
2. 了解故事的内容和情节，理解故事所表达的寓意。
3. 积极参与交流讨论，大胆探索解决问题。

活动准备

1. 知识经验准备：

（1）幼儿对木瓜的形状、色彩和味道有一定的了解。

（2）幼儿对生活中一些东西落在水里后发出的声音比较熟悉。

2. 物质材料准备：

（1）多媒体设备、故事《咕咚》动画视频。

（2）小白兔、狐狸、猴子、狮子等动物的图片。

活动过程

1. 教师设疑，引发幼儿兴趣。

教师提问：小朋友，在动物中谁最厉害？（老虎、狮子。）可是有一种东西连老虎都害怕，这个东西叫“咕咚”。你们猜猜“咕咚”是什么？（引导幼儿大胆猜想。）

2. 欣赏故事，了解内容情节。

（1）教师播放故事视频《咕咚》，一边观看视频，一边欣赏故事。

(2)教师讲述故事1~4段，出示动物图片，提出问题：

①“咕咚”是什么？(是木瓜掉进湖里发出的声音。)

②兔子为什么跑？(兔子听见这又大又响的咕咚声很害怕，吓跑了。)

③狐狸为什么跟着跑？(它以为“咕咚”是很厉害的东西，也吓得跟着跑。)

④猴子为什么也跟着跑？(它看到狐狸害怕的样子，以为“咕咚”一定很厉害。)

(3)教师讲述故事5~8段，出示动物图片，提出问题：

①还有谁都跟着跑起来？(狗熊、梅花鹿、老虎。)

②长毛狮子为什么没有跑？(它不知道“咕咚”是什么，所以没有跑。)它是怎样做的？(它拦住哪些跑的动物，追问谁看见“咕咚”了。)有谁看见“咕咚”是什么样子？(谁都没看见。)

(4)教师讲述故事9~13段，出示动物图片，提出问题：

①它们来到湖边看见什么？(一个木瓜从高高的树上掉进湖里。)听到什么？(“咕咚”的声音。)

②最后大家为什么都笑了？(因为大家都明白“咕咚”是木瓜从树上掉进湖里发出的声音，不是什么可怕的怪物，真相大白了，它们感到自己的行为十分可笑。)

3. 交流讨论，理解故事寓意。

提问，引导幼儿交流讨论：听了故事后你认为这几个动物谁做得对？为什么？

在幼儿交流表述的过程中，教师提示幼儿从长毛狮子和其他动物的对话以及行为中理解、懂得不论做什么事，都不应该盲目地跟别人跑，听信谣传，而是要问个为什么，弄清事实真相。

活动延伸

1. 亲子活动延伸：请幼儿回家把这个故事讲给爸爸妈妈听。

2. 领域外活动延伸：走进胆小国。每个人都有过胆怯的经历，在幼儿身上会表现得更明显，请幼儿说说自己胆小的经历，以及怎样克服这样的心理障碍。

3. 区域内活动延伸：将动物图片投放至语言活动区角，并为孩子准备各种动物头饰，进行角色扮演活动。

二、金瓜瓜

设计意图

绕口令是我国一种传统的语言游戏，又称“急口令”“吃口令”“拗口令”。它是将声母、韵母或声调极易混淆的字，组成反覆、重叠、绕口、拗口的句子，要求快速念出，所形成的一种读起来很绕口，但又妙趣横生的语言艺术。绕口令是语言训练的好教材。教师设计绕口令《金瓜瓜》活动，通过欣赏、提问、跟读、游戏等方式，让幼儿了解绕口令的语言特点、咬字发音。通过学说绕口令使幼儿头脑反应灵活、用气自如、吐字清晰、口齿伶俐，还可以避免口吃，更可作为休闲逗趣的语言游戏，让幼儿享受语言学习的乐趣。

活动目标

1. 培养对绕口令的学习兴趣。
2. 正确发出“金(jīn)”“银(yín)”“棚(péng)”“瓜(guā)”“娃(wá)”等字的字音。
3. 学会说绕口令，发音准确、清晰。

活动准备

1. 知识经验准备：

幼儿对绕口令有一定的了解。

2. 物质材料准备：

(1)葫芦和南瓜的实物或玩具各1个；娃娃和妈妈的木偶或手偶各1个。

(2)多媒体设备；《金瓜瓜》绕口令视频。

活动过程

1. 教师逐一出示葫芦、南瓜、娃娃、“妈妈”等道具，随机引导幼儿发准“娃(wá)”字的字音。一边操作道具，一边快速、准确、清晰地背诵绕口令，让幼儿欣赏1~2遍，引起幼儿学习的兴趣。

2. 教师引导幼儿认真观看视频内容，并根据绕口令的内容提问：

①瓜棚里结有什么瓜？

②瓜棚下发生了什么事情？

③娃娃为什么喊妈妈？

3. 教师根据幼儿的回答，尽量用绕口令的语句进行小结。

4. 教师采用分句教授的方法，带领幼儿学说绕口令。要求幼儿口齿清晰、发音准确，注意“金(jīn)”“银(yín)”“棚(péng)”“瓜(guā)”等字的字音。

5. 教师和幼儿一起一边看图，一边完整地朗诵绕口令。

6. 采用对诵、接龙、比赛等轻松、愉快的游戏方式，引导幼儿反复练习绕口令，速度由慢到快，直至能够熟练地背诵绕口令。在游戏的过程中，教师要及时纠正幼儿的不正确发音。

7. 请幼儿自由结伴，在口齿清晰、正确发音的基础上快速说出绕口令，使幼儿在游戏中得到练习与提高。

活动延伸

1. 领域外活动延伸：组织幼儿进行绕口令朗诵比赛，比一比谁的绕口令说得又多、又快、又准。请幼儿把绕口令的内容编成一个完整的故事，并操作道具讲一讲。

2. 亲子活动延伸：鼓励幼儿回家后，将绕口令念给爸爸妈妈听，并跟爸爸妈妈学念儿首有趣的绕口令。

三、听雨

设计意图

夏天到了，雨天多了，同时也激起了孩子们对雨天的极大的兴趣，每天来园，孩子们都会聚在一起交谈自己在下雨天的经历，新《纲要》中指出，教育活动内容的选择“既要贴近幼儿的生活来选择幼儿感兴趣的事情和问题，又要有助于拓展幼儿的经验和视野”，利用孩子们对雨天浓厚的兴趣，以及大班孩子的年龄特点，我们选择《听雨》这个故事，并设计了这一教学活动。

活动目标

1. 萌发对雨天的兴趣，喜欢倾听故事。
2. 理解童话故事的内容，体会其中美妙的意境。
3. 训练和发展口语表达能力及想象力。

活动准备

1. 知识经验准备：

(1)幼儿有下雨天的玩要经历。

(2)幼儿对大自然有一定的了解。

2. 物质材料准备：

(1)多媒体设备；下雨的声音音频。

(2)下雨的图片4张(图1：小蝴蝶不高兴的样子。图2：森林下雨的情景。图3：小雨在小熊的铁皮屋翻跟头的情景。图4：小雨钻进荷花的花蕊里的情景。图5：小雨落在玻璃窗上的情景。)

(3)轻音乐配乐。

活动过程

1. 倾听雨声。

(1)教师播放下雨的声音，提问：在下雨的时候，你们喜欢做什么呢？

(2)教师再次播放下雨声的录音，再次提问：谁能模仿下雨的声音？

2. 欣赏故事。

(1)初步欣赏。

在舒缓的配乐声中，教师完整讲述童话故事《听雨》。

通过提问引导幼儿思考：你听过小雨的歌吗？小雨的歌是什么样的？(幼儿自由回答。)

在幼儿交流表述的过程中，教师鼓励幼儿回忆并复述故事中描述雨声的句子。

(2)分段欣赏。

①教师出示图片1(小蝴蝶不高兴的样子)。

教师提问：小花蝴蝶为什么不高兴？嘟哝时是什么样子的？”(请幼儿嘟哝地说句话，感受“嘟哝”的一种情态。)

教师提问：妈妈对小蝴蝶说了什么？语气是什么样子的？”(教师有表情地重复故事中妈妈说的话，让幼儿感受到长辈对晚辈的怜爱，从而理解“慈爱”这个词。)

②教师出示图片2(森林下雨的情景)。

教师提问：小花蝴蝶听见小雨唱的是什么样的歌？(沙沙沙。)为什么是这样的声音？(幼儿自由回答。)

在幼儿交流表述的基础上，教师归纳：森林里下雨，雨点落在树叶上，发出的声音很柔和，所以用“沙沙沙”来表现小鱼唱歌的声音。

故事里为什么把下雨的声音说成唱歌？(幼儿自由回答。)

在幼儿交流表述的基础上，教师归纳：故事把小雨当作我们人来写，让它有人一样的思想，有人一样的感情，有人一样的动作，使我们读故事和听故事的人感到亲切。所以故事里把下雨的声音说成唱歌。

③教师出示图片3(小雨在小熊的铁皮屋上翻跟头的情景)。

教师提问：这时小雨是怎么唱歌的？(叮叮叮。)为什么是这样的声音？怎么和森林里下雨的声音不同呢？(幼儿自由回答。)

在幼儿交流表述的基础上，教师归纳：雨点落在小熊的铁皮屋上，一下又弹起来，就像小雨翻跟头一样，发出的声音很清脆，所以用“叮叮叮”来表现小雨落在铁皮屋上的声音。

④教师出示图片4(小雨钻进荷花的花蕊里的情景)。

教师提问：这时小雨是怎么唱歌的？(吱吱吱。)为什么是这样的声音？怎么和前面下雨的声音又不同呢？(幼儿自由回答。)

在幼儿交流表述的基础上，教师归纳：雨点落在荷花上，荷花很柔软，发出的声音很微弱，但是雨点顺着花瓣流进花蕊里，就好像荷花在吮吸雨水，所以用“吱吱吱”表现小雨落在荷花上的声音。

⑤教师出示图片5(小雨落在玻璃窗上的情景)。

教师提问：这时小雨是怎么唱歌的？(嗒嗒嗒。)为什么是这样的声音？怎么和前面下雨的声音还不同呢？（幼儿自由回答。）

在幼儿交流表述的基础上，教师归纳：雨点落在窗户的玻璃上，就像敲门一样，听见的声音比较响，所以用“嗒嗒嗒”表现小雨落在玻璃窗上的声音。

⑥欣赏最后一段。

教师提问：这句话里，有哪些词语用得好？（幼儿自由回答。）

教师将句中“轻轻地”“静静地”这两个词语去掉重念，让幼儿对比感受。引导幼儿体会如果去掉这两个词语，那么小雨落下和小蝴蝶“听雨”的情态就表现不出来了。

⑦在舒缓的配乐声中，教师带领幼儿诵读故事。

3. 仿编句子。

（1）教师请幼儿分组讨论：小雨还会落在哪里？玩些什么呢？

教师引导幼儿回忆已有的经验，提示幼儿想象雨点落在水泥地上、草地上、树上、池塘里等地方时声音有什么不同。

（2）教师引导幼儿仿编下列句子：

①沙沙沙，那是小雨和森林的树叶在玩耍。

②叮叮叮，那是小雨在小熊的铁皮屋上翻跟头。

③吱吱吱，那是小雨钻进粉色荷花的花蕊里。

④嗒嗒嗒，那是小雨在敲自家的窗玻璃，跟自己打招呼呢。

活动延伸

1. 领域外活动延伸：鼓励幼儿画下自己的想象“听雨”。

2. 区域活动延伸：佩带胸卡，一名幼儿扮演小雨点，四名幼儿扮演树叶、屋顶、荷花和玻璃窗进行游戏。

3. 亲子活动延伸：和爸爸妈妈一起在日常生活中，寻找各种大自然的声音。

四、颜色宝宝手拉手

设计意图

各种不同的颜色让我们的生活变得丰富多彩，好奇的孩子们脑袋里也会有许许多多奇怪的想法：各种各样的颜色是从哪里来的？为什么会有这么多不同的颜色？小朋友们在画画时，教师发现孩子们会大胆地想象，画出五彩的海洋，橙色的地球，而儿歌《颜色宝宝手拉手》正满足了孩子的好奇心，他们脑袋里一个个的问题也可以通过自己动手来寻找答案……在活动过程中，孩子们不仅可以开心地大胆地畅所欲言，同时也激发了他们主动探索的欲望。

活动目标

1. 发现颜色的奇妙变化，激发对调色的兴趣。
2. 学念儿歌，理解儿歌内容，学习儿歌仿编。
3. 体验自己动手操作的乐趣，激发探索的欲望。

活动准备

1. 知识经验准备：

(1)幼儿对生活中出现的颜色有一定的认识。

(2)幼儿知道颜色的不同，并能辨别颜色。

2. 物质材料准备：

(1)红、黄、蓝 3 种颜料若干(每个小组 1 套)、毛笔若干(每个幼儿 1 支)、小碟(每个幼儿 1 个)、白纸若干(每个幼儿 1 张)。

(2)橘子、叶子、茄子、轮子的图片各 1 张。

活动过程

1. 导入活动。

教师依次出示橘子、叶子、茄子、轮子的图片，提问：这些图片上的东西各是什么颜色？（橙色、绿色、紫色、黑色。）

教师出示红、蓝、黄 3 瓶颜料，提问：老师手里的颜料有哪几种？（红、蓝、黄。）

我们能不能用红、黄、蓝的颜色画出橘子的橙色、叶子的绿色、茄子的紫色、轮子的黑色呢？（幼儿自由回答。）

教师讲述并提问：这可是一件难办的事情。我们能不能像魔术师那样变出这些需要的颜色来呢？老师特地向一位魔术师拜师学艺，学会了这套变颜色的本领。今天我把这套本领教给你们，你们想不想学呀？

教师通过与幼儿交谈、提问，引导幼儿参与活动的兴趣。

2. 调色操作。

(1)教师发给每个小组红、黄、蓝 3 种颜料，每个幼儿 1 支毛笔、1 个小碟和 1 张白纸。讲述：老师刚才发给你们的东西就是变魔术的道具。我们要用这些道具变出需要的颜色来。现在请小朋友来做魔术师，把桌子上的两至三种颜色调在一起，看看能调出哪些漂亮的颜色来。

(2)教师提出调色的要求：各组小朋友一起协同操作，用来调色的两种颜料不要蘸得太多，放在自己的小碟里调。调好后，把变出来的新颜色画在纸上，老师来看看哪位魔术师的本领最大。

(3)教师指导幼儿进行调色操作。在操作过程中，幼儿会发现自己和同伴调的颜色会有一些差异。教师告诉幼儿这是因为颜料比例不一样的关系，总的来说属于同一种色彩。另外，提示幼儿在用三种颜料调黑色的时候，三种颜料的比例一定要一样，否则会调成与黑色相近的赭色来。

(4)教师通过观察发现，多数幼儿用不同的颜料组合，调出了橙、绿、紫、黑 4 种颜色。教师提问：你变出了什么颜色？是用哪两种颜料调出来的？我们可以用这种颜色来画什么？

3. 学习儿歌。

(1)教师讲述：现在，小朋友已经学会了变颜色的本领，为了让小朋友牢牢记住变颜色的方法，老师把这个秘诀编成一首儿歌，儿歌的名字叫《颜色宝宝手拉手》。

(2)教师完整地朗诵一遍，请幼儿欣赏。

(3)教师依次提问：

①什么颜色和什么颜色手拉手，变出什么颜色画橘子？（橙色。）

②什么颜色和什么颜色手拉手，变出什么颜色画叶子？（绿色。）

③什么颜色和什么颜色手拉手，变出什么颜色画茄子？（紫色。）

④什么颜色和什么颜色手拉手，变出什么颜色画轮子？（黑色。）

(4)幼儿跟着老师朗诵儿歌 1~2 遍。

(5)全体幼儿完整朗诵儿歌一遍。

4. 仿编儿歌。

教师引导：这些好看的颜色除了能画出橘子、叶子、茄子、轮子这些东西外，还能画出什么?(幼儿自由发言。)

教师引导幼儿运用发散性思维进行儿歌仿编，仿编的儿歌大致与颜色相符合就行，不强求押韵。

活动延伸

1. 领域内活动延伸：开展儿歌朗诵大比拼的活动。

2. 区域活动延伸：在美术活动区投放各种颜色的超轻黏土，让幼儿对色彩有更多的感知。

3. 亲子活动延伸：鼓励幼儿在家和爸爸妈妈一起创编儿歌，来园后同其他幼儿分享。

五、七色花

设计意图

幼儿总是伴随着童话成长的，特别是那些经典童话，有着穿越时空的魅力，以它的浪漫感染着幼儿，以它的思想启迪着幼儿。苏联著名作家卡塔耶夫创作的《七色花》就是这样一篇经典的童话。教师设计此活动，就是让幼儿了解故事的主要内容，感受富有魔力的七色花带来的神奇，使幼儿从中领悟到最普通的道理：只有尽自己所能去帮助别人，才能获得真正的快乐。

活动目标

1. 产生欣赏童话故事的兴趣，了解故事的主要情节。
2. 感受“七色花”的神奇，懂得什么是真正的快乐。
3. 能结合现实生活展开想象，大胆表达自己美好的愿望。

活动准备

1. 知识经验准备：

(1)幼儿对童话故事有兴趣。

(2)幼儿有帮助他人的经历。

2. 物质材料准备：

(1)自制七色花1朵。

(2)多媒体设备；童话故事《七色花》视频。

(3)准备彩纸、彩带、胶水等。

活动过程

1. 导入活动。

教师出示七色花讲述并提问：小朋友，今天老师带来一朵花。你们看看，这朵花有几种颜色的花瓣？(教师把花递给就近的幼儿数一数——七种颜色。)这些花瓣是哪七种颜色呢?(教师请2~3名幼儿凑拢来再仔细看看，统一确认——有黄、红、蓝、绿、橙、紫、青七种颜色。)这朵花的名字就叫作“七色花”。说起这七色花，还真是有不同寻常的来历，有一个奇妙的故事呢!

2. 欣赏故事。

教师播放《七色花》故事视频，一边指导孩子们看画面，一边欣赏故事。

(1)感受七色花的神奇。

教师结合故事引导幼儿思考：听了故事你觉得印象最深的是什么?七色花是怎样的神奇?珍妮用神奇的七色花都做了什么事?(幼儿自由表述。)

在幼儿交流表述的过程中，教师提示幼儿注意故事中重复语句：“飞哟飞哟，小花瓣哟，听我说呀，照我做哟!让……”

(2)理解故事主题。

教师讲述并提问：珍妮用七色花做了七件事，你认为她哪些事做得不值?哪一件事做得值?为什么?这件事为什么让珍妮最高兴、最快乐?(幼儿自由回答。)

在幼儿交流表述的过程中，教师引导幼儿针对每件事进行讨论，帮助幼儿学习判断其中哪件事做得有意义，有价值。

教师小结：珍妮做的最有意义、最有价值的事是用最后一片花瓣帮助威嘉恢复了健康，这件事让珍妮最高兴、最快乐，因为帮助别人的同时，也能给自己带来快乐。

3. 表达愿望。

教师讲述并提问：听完故事后，小朋友一定有一种想法——我要是有一朵神奇的七色花该多好啊!现在老师手里就有一朵七色花，如果让你选择一片自己喜欢的花瓣，你想用它做一件什么有意义的事呢?请小朋友许下自己的心愿吧!

教师引导幼儿轮流说一说自己的心愿。

活动延伸

1. 领域外活动延伸：引导幼儿根据故事的内容，利用相应的材料制作七色花，并适时讲述和表演故事。

2. 区域活动延伸：引导幼儿继续进行以“假如我有一朵七色花”为话题的谈话活动，表达自己最美好的愿望，并把这个愿望用绘画的形式表现出来。

3. 亲子活动延伸：回到家与爸爸妈妈一同分享这个故事。

六、家

设计意图

《家》是一首意境优美的诗歌。诗歌把“家”的概念形象化、浪漫化，给幼儿展示了一幅美丽的图景。教师引导幼儿学习、欣赏这首诗歌，让幼儿在理解诗歌内容的基础上，感受诗歌的画面美和语言美，并通过仿编，指导幼儿学会发散性思维，体验创造的乐趣。

活动目标

1. 喜欢欣赏诗歌，产生对诗歌浓厚的兴趣。
2. 理解诗歌内容，感受诗歌的画面美和语言美。
3. 乐于仿编诗句，培养发散性思维和联想能力。

活动准备

1. 知识经验准备：

(1)幼儿热爱爸爸妈妈，体会家的温暖。

(2)幼儿对诗歌有一定的了解。

2. 物质材料准备：

(1)白云、小鸟、小羊、小鱼、蝴蝶等头饰若干。

(2)多媒体设备；《家》的诗歌视频。

活动过程

1. 观察画面。

教师请幼儿欣赏《家》的诗歌视频，边看画面边欣赏内容。

教师结合画面提问：小朋友，这幅画里有些什么？(引导幼儿说出画里面有白云、小鸟、小羊、小鱼、蝴蝶，还有小朋友。)白云在什么地方？(在蓝天里。)小动物在什么地方？(在树林里、草地上、河水里、花丛中。)小朋友在什么地方？(在幼儿园里。)

2. 欣赏诗歌。

教师有感情地朗诵诗歌《家》，请幼儿欣赏，体会诗歌的优美意境，理解诗歌的内容。

(1)教师结合诗歌提问：诗歌里说白云、小鸟、小羊、小鱼、蝴蝶的家在哪里？为什么说这些地方是它们的家？(幼儿自由表述。)

在幼儿交流表述的基础上，教师归纳：白云飘荡在蓝天里，小鸟生活在树林里，小羊在草地上吃草，小鱼生活在河水里，蝴蝶在花丛中飞舞。这些地方与白云、小鸟、小羊、小鱼、蝴蝶有紧密的联系，所以诗歌把这些地方比作它们的家。

(2)教师再次提问：诗歌里说小朋友的家在哪里？(幼儿园。)为什么说幼儿园是小朋友的家？(幼儿自由表述。)

在幼儿交流表述的基础上，教师归纳：在幼儿园里，小朋友和老师一起生活，一起学习，一起游戏，大家都感受到这个大家庭的温暖。

3. 表演诗歌。

(1)教师请幼儿口头描述白云、小鸟、小羊、小鱼和蝴蝶的动作。

(2)教师请幼儿用肢体动作表现白云、小鸟、小羊、小鱼和蝴蝶的动作。

(3)教师请幼儿自由选择不同的头饰，分别扮演白云、小鸟、小羊、小鱼和蝴蝶。一边倾听配乐诗歌《家》，并想象诗歌里的画面，一边用肢体动作表现这些动物“回家”的样子。

4. 仿编诗歌。

(1)教师提问，引导幼儿进行发散性思维：

①蓝蓝的天空除了是白云的家，还可以是谁的家？

②密密的树林除了是小鸟的家，还可以是谁的家？

③绿绿的草地除了是小羊的家，还可以是谁的家？

④清清的河水除了是小鱼的家，还可以是谁的家？

⑤红红的花儿除了是蝴蝶的家，还可以是谁的家？

(2)幼儿根据教师的提问进行联想，教师鼓励幼儿大胆表述自己的意思，进行仿编诗句。幼儿仿编一两句即可，教师都给予热情的肯定。

(3)在幼儿自由仿编的基础上，教师对幼儿的诗句进行组合，并把完整的仿编诗歌念给小朋友欣赏。

活动延伸

1. 区域活动延伸：把幼儿仿编的诗歌布置成主题墙饰，让幼儿共同体验创造的乐趣。

2. 亲子活动延伸：请幼儿回家在家长的指导下仿编出一首完整的诗歌，并带来与同伴分享。

七、卖火柴的小女孩

设计意图

《卖火柴的小女孩》是"世界童话之王"——安徒生的代表作。故事讲述了一位卖火柴的小女孩在圣诞节前夜冻死在街头的故事。它那优美朴实的语言、凄凉感人的故事情节深受全世界小朋友的喜爱。设计《卖火柴的小女孩》故事活动旨在培养幼儿初步欣赏儿童文学作品的能力，感受故事中小女孩的悲惨经历，另一方面，可以帮助幼儿了解现实生活中也有很多生活困难、需要帮助的人，教育幼儿要乐于助人，懂得珍惜现在美好的生活。

活动目标

1. 感受故事中小女孩的悲惨经历，能够运用表情和动作表现角色的内心世界。
2. 在欣赏故事的基础上，理解故事的主要内容。
3. 激发幼儿的同情心，培养乐于助人的品质，懂得珍惜现在美好的生活。

活动准备

1. 知识经验准备：

幼儿知道圣诞节是一个开心、快乐的节日。

2. 物质材料准备：

背景音乐，表演所需要的服装和道具。

活动过程

1. 谈话导入，引出活动内容。

教师与幼儿交谈：圣诞节的时候，你们到哪里去玩了？吃了什么好东西？得到了什么圣诞礼物？（幼儿自由交谈，分享圣诞节的快乐和喜悦。）可是，有一个小女孩却很可怜，你们想知道她是怎样度过圣诞节的吗？我们还是先听一下故事吧！

2. 欣赏故事，了解故事内容。

（1）听故事录音。

①教师播放童话故事《卖火柴的小女孩》的录音，请幼儿认真欣赏。

②请幼儿用简洁的语言概括故事内容：你觉得她是一个怎样的小女孩？（幼儿自由交谈。）

（2）分段欣赏故事。

教师重点引导幼儿感受小女孩擦火柴时的心情。每播放一段，提一个问题：

①小女孩擦第1根火柴时，感觉怎么样？（温暖、明亮。）她觉得自己坐在什么地方？（大火炉前。）火柴灭了之后又怎样？（大火炉不见了。）这一段说明了什么？（她渴望温暖。）

②小女孩擦第2根火柴时，她看到了什么？（烤鹅。）火柴灭了她又看到了什么？（一堵又厚又冷的墙。）这一段说明什么？（她渴望食物。）

③小女孩擦第3根火柴时，她感觉自己坐在什么地方？（坐在美丽的圣诞树下。）火柴灭了，圣诞树的烛光变成了什么？（一颗星星落下来了。）她想起了谁说的一句话？（奶奶说“有一个人快要死了”。）这一段说明了什么？（她渴望快乐。）

④小女孩擦第4根火柴时，她看见了谁在亮光里出现？（奶奶。）奶奶的表情是怎样的？（温和、慈祥。）这一段说明了什么？（她渴望爱抚、渴望幸福。）

⑤她为什么急着把一大把火柴都擦亮了？（她要和奶奶一起飞走。）奶奶和小女孩是不是都飞走了？（不是。）为什么说小女孩是带着微笑冻死在墙角里了？（她是在幻想的幸福与欢乐中死去的。）

3. 再次完整地欣赏故事，激发同情心。

（1）教师再次播放故事录音，请幼儿完整欣赏。

（2）教师提出问题引发幼儿思考：

①可怜的小女孩是怎样度过平安夜的？（寒冷、饥饿。）

②与你们开心、快乐地过圣诞节相比，小女孩的心情是怎样的？（痛苦。）

③如果你能够帮助小女孩实现愿望，你会怎样帮助她呢？（幼儿交流表述。）

④如果你在生活中，看到像卖火柴的小女孩那样需要帮助的人，你会怎么做呢？（幼儿交流表述。）

通过交谈，激发幼儿的同情心，教育幼儿要帮助有困难的人，养成乐于助人的品质。

4. 欣赏画面内容，引导幼儿看图讲述童话故事《卖火柴的小女孩》。提示幼儿明白以下几个问题：

①这个故事发生在什么时候？什么地方？

②童话里的主人公是谁？

③发生了一件什么事情？

④结果小女孩怎么样了？

5. 学习表演童话剧。

(1)幼儿自由分组，讨论怎样演好童话剧。

(2)请幼儿根据自己对故事和角色的感受和理解，尝试表演。

(3)教师启发幼儿运用语言、动作和表情来刻画角色，重点引导幼儿表现以下情节：小女孩饥寒交迫的感觉、她划亮火柴时对美好事物的向往等。

(4)出示服装和道具，请幼儿在集体面前表演童话故事《卖火柴的小女孩》。对于幼儿的表演，教师要给予及时的指导和充分的肯定。最后，根据表演者对人物的表演情况，请幼儿评选出“最佳小演员”。

活动延伸

1. 区域活动延伸：在表演区里，投放该童话剧所需的服装和道具，供幼儿自由进行童话剧表演。

2. 领域外活动延伸：请幼儿用绘画的方式，把对小女孩的祝福和希望的画画出来。

3. 亲子活动延伸：可以根据实际情况，与父母一起慰问孤寡老人、向灾区小朋友献爱心，让幼儿用实际行动来体验助人为乐的乐趣。

八、如果我是一片雪花

设计意图

《如果我是一片雪花》是一首意境优美、想象力丰富而又有深刻内涵的诗歌。怎样让幼儿领会诗歌所营造的意境，体会诗人用雪花来表达对妈妈的爱呢？我想到冬天下雪，是孩子们最喜欢的一件事。他们滚雪球，堆雪人，打雪仗，他们对雪的亲近是成人无法企及的。设计听赏《如果我是一片雪花》诗歌活动目的是营造一种温馨、浪漫的氛围，让他们和雪花一起嬉戏，一起朗诵诗歌，感受大自然的美。在此基础上，通过有声语言进行渗透教育。

活动目标

1. 喜欢欣赏诗歌，对诗歌产生浓厚的兴趣。
2. 感受诗歌营造的美好意境，体会诗化语言的美感。
3. 大胆发挥想象，学习仿编诗歌，体验创造的乐趣。

活动准备

1. 知识经验准备：

(1)幼儿有雪地里玩耍的经历。

(2)幼儿对雪有充分的认识。

2. 物质材料准备：

(1)大小不同的白纸；剪雪花的图示；雪花的模子；雪花头饰。

(2)淡蓝底色的纸。

活动过程

1. 营造氛围。

在下雪的时候，教师带领幼儿在室外活动一会儿(或播放下雪的情景片断)，让幼儿感受下雪的气氛。

2. 欣赏诗歌。

教师在舒缓的音乐声中，用充满感情的语言朗诵诗歌，请幼儿认真欣赏。

3. 理解诗歌。

（1）教师结合诗歌第二段问小朋友们：作者把自己想象成一片雪花，那么这片雪花飘到哪里去了呢？（小河里。）他变成了什么？（一滴水。）雪花做了什么呢？（和小鱼小虾做游戏。）

然后引导幼儿想象变成水滴的雪花和小鱼小虾做游戏的情景。

（2）教师结合诗歌第三段提问：这片雪花又飘到哪里去了呢？（广场上。）它干什么呢？（堆雪人。）雪人望着谁笑呢？（小朋友。）

然后教师引导幼儿想象小朋友堆雪人的快乐情景。

（3）教师结合诗歌第三段继续提问：这片雪花又飘到哪里去了呢？（妈妈的脸上。）雪花做了什么呢？（亲亲妈妈。）诗歌里为什么说这片雪花"快乐地融化"呢？（幼儿自由表达。）

教师先引导幼儿想象雪花和妈妈亲吻的情景，然后针对诗歌最后一句进行讲解：雪花虽然融化了，但雪花和妈妈融化在一起了，所以雪花感到非常快乐。

4. 朗诵诗歌。

（1）教师反复播放诗歌录音，让幼儿跟读。

（2）请幼儿自告奋勇到前面来朗诵诗歌，鼓励幼儿辅以动作进行表演。

5. 仿编诗歌。

教师提问：假如你是一片雪花，你会飘落到什么地方去呢？（幼儿自由表述。）

教师请幼儿把自己的想法画出来。

教师鼓励幼儿展开想象的翅膀，大胆说出与众不同的想法，并编成诗歌进行朗诵，再将诗歌以绘画的形式表现出来。

活动延伸

1. 领域内活动延伸：在下雪的时候，教师和幼儿一起玩接雪花、堆雪人的游戏。

2. 领域外活动延伸：教师引导幼儿把雪花放进水里、贴在脸上，体验雪花融化的过程。

九、有趣的歇后语

设计意图

歇后语是我国人民在生活实践中创造的一种特殊语言形式。它是一种短小、风趣、形象的语句，由前后两部分组成：前一部分起“引子”作用，像谜面；后一部分起“后衬”的作用，像谜底。根据幼儿的兴趣和年龄特点，选择了较为简单且富有童趣的歇后语。以动物为主体对象的歇后语，形象生动，可爱有趣，符合幼儿的认知水平和学习兴趣。设计“有趣的歇后语”这一活动，旨在通过观察积累生活的经验，让幼儿感知歇后语的特点，理解歇后语的实际含义，加强幼儿对语言的鉴赏能力，增进幼儿对语言学习的兴趣，培养幼儿语言的幽默感。

活动目标

1. 感知歇后语的特点，理解歇后语的实际含义。
2. 乐于参加语言游戏，能够尝试说出歇后语的本意。
3. 培养语言的幽默感，体会汉语语言的丰富性。

活动准备

1. 知识经验准备：

对歇后语有一定的了解。

2. 物质材料准备：

(1) 竹篮子 1 个，水 1 盆。

(2) 卡片若干。

活动过程

1. 出示竹篮子，引起幼儿学习兴趣。

(1) 师幼交流：这是什么？（竹篮子。）它有什么用处？（盛东西。）如果用竹篮子来舀水，结果会是什么样子的？（水都漏了。）

(2) 教师示范“用竹篮子打水”的过程，引导幼儿领会它的本意——“一场空”。

2. 介绍歇后语的特点及其实际含义。

(1)请幼儿说一说，听了这些歇后语后的感觉：短小、俏皮、幽默、形象等。

(2)教师小结：歇后语是一种俏皮话，一般由两个部分构成，前半部分是形象的比喻，像谜面；后半部分是解释、说明，像谜底，十分自然贴切。歇后语通常只说前一部分，“歇”去后一部分，就可以让大家领会和猜想它的本意，所以被称为歇后语。

3. 进行“猜猜歇后语”的游戏。

(1)幼儿自由分组，分别讨论以下几个歇后语的意思：

①鸭子走路

②老鼠过街

③飞蛾扑火

④狗咬耗子

(2)请各组幼儿分别说出歇后语的意思，教师及时修正并积极评价：

①鸭子走路——大摇大摆

②老鼠过街——人人喊打

③飞蛾扑火——自取灭亡

④狗咬耗子——多管闲事

4. 教师出示卡片，引导幼儿仔细观察画面内容，教师说出歇后语的比喻部分，让幼儿尝试猜测这些歇后语的本意。

活动延伸

1. 领域内活动延伸：引导幼儿在理解歇后语的真正含义的基础上，尝试创编歇后语。

2. 领域外活动延伸：请幼儿为自己喜欢的歇后语配上图画。

3. 亲子活动延伸：请家长教孩子说一些歇后语，并讲解其含义。孩子们来园后再与老师和小伙伴一起交流和分享。

附：

歇后语

竹篮子打水——一场空	老虎跟着狐狸走——狐假虎威
鸭子走路——大摇大摆	老鼠过街——人人喊打
飞蛾扑火——自取灭亡	猪八戒照镜子——里外不是人
狗熊掰玉米——掰一个丢一个	肉包子打狗——有去无回
猫哭耗子——假慈悲	狗咬耗子——多管闲事
小孩子喝烧酒——够呛	芝麻开花——节节高

十、我长大了

设计意图

幼儿升到幼儿园大班，成了幼儿园最“大”的孩子，是“哥哥姐姐”了，这种身份认知给大班幼儿带来了自豪感。大班幼儿对自己已经有了一定程度的认识，并且有了较强的自我肯定意识，因此对于“我长大啦”这个话题，幼儿会有较多的讨论空间，如：小时候的我是什么样的？我长大了发生了哪些变化？我还会继续变吗？还可以延伸“我长大的愿望”。教师引导幼儿进行谈话活动，让他们在自由的讨论中，充分发挥自己的想象力及语言表达能力。

活动目标

1. 欣赏自己的成长，树立自信心，感受活动的乐趣。

2. 学会通过多种方式发现自己的变化。

3. 能围绕“我长大了”的话题，用较清楚、连贯的语句表达自己的想法。

活动准备

1. 教师自己在不同年龄的照片若干。

2. 请幼儿家长帮助收集幼儿小时候的照片、衣服、用品，并带进幼儿园。

3. 布置主题墙饰(每个幼儿小时候的照片和用过穿过的物品、显示现在特长和技能的作品等)。

活动过程

1. 猜照片，发现自己的变化。

(1)教师出示自己小时候的照片，请幼儿猜一猜：这张照片上的人是谁？(幼儿自由猜测。)

教师再出示自己现在的照片并提问：这张照片上的人是谁？(老师。)

教师同时出示两张照片并提问：这两张照片上的人是一个人吗？（让幼儿感到教师的变化很大。）

（2）幼儿看看主题墙上的那些照片中的孩子是谁，如果是自己的照片就不要出声，也不告诉别人哪一张是自己。想想你为什么猜不着别人，别人也猜不着你。

（3）每个人指出自己小时候的那张照片，说说为什么别人猜不着，从而发现自己的变化。

2. 看展品，知道自己长大了。

（1）幼儿自由参观小时候用品展览：看一看，试一试，比一比，说说自己小时候用过的物品与现在用的物品有什么不同。

（2）幼儿自由交流：看了这些物品后，你们有什么感受？

（3）教师小结：与过去相比，小朋友的个子长大了，以前穿过的衣服、裤子、鞋子，现在都穿不下了。

3. 讲本领，欣赏自己的成长。

教师通过提问，引导幼儿意识到自己心智的提高和技能的发展更能说明自己的成长。

（1）现在和过去相比，小朋友的相貌发生了变化，身高和体重发生了变化。这些变化是“看得到”的，是“可测量”的。老师认为小朋友还有一些变化，值得你们骄傲，值得你们自豪。谁能说一说值得骄傲的是什么变化呀？

（2）说一说自己的喜好、特长和本领，展示自己的特长和技能，用具体事例说明自己的成长，表现自己的成长，欣赏自己的成长，建立自信心。

4. 谈想法，强化成长意识。

（1）教师引导幼儿理解“我长大了”的深层意义。

教师提问：小朋友们，你们对“我长大了”这句话有什么认识？这句话除了说明我们身体的长大、本领的增多，还意味着什么？

通过提问，引导幼儿思考，交流自己对“我长大了”这句话新的认识，理解这句话的深层意义，知道“长大了”就意味着要克服过去事事依赖大人的做法，要尽量做到自己的事情自己做，不断地提高和发展自己的本领，增强生活自理能力和自我服务的能力。

（2）教师以“我将来会变成什么样”为话题，引导幼儿交流讨论，充分发挥想象力描绘自己的“变”，表达自己长大以后的愿望。

5. 结束语：

小朋友们上大班了，是幼儿园的大哥哥大姐姐了，这真是值得骄傲的事情啊！今天，大家发现，我们不仅个子长高了、身体长壮了、力气长大了，而且也更能干了，会做更多的事情了。老师听了特别高兴，爸爸妈妈肯定也很开心。我们以后还要学好多好多本领，长大后一定会实现自己的美好愿望！

活动拓展

1. 引导幼儿继续讨论有关“我长大的愿望”这一话题。

2. 教师整理幼儿的谈话录音，作为成长记录内容，放入“幼儿成长档案”。

3. 本次活动后，可让幼儿到中、小班主动帮助弟弟妹妹做力所能及的事情，回到家里为爷爷奶奶做一点简单的服务工作，培养尊老爱幼的好品质。

十一、好朋友

设计意图

幼儿的心灵是单纯而明净的，他们真诚对待一切事物，也容易受到真情的感染。在幼儿诗《好朋友》中，“我”为很多事物找到了好朋友，却认为“小鸟”和“鸟笼”不是好朋友，正是因为“我”有一颗质朴善良的童心，才知道小鸟要飞向蓝天、与大树白云为伴。这首诗歌看似简单，却为幼儿铺展了一幅心胸宽广，与自然为友的意境。在教师的引导下，幼儿自己寻找事物配对成好朋友时，也会自然而然地遵循这样的思路，既能启发幼儿从多个角度观察和思考，也能让幼儿纯真的心灵得到充分的体现。

活动目标

1. 体验热爱自由、热爱自然的情感。
2. 根据生活经验和诗歌句式特点，学会仿造诗句“××和××是好朋友”。
3. 能够从不同角度思考事物之间的联系。

活动准备

1. 诗歌用配对图片：衣服、裤子、雨伞、雨靴、茶杯、暖水瓶、小鸟、鸟笼、白云、树……

2. 拓展用配对图片：汽车、车站、蜜蜂、鲜花、轮船、大江、桌子、椅子……

活动过程

1. 游戏导入，引发兴趣。

（1）教师导语：小朋友，我们一起来做配对游戏，看看谁和谁是好朋友。

（2）教师出示图片，请幼儿一一配对，说“××和××是好朋友”，并说明原因。

①衣服和什么是好朋友？（裤子。）为什么？（我们穿衣服也要穿裤子。）衣服会对裤子说些什么？（让我们成为好朋友，把小朋友打扮得更漂亮。）

②雨伞和什么是好朋友？（雨靴。）为什么？（下雨时我们要打雨伞也要穿雨靴。）雨

伞会对雨靴说些什么?(让我们成为好朋友,为小朋友遮风挡雨。)

③茶杯和什么是好朋友?(暖水瓶。)为什么?(喝水时要把暖水瓶的水倒进茶杯。)茶杯会对暖水瓶说些什么?(让我们成为好朋友,让小朋友能喝到暖暖的水。)

④小鸟的好朋友是谁?为什么不是鸟笼而是白云、树?(小鸟被关在笼子里面,小鸟就不能自由自在地飞翔了。)小鸟的朋友还会有谁?(天空、花草。)

2. 朗诵诗歌。

(1)教师按照幼儿讨论的结果将图片配在一起,两个图片一组。

(2)教师引导幼儿一边看图,一边朗诵诗歌。

(3)请幼儿完整流畅地朗诵诗歌。

3. 拓展练习。

(1)教师请幼儿观察拓展用图片,将相关的事物配对连线。(汽车和车站,蜜蜂和鲜花,轮船和大江,桌子和椅子。)

(2)教师引导幼儿把画面转变成诗句"××和××是好朋友"。

4. 创编诗句。

(1)教师引导:小朋友,你们再想想,在我们日常生活中,还有哪些东西是好朋友?

(2)教师引导幼儿将自己说出的两个相关的事物编成诗句"××和××是好朋友"。

(3)教师延伸小结:我们也都是好朋友,我们一起学习,一起游戏,互相帮助,每天都是快乐的。

活动拓展

引导幼儿延伸讨论:小朋友之间怎样相处才是真正的"好朋友"?(鼓励幼儿大胆发表自己的看法。)

十二、风儿在哪里

设计意图

风，是跟地面大致平行的空气流动，是由于气压分布不均匀而产生的。它存在于我们日常生活的周围，但是却常常被我们忽略。在幼儿园里，孩子们经常讨论有关自然现象的话题，而很少有幼儿会提到风。当教师创设游戏情境带领幼儿寻找风的时候，他们又会疑惑地问道："风儿看不见、摸不着，它到底在哪里呢？"因此，教师设计了以"风儿"这一大家熟悉而又常被忽略的现象为内容的散文诗，让幼儿通过欣赏散文诗的语言美和意境美，感受风儿的存在，通过有感情地朗读散文诗，发展幼儿的语言表达能力。

活动目标

1. 喜欢听赏散文诗，愿意关注和体会有特点的词语。
2. 初步了解象声词 ABAB 的构词特点。
3. 通过倾听和欣赏散文诗，感受散文诗的语言美和意境美；能够有感情地诵读散文诗。

活动准备

1. 风车、风铃、彩旗、风筝各 1 个；电扇 1 台。
2. 风车、风铃、彩旗、风筝的头饰若干。
3. 放风筝的视频。
4. 适合散文诗意境的伴奏音乐。

活动过程

1. 提问导入，引发趣味。

(1) 教师神秘地说：今天，老师带来了几样宝贝，它们有一个共同的特点，你们看一看，想一想，说说是什么特点？

(2) 教师出示风车、风铃、彩旗、风筝，让幼儿自由发言。

(3) 教师打开电扇，分别让风车转起来、风铃动起来、彩旗飘起来；让幼儿回忆自己放风筝的情景，播放放风筝的视频。

(4)教师归纳幼儿的讨论：对了，它们都喜欢风。

2. 联系散文诗语句，让幼儿想象、仿说。

(1)教师提问：风在哪里，它们看得见吗？(看不见。)它们怎么知道有风？(它们动起来了。)

(2)教师提问：你们知道它们为什么喜欢风吗？

风车喜欢风，因为风会让风车转起来。(风车怎样转？)风车咯吱咯吱地转起来。(请幼儿模仿“咯吱咯吱”的声音，并用动作表现风车转的样子。)

风铃喜欢风，因为风会让风铃响起来。(风铃怎样响？)风铃叮当叮当地响起来。(请幼儿模仿“叮当叮当”的声音，并用动作表现风铃摆动的样子。)

彩旗喜欢风，因为风会让彩旗飘起来。(彩旗怎样飘？)彩旗呼啦呼啦地飘起来。(请幼儿模仿“呼啦呼啦”的声音，并用动作表现彩旗飘起来的样子。)

风筝喜欢风，因为风会让风筝飞起来。(风筝怎样飞？)风筝忽悠忽悠地飞起来。(请幼儿模仿“忽悠忽悠”的声音，并用动作表现风筝飞起来的样子。)

3. 欣赏散文诗，理解散文诗。

(1)教师：小朋友们真棒，下面老师就把小朋友们的话编成一首散文诗，请大家欣赏。

在音乐声中，教师有感情地朗诵散文诗《风儿在哪里》。

(2)教师通过提问，让幼儿了解散文诗的内容。

①散文诗的名字叫什么？

②你听到散文诗里说了什么？

③散文诗里问风儿在哪里？有谁回答了这个问题？

(3)教师引导幼儿跟读“咯吱咯吱”、“叮当叮当”、“呼啦呼啦”、“忽悠忽悠”等象声词，感受象声词 ABAB 的构词特点。

4. 诵读散文诗，表演散文诗。

(1)教师引导幼儿学习用优美的声音，有感情地朗诵散文诗。

(2)鼓励幼儿一边做动作，一边有感情地朗诵。

(3)教师请幼儿自由选择角色，并戴上风车、风铃、彩旗、风筝的头饰，一边朗诵一边表演。鼓励幼儿创编动作和造型，并大胆表演。

活动拓展

1. 带领幼儿到户外，运用多种材料(彩条、风车、彩旗等)，感受风的存在，激发幼儿热爱大自然的情感。

2. 科学活动：风。引导幼儿自己动手创造风，了解和感受风的产生、特性和作用。

3. 请家长在家中鼓励幼儿对散文诗的主语和象声词进行改编，把改编的内容记录下来，作为幼儿成长记录内容。

十三、聪明的乌龟

设计意图

《聪明的乌龟》是德国著名作家布朗宁创作的经典童话故事。故事内容并不复杂，但角色对话却非常精彩，故事结局更出人意料地有趣。教师引导幼儿欣赏并表演这个故事，能帮助幼儿理解角色对话，体会乌龟和狐狸不同的性格特征，感受到故事结局显示的讽刺与幽默的效果。

活动目标

1. 喜欢听赏故事和表演故事，乐于体会角色对话的精彩和结局的有趣。
2. 理解故事的主要内容。
3. 能用表情和语气表现乌龟、狐狸不同的性格特点。

活动准备

1. 童话故事《聪明的乌龟》的讲述音频。
2. 《聪明的乌龟》故事图片 PPT。
3. 青蛙、乌龟和狐狸的头饰若干。

活动过程

1. 欣赏童话故事，了解故事内容。

（1）教师播放童话故事《聪明的乌龟》音频，并打开故事 PPT，引导幼儿一边看图，一边安静地欣赏故事。

（2）教师提问：小朋友们很认真地听了这个故事，谁能说一说故事讲的是什么？（幼儿自由表述。）

在幼儿交流表述的基础上，教师归纳：一只狐狸要偷偷捕食青蛙，却被乌龟咬住了尾巴。狐狸要用吃、摔、烧、淹的办法惩罚乌龟，乌龟凭借自己的智慧，既解救了青蛙，也解救了自己。

2. 讨论故事情节。

教师提问：这个故事最有趣的是什么？(狐狸惩罚乌龟的方法和乌龟的回答。)最后怎么样了？(狐狸把乌龟扔到水里了。)想一想为什么乌龟得救了？(幼儿自由回答。)

在幼儿交流表述的基础上，教师归纳：这是因为乌龟比狐狸聪明。这个故事的题目就叫《聪明的乌龟》。

3. 理解角色性格。

教师再次播放故事音频，引导幼儿了解乌龟和狐狸不同的性格特点。

(1)教师提问：你从什么地方看出来乌龟的聪明？(幼儿自由回答。)

在幼儿交流表述的基础上，教师引导幼儿从下面几个方面理解乌龟的聪明：

①当狐狸要吃青蛙的时候，乌龟一下咬住了狐狸的尾巴，转移了狐狸的注意力，救了青蛙。

②当狐狸痛得喊叫的时候，乌龟没有张嘴说话。如果乌龟张了嘴，就不能咬住狐狸的尾巴了。

③当狐狸要吃乌龟的时候，乌龟把头、腿和尾巴都缩进硬壳里了。

④当狐狸要把乌龟摔死、烧死、淹死的时候，乌龟巧妙地引导狐狸把自己扔到水里，使自己获救。

(2)教师提问：你觉得狐狸怎么样？你是从什么地方知道的？(幼儿自由回答。)

在幼儿交流表述的基础上，教师引导幼儿从下面几个方面理解狐狸的自作聪明：

①当乌龟把头、腿和尾巴都缩进硬壳里的时候，狐狸去咬乌龟的硬壳，却让自己的牙齿发酸了。

②狐狸以为把乌龟扔进水里可以淹死它，却恰恰上了乌龟的当，让乌龟得以逃生。

4. 故事表演。

教师利用头饰，引导幼儿通过角色扮演感受故事中精彩的对话。

(1)教师扮演狐狸，请一位幼儿扮演乌龟，教师指导幼儿并和幼儿一起表现出乌龟和狐狸不同的表情与语气、语调，让大家体会对话的精彩及乌龟聪明机智、狐狸自作聪明等不同的性格特征。

(2)请幼儿自由配对，分别扮演乌龟和狐狸，让大家进一步体验。

活动拓展

开展游戏活动，让幼儿戴上青蛙、乌龟和狐狸的头饰表演《聪明的乌龟》。

十四、秋天的雨

设计意图

大班幼儿对秋天的认识还是比较狭窄和片面的，他们对于秋天的感受仅仅局限于直接印象上，比如秋天的水果和秋天的花叶等。其实，秋天还有很多有特点的景物。安排此次活动，旨在通过欣赏散文诗，让幼儿关注平时较少感受的秋天雨景的美，也注意体会秋雨中自然万物的悄然变化，从不同的角度感受秋天的美，进一步了解秋天的季节特征，体会秋天的雨中美景，感受散文诗的意境美。

活动目标

1. 乐于参与讨论，激发热爱大自然的情感。
2. 进一步了解秋天的季节特征，初步理解散文诗中拟人化的修辞手法。
3. 能从不同的角度感受散文诗的意境美。

活动准备

1. 伴奏音乐《秋日私语》。
2. 散文诗的内容图片 PPT。

活动过程

1. 请幼儿欣赏图片，并说一说秋天有哪些美丽的景色。

2. 教师在音乐伴奏下充满感情地朗诵散文诗《秋天的雨》，请幼儿欣赏，感受散文诗的意境美。

3. 教师请幼儿大胆地讲述自己的感受：散文诗中说了些什么？你听了这首散文诗有什么样的感觉？（幼儿自由作答，教师用散文诗中的语句进行归纳。）

4. 分段欣赏，引导幼儿理解诗歌内容，用自己或诗歌里的语言表达自己对秋雨的感受。

（1）欣赏第一段，重点引导幼儿感受秋天的雨的温柔。为什么说秋天的雨是一把钥匙，打开了秋天的门？(因为听到秋天下雨的声音我们才感觉到秋天的到来。)

(2)欣赏第二段，重点指导幼儿感受各种植物、花卉的色彩变化。为什么说秋天的雨有一盆五彩缤纷的颜料？(它把黄色给了银杏，红色给了枫树，金黄色给了田野，橙红色给了水果，紫红的、淡黄的、雪白的都给了菊花仙子。)

(3)欣赏第三段，重点引导幼儿从气味上感知秋天的雨给小朋友们带来了什么。为什么说秋天的雨有非常好闻的气味？这气味是从哪里来的？(菠萝甜甜的，梨子香香的，小雨滴迎来了许多香味，烤番薯、糖炒栗子……)

(4)欣赏第四段，重点引导幼儿感受动植物的过冬方法。为什么秋天的雨有一支金色的小喇叭？树木、小动物又是怎样过冬的？(树木落叶，小动物冬眠。)

(5)欣赏第五段，重点引导幼儿感受秋天的丰收景象。为什么秋天的雨给大地带来的是丰收的歌，给小朋友们带来的是快乐的歌？(秋天庄稼和果树的果实都成熟了，给小朋友带来实惠和希望。)

5. 第二次完整地欣赏散文诗，进一步感受诗歌优美的意境。

(1)引导幼儿理解散文诗中拟人化的修辞手法。

教师提问：散文诗第一段中，是怎样说秋天的雨会唱歌的？(秋天的雨，滴答滴答地唱着歌。)秋天的雨为什么会唱歌呢？(幼儿分组自由进行讨论，鼓励幼儿充分想象，大胆说出自己的想法。)

(2)教师在幼儿交流表述的基础上小结：散文诗中把秋天的雨比作了一个人，滴答滴答的声音就好像是人在唱歌，各种植物的色彩就好像是人用颜料涂上去的，这样把事物比作人的方法叫做“拟人”。

(3)鼓励幼儿用拟人化的修辞方法形容一个事物，教师对于幼儿的大胆尝试给予充分的肯定。

活动拓展

1. 开展秋游活动，让幼儿到大自然中身临其境地体会秋天的美景。

2. 请幼儿将看到的、听到的、感受到的秋天的美景，用绘画的形式表现出来。

十五、广告大比拼

设计意图

电视广告以其声、形并举，生动活泼的特点，一直吸引着孩子们。孩子们喜欢看广告、说广告，有的孩子模仿广告，有的孩子甚至创编广告。在当今信息迅猛发展的时代，根据孩子的兴趣爱好及认知发展特点，设计“广告大比拼”这一活动，旨在引导孩子们关注生活中的变化，并在听说广告的过程中感受生活的乐趣，锻炼口语表达能力。

活动目标

1. 喜欢听、说广告，感受生活的乐趣。
2. 初步了解广告的特点以及在生活中的作用，尝试为自己喜爱的物品做广告。
3. 发展发散性思维，训练简练、生动的口语表达能力。

活动准备

1. 知识经验准备：

(1)幼儿和家长共同收集各类广告。

(2)幼儿学会说部分简单的广告词。

2. 物质材料准备：

(1)教师收集各种广告的宣传画、音像制品等。

(2)幼儿熟悉和喜欢的玩具或食品。

(3)图片一张。

(4)教学电子资源：电视机、录像机、摄像机等电教设备。

活动过程

1. 情境导入，“快乐大本营——广告大比拼”。

(1)教师扮主持人：“快乐大本营，广告大比拼！”欢迎小朋友来到我们的主题活动——广告大比拼，希望小朋友们能踊跃参加，体验快乐！

(2)介绍活动内容，激发幼儿兴趣。

教师讲述：今天的广告大比拼我们分三个环节进行。第一个环节：广告大串联。就是请小朋友将我们平时看过、听过的精彩广告说给大家听一听，看谁记得的广告词最多。第二个环节：广告小问答。听老师的要求，回答一些有关广告的小问题。第三个环节：广告设计秀。根据广告的特点，给自己喜欢的物品设计一段广告词。希望小朋友们都能顺利地通过今天的广告大比拼，成为一名优秀的广告小明星！

2. 按照程序活动，将活动过程拍摄下来。

(1)第一个环节：广告大串联。

请幼儿依次上台表演他们看过、听过的精彩广告。请其他小朋友们保持安静，认真倾听。

幼儿通过回忆把一些广告词说出来。如：

爱心雅士利，健康添活力！

真情永不变，大宝天天见。

蓝瓶的钙，好喝的钙——三精药业

冷热酸甜，想吃就吃——冷酸灵牙膏

……

(2)第二个环节：广告小问答。

请幼儿观看一段广告录像，回答相关问题：

①你记住了哪个广告内容？为什么记得那么快？(引导幼儿发现广告语和日常生活用语的不同之处，初步了解广告语精简、生动、有趣的特点。)

②为什么要做广告？你知道广告有什么作用吗？(帮助幼儿了解广告的作用就是宣传介绍产品的优点和用途，让人们都来购买。)

③除了在电视上看到过广告外，我们还在哪些地方看过或听过广告？(引导幼儿关注周围的广告，了解广告的多种形式。)

(3)第三个环节：广告设计秀。

①幼儿选择自己喜欢的玩具或食品，分组观察讨论，为它设计广告语。(提醒幼儿设计广告语要注意顺口、简短，能概括出物品的特点。)

②请幼儿观察图片，引导幼儿为画页上的物品设计广告语。

③鼓励幼儿将自己设计的广告语和同伴交流分享。

3. 回放活动过程录像，评优颁奖。

幼儿观看活动过程录像，然后集体评选最佳口才广告小明星、最有智慧广告小明星、最具创意广告小明星。教师进行颁奖，以资鼓励。

活动延伸

1. 领域外活动延伸：开展美术活动，请幼儿为自己喜欢的物品设计广告宣传画。

2. 区域活动延伸：在区域活动中设置“小喇叭广告台”，进一步引导幼儿模仿创编广告，发展幼儿的口语表达能力和表演能力。

3. 亲子活动延伸：和父母比赛，看看谁的广告词说得多。

十六、绳子像什么

设计意图

绳子是幼儿经常见到的东西，绳子的玩法也是多种多样，幼儿对此有很丰富的生活经验。利用绳子摆出各种各样的造型让幼儿眼花缭乱，同时又给他们提供了更多想象的空间。开展“绳子像什么”语言活动，通过引导幼儿积极参与讨论和交流，不仅可以发展幼儿的想象力，还可以让幼儿手脑并用，发展他们的创造力，从而推动幼儿运用发散性思维进行联想，还能增添他们参与活动的积极性。

活动目标

1. 积极参与活动，喜欢用绳子摆出不同造型，愿意说出自己的设计和想法。
2. 学会用绳子进行各种图形的摆放并学会用肢体语言表现。
3. 能发挥想象力进行创编，思考出与众不同的设计，并且能用动作表现出来。

活动准备

1. 绳子若干(教师 1 根，每个小组各 1 根)。
2. 丝带若干(每位幼儿 1 根)。
3. 舒缓的轻音乐音频。

活动过程

1. 导入活动。

教师出示一根绳子与幼儿交谈：小朋友们，这是什么？(绳子。)我们用绳子做什么用？(跳绳、拔河、系东西……)绳子有很多用处，还有人把绳子编进了儿歌，我们来听听这首儿歌唱了些什么。

2. 基本活动内容。

(1)教师诵读儿歌《绳子像什么》，请幼儿欣赏。

①教师结合儿歌提问：小朋友们，刚才儿歌里面说绳子像什么呢？(像竹竿、像小蛇、像车轮。)谁能用绳子摆出这些物体的样子？

教师请幼儿用绳子摆出“竹竿”“小蛇”“车轮”的样子。

②教师再次提问：谁能用身体和手脚做出这些物体的样子？

教师请各组幼儿自由运用自己的想象创编动作，表现这些事物的样子，并轮流表演。

(2)教师带领幼儿用肢体动作完整地表现儿歌。

刚才小朋友们做的动作都很棒，有几位做得特别好，现在我们像他们那样做：

绳子细长长——双手尽量向两侧伸展。

好像竹竿地上躺——手脚尽量并拢，身体站直。

绳子弯扭扭——手臂弯弯曲曲往前伸。

好像小蛇草上溜——左右扭动身体。

绳子围圈圈——两只手臂合成圆圈状。

好像车轮滚向前——两只手臂交换抡圈。

教师一边念儿歌，一边示范表演，幼儿跟着进行模仿。然后幼儿集体一边念儿歌，一边表演。

(3)仿编儿歌，并根据仿编的儿歌做动作。

①教师提问：绳子可以摆出很多不同的形状，这些形状和很多事物相像。请小朋友想一想，绳子还能摆出什么形状，还能像什么？(幼儿自由回答。)

在幼儿交流讨论的过程中，教师可适当给予提示，引导幼儿设想并用丝带摆出不同的形状，如把绳子绕成圆卷，摆成三角形、正方形、梯形、扇形、Z形、U形等。

②教师提问：请你们想象一下，你们用绳子摆出的这些形状像什么？(请幼儿依次表述。)

在幼儿交流表述的过程中，如果有幼儿一时说不出，教师可以发动其他幼儿及时给予援助，也可以直接给予提示。如：绕成圆卷的绳子像盘成卷冬眠的蛇；围成长方形的绳子像游泳池；摆成Z形的绳子像小鸭；等等。

③教师讲述：小朋友用绳子摆出这么多有趣的形状，请你们根据这些形状像什么做一下动作吧！

幼儿根据自己摆的形状自由做动作，如摆三角形的做房顶的动作，摆Z形的做小鸭子动作，摆U形的做拿杯子喝水的动作等。在这个过程中，可能会发现有的幼儿摆出的形状不好做动作，教师就引导幼儿运用发散性思维做与摆出图形相关的动作。比如摆长方形的幼儿不知道游泳池怎么用动作表示，教师引导他做在水里游泳的动作。

3. 结束活动。

幼儿分组活动。教师给各小组发一根绳子，让幼儿在舒缓的轻音乐中，自由协作用绳子摆形状，做动作。

活动拓展

1. 让幼儿一边听音乐，一边自由玩绳子。教师要特别注意幼儿用绳子期间的安全。

2. 教师将孩子们联想的内容(绳子的玩法)用绘画的形式记录在海报上，张贴在活动区内，供幼儿在其他时间继续玩绳子，以发展孩子的语言表达能力及想象力。

十七、颠倒歌

设计意图

颠倒歌是儿歌的传统艺术形式之一，它故意违背常情常理，把自然界或生活中的事物特征、正常关系加以夸张性的错乱和颠倒，造成荒唐可笑的效果。幼儿听赏《颠倒歌》，能从儿歌的趣味中找出错误的地方，并进行纠正，从而加强对正常事理的认识。安排此次活动，旨在增强幼儿辨别事理的能力，发展幼儿的逻辑思维能力，让他们在找出错误和改正错误的过程中，重点锻炼思维能力和口头表达能力。

活动目标

1. 喜欢听赏、念诵儿歌，对颠倒歌这种幽默的儿歌形式感兴趣。

2. 在已有知识经验的基础上，能够迅速指出颠倒歌中错误的地方，并改正错误语句，说出正确的内容。

3. 具有一定的倾听、理解能力，提高辨别事理和逻辑思维的能力以及口头表达能力。

活动准备

幼儿有一定的生活经验和常识。

活动过程

1. 情景导入。

今天，老师听到了一首儿歌，它和我们之前听过的儿歌有些不一样，想请聪明的小朋友们也听一听，然后告诉老师，怎么不一样。

2. 教师用夸张语气有节奏地念诵《颠倒歌》，引起幼儿的好奇心。

3. 讨论分析。

(1) 教师提问：这首儿歌听起来有什么感觉？（奇怪、错了、好笑。）

(2) 提问：有谁记得哪些地方说错了？

幼儿自由复述。

(3)教师再次念诵《颠倒歌》，请幼儿听一听儿歌中说了哪些颠倒的事情。

教师引导幼儿依次指出《颠倒歌》中与现实不符的说法，并改正过来：

哥哥的弟弟是哥哥——哥哥的弟弟是弟弟；

五个没有三个多——五个要比三个多，三个没有五个多；

公鸡下了大鸭蛋——母鸭下了大鸭蛋，母鸡下了大鸡蛋；

兔子游泳多快活——兔子蹦跳多快活，鱼儿(或会游泳的动物)游泳多快活；

鱼儿岸上晒太阳——兔子(或生活在陆地上的动物)岸上晒太阳；

小小蝌蚪爬上坡——小小羊儿(或生活在陆地上的动物)爬上坡。

(4)教师小结：这种内容说颠倒了的儿歌就叫做“颠倒歌”。它是故意说反话，让我们发笑的，同时也让小朋友来发现里面说反的地方，好让我们明白什么才是正确的。老师还知道几首颠倒歌，小朋友们一起来听一听吧。

(5)教师念诵《错了歌》，用夸张语气让幼儿感到荒诞、可笑。念诵完毕之后，请幼儿回忆儿歌中颠倒之处，并改正过来。(环节同上。)

4. 结束语。

今天我们了解了一种新形式的儿歌，叫做“颠倒歌”，它故意把我们熟悉的事物反过来说，编成儿歌，让小朋友们哈哈大笑。小朋友们真聪明，一下子就听出里面不对的地方，帮忙改正过来了。我们平时也要多观察、多思考，注意不能说“颠倒的话”让别人笑话哟。

活动拓展

1. 在日常生活中，教师可以有意识地念一些内容颠倒的儿歌，让幼儿判断正误并改正。

2. 提醒幼儿多看书，增长知识，就不会说“颠倒的话”了。

十八、白雪公主

设计意图

《白雪公主》是一篇广泛流传于欧洲的经典童话故事，其中最著名的故事版本是德国的《格林童话》(1812 年)。200 多年来，这篇童话故事就像插上翅膀一样，飞遍了世界各地，一代又一代不同肤色的儿童都被它浪漫的情节和真挚的情感深深打动。教师引导幼儿欣赏这篇童话故事，从中汲取丰富的思想和文学营养。故事曲折的情节和完美的结局使幼儿领会到美和善最终会战胜丑与恶，从而培养幼儿崇尚美与善的高尚情操。

活动目标

1. 喜欢听童话故事，乐于表达自己的见解。
2. 了解曲折的故事情节，学会复述故事梗概，表达对故事的理解与感受。
3. 能感受故事中不同人物的性格特征，理解故事所表现的美与丑、善与恶的主题。

活动准备

1.《白雪公主》故事 PPT，配以讲述音频。
2.《白雪公主》动画视频。

活动过程

1. 欣赏童话故事。

(1)教师播放童话故事《白雪公主》PPT 和音频，请幼儿一边看图，一边安静地欣赏故事。

(2)教师提问：小朋友们很认真地听完了这个故事，谁能说一说这个故事讲的是什么？(幼儿自由表述。)

在幼儿交流表述的基础上，教师归纳：这个故事讲述了一个可爱美丽的公主因为后母嫉妒其美貌而被迫逃到森林，偶遇善良的七个小矮人。最后在他们的帮助下，克服了后母的诅咒，最终获得了幸福。

2. 了解人物性格特征。

教师提问：你喜欢故事中的谁？为什么？你不喜欢故事中的谁？为什么？

通过提问，引导幼儿进行交流讨论，了解故事中不同角色的性格特征。

(1)以白雪公主为讨论对象。

教师提问：你喜欢白雪公主什么？(幼儿自由表述。)

在幼儿交流表述的基础上，教师从故事中描写白雪公主的美丽的语句，白雪公主为七个小矮人做饭、洗衣，以及白雪公主被陷害的情节等方面，引导幼儿体会她的美丽与善良。

(2)以七个小矮人为讨论对象。

教师提问：七个小矮人长得漂亮吗？你们为什么喜欢他们？(幼儿自由表述。)

在幼儿交流表述的基础上，教师从故事中七个小矮人听到白雪公主的遭遇后，把她留在家里的举动，以及白雪公主被陷害后他们的语言和行为等方面，引导幼儿理解七个小矮人心地善良，富有同情心，乐于关心、帮助他人的性格特点。

(3)以王后为讨论对象。

教师提问：王后长得很美丽，你们喜欢她吗？为什么？(幼儿自由表述。)

在幼儿交流表述的基础上，教师从王后听到白雪公主是世界上最美丽的女人时，她的语言和行为，以及她杀害白雪公主的情节等方面，引导幼儿理解王后凶狠、恶毒、残忍的性格特征。

3. 理解故事寓意。

(1)教师提问：大家听了这个故事，也听懂了这个故事。那么，这个故事告诉我们一个什么道理呢？(幼儿自由表述。)

在幼儿交流表述的基础上，教师归纳：这个故事告诉我们，美与善终究会战胜丑与恶，我们要做一个心地善良、乐于帮助别人的人。

(2)教师讲述：在我们日常生活中，有很多像白雪公主和七个小矮人一样的人，他们有的很美丽，有的不一定很漂亮，但是他们都心地善良、乐于助人。这样的人就是最美丽的。小朋友，你得到过别人的帮助吗？你帮助过别人吗？请说一说别人是怎样帮助你的，你又是怎样帮助别人的。

引导幼儿进行交流发言，讲述自己受到别人帮助和自己帮助别人的事例，知道要做一个心地善良、富有同情心、乐于助人的人。

活动拓展

1. 教师提供故事录音和图画书，引导幼儿适时自主阅读、复述故事。
2. 教师指导幼儿以故事为脚本，进行排练、表演，发展幼儿表达和表演的能力。

大班(下)

一、小熊过桥

设计意图

儿歌是孩子成长的过程中不可缺少的精神乳汁，是“文学女神在未经开发的幼者心田播下的第一粒诗之花种，洒下的第一瓢美之甘露，投下的第一束爱之光泽”（王泉根）。儿歌与幼儿的生活、娱乐、情感、思维、语言紧密相关。优秀的儿歌能够给孩子带来游戏般的乐趣，培养孩子良好的行为习惯和审美情趣。《小熊过桥》就是这样一首经典的儿歌作品，作者运用拟人的手法，描述了一只活泼可爱、稚拙天真的小熊过桥时的一系列动作和心理的变化。作品想象丰富、动感强、语言凝练、节奏鲜明，不仅可以配以手势语让幼儿念诵，还可以设计出各种体育活动让幼儿参与、表演，是幼儿非常喜爱的儿歌之一。

活动目标

1. 学会使用标准的普通话念诵儿歌，理解儿歌内容。
2. 读准儿歌的节奏，压准韵脚“ao”。
3. 了解小熊过桥的心理变化，激发幼儿勇敢面对困难，想办法解决困难的情感。

活动准备

1. 知识经验准备：

幼儿有走独木桥或平衡木的经历。

2. 物质材料准备：

（1）多媒体设备；儿歌《小熊过桥》视频。

（2）《小熊过桥》连环画图片。

（3）平衡木 1 个。

活动过程

1. 引发幼儿的兴趣。

教师导语：小朋友，你们走过独木桥吗？（走过。）走过怎样的独木桥呢？（公园的台阶，幼儿园的木桥，等等。)走上独木桥你会有怎样的感觉？(站不稳，容易滑跤。)有只小熊，有一天它要过桥去玩儿，大家看看，会发生什么事啦？

2. 看图了解儿歌大意。

教师一幅一幅地出示连环画图片，依次让幼儿看图，简要说出大意，教师适时辅以儿歌语言。

(1)观看图1：小熊来到了什么地方？(小河边。)它要做什么？(过独木桥。)它怎么过？(小竹桥在晃动。)“小竹桥，摇摇摇，有个小熊来过桥。”小熊上桥了吗？(上了。)它马上就过去了吗？(没有。)它是什么表情？(为难，害怕。)为什么？(因为怕掉下去。)“走不稳，站不牢，走到桥上心乱跳。”

(2)观看图2：“头上乌鸦哇哇叫，桥下流水哗哗笑。”小熊接着又怎么样了？(上桥了，还是害怕。)小熊会说什么？(引导幼儿自己发挥。)“妈妈妈妈你来呀！快把小熊抱过桥！”

(3)观看图3：有谁来帮它了吗？(鲤鱼。)鲤鱼怎么帮助小熊的？(鼓励它，叫它不要害怕。)“河里鲤鱼跳出水，对着小熊大声叫：‘小熊小熊不要怕，眼睛向着前边瞧！’”

(4)观看图4：小熊过桥了吗？你觉得它心情怎样？为什么？(过桥了，心情很高兴，因为是自己走过来的。)“一二三，向前跑，小熊过桥回头笑，鲤鱼乐得尾巴摇。”

3. 学习诵念儿歌。

(1)教师讲述：小熊过桥了，老师真高兴，小朋友们高兴吗？(高兴。)是啊，小熊遇到困难，可它通过自己的努力终于克服了困难，它真是勇敢的小熊。我们再来听一遍好吗？(好。)

(2)教师有表情地诵念儿歌《小熊过桥》，请幼儿小声跟着诵念。

(3)教师带领幼儿一起诵念儿歌，边念边做手势。

(4)教师播放儿歌视频，请幼儿集体自行跟着视频念儿歌，并在教师的提示下做手势动作。

(5)请一个幼儿来扮演小熊，其他幼儿一起念儿歌；教师适时提醒幼儿注意表演时的表情。

活动延伸

1. 领域内活动延伸：如果是其他的小动物来过桥，可能会发生什么事呢？如果我们像小熊一样遇到了困难，应该怎么做呢？大家一起讨论一下。

2. 领域外活动延伸：请幼儿边走平衡木边念儿歌。形式可以多样设计，如分组表演、分角色表演、接龙表演。

附：

儿歌《小熊过桥》手势动作说明

第一句：左手抬起，平放于胸前，五指并拢，掌心向下，随节奏微微转动。

第二句：右手食指和中指立于左手背上，随节奏交换抬起。

第三句：右手“走”到左手腕处，立住，左右摇晃。

第四句：右手食指和中指上下弯屈。

第五句：双手抬起，置于额前，双手交叉，做翅膀飞翔状。

第六句：双手放下，右手中位指右前方，做流水状。

第七句：双手做喇叭状，放在嘴边，随节奏摇晃。

第八句：后三个音节双手交叉抱于胸前，随节奏摇晃。

第九句：左手中位指左前方，再从腰部向头顶滑动，置于头上前方。

第十句：双手做喇叭状，放在嘴边，随节奏微微摇晃。

第十一句：后三个音节双手做否定的动作。

第十二句：双手抬起，高位，食指指向自己脸部，再指向前方。

第十三句：同第一、第二句动作一样，右手两指交错向前(左)。

第十四句：双手下垂，自然摆动，双脚原地踏步，后三个音节立定，分别左右探头微笑。

第十五句：右手并拢，放在胸前，掌心向左；左手并拢，放于身后，掌心向右；后三个音节身体左转，同时摇动手掌数次。

二、绿色的和灰色的

设计意图

这首幼儿诗语言清新明快，读来轻松流畅，运用绿色与灰色的鲜明对比，暗示了正与邪、明与暗的斗争。语句带有明显的表演色彩，让幼儿在表演中体会角色的性格特点。活动中要抓住诗的核心内容——绿色的、灰色的，鼓励幼儿大胆展开想象。幼儿在优美的情境启发下，激起表达和表演的欲望。活动中可充分调动幼儿各种感官如视觉、听觉、运动觉等，体验和感受诗的“美”与“趣”，引导幼儿充分表达自己对诗歌的理解。

活动目标

1. 理解幼儿诗的内容，体会诗中角色的性格特点。
2. 理解诗歌中“绿色”“灰色”所代表的含义。
3. 感受诗歌中所表达的优良品格，领悟生活的大智慧。

活动准备

1. 知识经验准备：

幼儿对狐狸、翠鸟和白兔等动物比较熟悉。

2. 物质材料准备：

(1) 多媒体设备、幼儿诗《绿色的和灰色的》的视频。

(2) 灰色狐狸和绿色翠鸟的头饰各 1 个、小白兔的头饰和绿色棕榈叶道具若干。

活动过程

1. 导入活动。

教师导语：小朋友，说到绿色，你们想到了什么？（大树、小草……）说到灰色，又想到什么？（灰蒙蒙的天、灰色的墙……）在绿色的森林里，有块绿色的草地，绿色的草地上，有条绿色的小溪。在这片绿色的世界里，总会发生一些惊险而有趣的事情。我们还是先听一首诗吧。

2. 欣赏诗歌。

(1)全班小朋友一起欣赏诗歌。

①教师播放诗歌《绿色的和灰色的》，请幼儿看视频，一边观看画面，一边欣赏诗歌。

②教师提问：你们听到了一个什么故事？有什么感想？(幼儿说出感受。)

在幼儿表述的基础上，教师补充道：这是一首幼儿诗，我们在听这首诗的时候，就像在听一个童话故事。

(2)分节欣赏诗歌。

①欣赏第一节，体验诗歌第一节的意境：故事发生在一个怎样的地方？(幼儿复述诗句。)哦，都是绿色，这里真是太美了。绿色是和平宁静的象征。这里会发生什么事呢？(引发幼儿兴趣。)

②欣赏第二、三节，了解故事的发生：绿色草地上出现了什么颜色？是谁的颜色？它想要做什么呢？(幼儿复述诗句。)小兔有危险了，怎么办？(幼儿复述诗句。)哦，绿色的翠鸟非常热心，也非常及时。绿色的翠鸟对小兔子是怎么说的呢？(幼儿表演诗句。)

③欣赏第四、五、六小节，了解事情经过：还是在这个地方，小兔子们经过这里，它们是怎么做的呢？(幼儿表演诗句。)它们“顶着一张张棕榈”做什么用？(伪装，不想让狐狸发现。)

④欣赏第七小节，体会小兔子的机智聪明：狐狸看见了什么？发现了小白兔吗？(没有。)为什么？(因为聪明的小白兔们“顶着一张张棕榈”，很隐蔽。)

⑤欣赏第八小节，了解故事结果，感受狐狸的失望：狐狸怎样了？(复述。)为什么要叹气？它会说什么？(幼儿想象表演。)

(3)教师结合诗歌再次提问：

①这首诗和我们刚学过的《小熊过桥》在语句上有什么不同？(请幼儿朗诵儿歌《小熊过桥》，并对比讲述不同。)

②我们朗诵这首诗和朗诵《小熊过桥》会发现有些什么不同？(幼儿根据自己的体验自由讲述。)

教师讲解：《小熊过桥》是一首儿歌，句式整齐，节奏比较紧凑；《绿色的和灰色的》是一首诗歌，句式长短不一，节奏比较舒缓。

3. 交流讨论。

(1)教师引导幼儿谈谈现在对“绿色”和“灰色”的理解。

①事情发生的地点主要是什么颜色？谁帮助了小兔子们？你认为在这里绿色代表了什么？(幼儿根据诗歌的内容和自己的理解讲述。)

②你喜欢灰色的狐狸吗？你认为在这里“灰色”代表了什么？(幼儿根据自己的理解讲述。)

(2)在幼儿讲述的基础上，教师讲解：绿色代表善良、热心、聪明、勇敢；灰色代表凶恶、狡猾、可笑、失望。

4. 朗诵诗歌。

(1)教师用叙事的口吻有节奏地示范朗诵诗歌。

(2)教师带领幼儿集体朗诵诗歌，提示幼儿可以用不同角色的语气表演。

活动延伸

1. 领域内活动延伸：开展诗歌朗诵大比拼活动。

2. 区域活动延伸：在表演区中投放动物头饰，鼓励幼儿戴上狐狸、翠鸟和小白兔的头饰，一边朗诵诗歌一边表演。

三、鱼儿睡在哪里

设计意图

水中的鱼究竟睡在哪里？这真是一个有趣的问题。猫、狗、鸟都可以睡在暖和的窝里，狐狸、老鼠、松树也有洞可以钻，我们人类睡在舒服的床上。可是这些鱼究竟睡在哪里呢？你有没有想过呢？到最后，我们没有找到答案。或许，这水里的鱼根本就不睡觉吧？你看，鱼没有眼皮，它总是圆睁双眼，一眨不眨，不会闭眼的鱼怎么睡觉呢？这首幼儿诗表达了孩子对大自然的关切。此次活动就是要鼓励孩子勇敢地发问，教会孩子要有认真探究的精神。

活动目标

1. 通过听赏幼儿诗，充分感受诗歌的语言和意境。
2. 能够用动物睡觉的地点仿编诗句。
3. 通过表情动作的配合，能准确地表达诗歌内容。

活动准备

1. 知识经验准备：

幼儿对鱼有一定的了解。

2. 物质材料准备：

(1)收集关于动物睡觉的图片。

(2)多媒体设备；《鱼儿睡在哪里》的诗歌音频。

活动过程

1. 导入活动。

(1)教师提问：你们喜欢什么动物？你们知道它们是怎么睡觉的？它们在哪里睡觉？(幼儿推测讲述。)

(2)教师讲述：有个小朋友，很爱动脑筋，他发现了一个问题，我们一起去听一听，看一看。

2. 欣赏诗歌。

(1)教师以充满童趣的声音朗诵幼儿诗《鱼儿睡在哪里》，请幼儿欣赏诗歌。

(2)教师结合诗歌提问：

①这首诗歌提了一个什么问题？(鱼儿睡在哪里？)是向谁提出的问题？(鱼儿。)

教师讲解：这首诗把鱼儿当作人来发问，非常生动形象，富有情趣。

②这个问题是怎么引出来的？(因为狐狸、狗、松鼠和老鼠都有睡觉的地方，所以就引出了鱼儿睡在哪里的想法。)

教师讲解：这首诗由狐狸、狗、松鼠和老鼠睡觉的地方产生联想，提出问题，显得巧妙、自然。

③这首诗说出了这个问题的答案吗？(没有。)

教师讲解：这首诗提出问题，却没有给出答案，造成了悬念，引导我们去思考、去探究。

(3)教师带领幼儿有感情地朗诵诗歌。

3. 仿编诗歌。

(1)教师引导：这首诗由狐狸、狗、松鼠和老鼠睡觉的地方联想到鱼儿睡觉的地方，我们还可以用哪些动物睡觉的地方来联想鱼儿睡觉的地方(鼓励幼儿大胆讲述)。

(2)教师引导幼儿仿编诗歌第二段的诗句，例如：

小鸟躲进了鸟窝。
兔子跳进了草垛。
蚯蚓钻进了泥土。
小鸡跑进了鸡窝。

4. 教师小结。

今天我们听了一首诗歌，获得了一个关于小动物睡觉的问题，大家回家后思考一下，还有什么动物睡觉的问题需要找出答案，下次来告诉老师好吗？

活动延伸

区域活动延伸：把幼儿仿编的诗歌布置成主题墙饰，让幼儿共同体验创造的乐趣。

亲子活动延伸：请幼儿回家在家长的指导下仿编出一首完整的诗歌，并带来与同伴分享。

四、给狗熊奶奶读信

设计意图

孩子不懂礼貌，说话语气粗鲁，大多是在日常生活中受周围人的影响所造成的。如果有的父母、老师常用命令的口气讲话，这就会影响到孩子学着模仿说话，所以，要让孩子有礼貌地说话，父母、教师要以身作则，在家里和在幼儿园里创造出一种民主、礼貌、和谐的气氛。《给狗熊奶奶读信》的故事告诉孩子们，用不同的语气说话，产生的效果是不一样的。教育孩子们要用礼貌的语气对人说话，形成良好的语言习惯。

活动目标

1. 理解故事的内容，知道对人说话用不同的语气，会产生不同的效果。
2. 学习借助不同的声音、表情和动作复述故事内容。
3. 懂得要用礼貌的语气对人说话，培养良好的语言习惯。

活动准备

1. 知识经验准备：

幼儿对狗熊、河马、夜莺等动物比较熟悉。

2. 物质材料准备：

(1)童话故事《给狗熊奶奶读信》的挂图 1 幅。

(2)狗熊、河马、夜莺图片各若干。

活动过程

1. 提出问题，导入活动。

教师导语：狗熊奶奶收到了远方的小孙子的信，可是奶奶眼神儿不好，看不清信上说了什么，于是她请河马先生帮她念一念信。河马刚念了一句狗熊奶奶就不高兴了，这是怎么回事呢？请听老师讲《给狗熊奶奶读信》的故事吧！

2. 观看画页，欣赏故事。

(1)教师出示挂图，讲述《给狗熊奶奶读信》的故事，请幼儿一边观看挂图，一边欣赏故事内容。

(2)教师结合故事提问：

①故事里都有谁？(幼儿根据故事内容讲述。)

②河马先生给狗熊奶奶读信，狗熊奶奶高兴吗？她是怎么说的？为什么她不高兴？(幼儿根据故事内容讲述。)

③夜莺姑娘给狗熊奶奶读信，狗熊奶奶高兴吗？她又是怎么说的？(幼儿根据故事内容讲述。)

④为什么河马先生和夜莺姑娘读同样的一封信，狗熊奶奶有时高兴，有时不高兴？(幼儿根据自己的理解讲述。)

⑤如果请你给狗熊奶奶读信，你会怎样读？(幼儿根据自己的理解讲述。)

教师小结：河马先生用粗声粗气的声音读信，狗熊奶奶觉得小孙子不懂礼貌，因此很不高兴；夜莺姑娘用温和甜美的声音读信，狗熊奶奶觉得小孙子很亲昵，因此她很高兴。同样的话，所用的语气不同，就会产生不同的效果。

3. 观看画页，复述故事。

(1)教师请幼儿依次看图，回忆故事内容。

(2)教师请幼儿分组活动，在组内讨论怎样复述故事，怎样表现故事中河马先生和夜莺姑娘说话的声音，怎样表现狗熊奶奶听了河马先生和夜莺姑娘的读信后不同的心情。

(3)各组选派一名代表在班上交流复述故事，鼓励幼儿借用不同的声音、表情和动作表现故事的内容。

4. 联系实际，交流讨论。

(1)教师以“我们应当怎样对别人说话”为话题，请幼儿交流谈论，鼓励幼儿大胆发表自己的看法。

(2)在幼儿交流讨论的基础上，教师小结：我们对别人说话，不要像河马先生那样粗声粗气，让人觉得不舒服；应该像夜莺姑娘那样语气温和，让人听了高兴。只有这样，我们才能交到更多的朋友。

活动延伸

1. 区域活动延伸：在表演区中投放若干头饰，鼓励幼儿自由选择扮演故事中的角色，分别戴上相应的头饰，合作表演《给狗熊奶奶读信》的故事。

2. 亲子活动延伸：请幼儿回家把这个故事讲给爸爸妈妈听。

五、城里来了大恐龙

设计意图

恐龙，这种巨大而神奇的动物，常常引起孩子们的兴趣。它长着什么样？它对人友好吗？如果它现在出现在我们面前，是做好事还是做坏事？有的幼儿喜欢恐龙，有的幼儿害怕恐龙。《城里来了大恐龙》这篇童话，童趣盎然、想象丰富，作品中的恐龙善良、可爱。通过组织此次学习活动，可以引导幼儿喜欢恐龙，更能体验爱护动物、与动物和谐生存的情感。在教学过程中，教师设计了发散性思维训练，让每个幼儿都有充分表达自己看法的机会，能够培养幼儿大胆想象、积极讲述以及敢于创造的能力。

活动目标

1. 理解作品内容，感受作品所表达的情感。
2. 调动已有经验，尝试借助恐龙的形体特征，仿编有关恐龙来到城市的故事。
3. 萌发幼儿热爱动物、保护动物的情感。

活动准备

1. 知识经验准备：

幼儿有关于恐龙方面的知识。

2. 物质材料准备：

(1)彩笔、画纸、挂图。

(2)《城里来了大恐龙》音频。

活动过程

1. 提问导入活动。

(1)教师提问：

①小朋友，你们知道恐龙吗？喜欢恐龙吗？谁能把你知道的恐龙给大家说说？

②假如有一只恐龙来到了我们城市里，可能会发生一些什么事情呢？

（2）教师讲述：小朋友们讲得都不错，下面老师来讲讲这只恐龙的故事吧。

2. 分段欣赏故事。

教师出示挂图，分段讲述《城里来了大恐龙》的故事，并与幼儿交流。

①讲述第一至四段。

交谈：大恐龙来到城里，给人们带来了什么麻烦？（交通堵塞了、铁路被压坏了、房顶也被掀翻了。）请你们一起来想办法，帮帮这座城里的人、帮帮这只大恐龙吧！看谁想出的办法又多又好。（幼儿自由讲述。）

②讲述第五至六段。

讨论：故事里孩子想出的办法好不好？为什么？（幼儿交流讲述。）

③讲述第七段。

提问：大恐龙给人们带来方便了吗？当大恐龙变成了立交桥时，它心里是怎么想的？（幼儿根据故事内容讲述。）

3. 看图复述故事。

（1）教师请幼儿打开相关画页，依次看图，回忆故事内容。

（2）教师请幼儿分组活动，看图复述故事。

（3）各组选派一名代表在班上轮流完整地复述故事。

4. 表演故事内容。

教师完整地讲述故事，请幼儿扮演大恐龙，边听故事边进行表演。

活动延伸

1. 领域内活动延伸：引导幼儿仿编故事，如果大恐龙也来到了我们这座城市，它可能会带来什么麻烦？或者会带来哪些便利呢？（引导幼儿按照大恐龙又来到了什么地方——遇到了什么状况——恐龙是怎样想的——是怎么做的——这一线索来讲述）

2. 领域外活动延伸：将心中的恐龙画出来，用这些图画做一个恐龙主题墙。

3. 区角活动延伸：和幼儿一起共同收集有关恐龙的图片、玩具等，布置一个“恐龙角”。

六、小猴吃瓜果

设计意图

《小猴吃瓜果》中的小猴，头脑简单，性情浮躁，说话不动脑筋，结果什么也没吃到。这是一篇非常优秀的童话故事，作者塑造的小猴形象，既可爱又可笑；情节构思巧妙，自然得体。此次组织读故事活动，一方面让幼儿了解了一些瓜果的吃法，另一方面也对一些不好的习惯进行了善意的讽刺。

活动目标

1. 能理解故事内容，知道小猴吃瓜果的不当之处。
2. 能根据故事内容大致归纳小猴的性格弱点。
3. 学会虚心请教别人，多加学习，多动脑筋，变无知为有知。

活动准备

1. 知识经验准备：

(1)幼儿对小猴、小牛、小驴和小喜鹊等动物比较熟悉。

(2)知道西瓜、香瓜、核桃和鸭梨的不同吃法。

2. 物质材料准备：

(1)小猴、小牛、小驴和小喜鹊的头饰若干(每个小组1套)。

(2)《小猴吃瓜果》的挂图1套。

活动过程

1. 导入活动。

教师导语：有只小猴，活泼可爱，也很聪明，就是有个缺点，明明自己不知道的事情，偏偏要说“我知道”，因此闹了不少笑话，吃了很多苦头。我们来听听他的故事吧！

2. 欣赏故事。

(1)教师头戴小猴的头饰，扮成小猴：我是小猴，小朋友们好！都说猴子很聪明，我嘛，也不笨，又会荡秋千，又会翻跟头。都说猴子最贪吃，我嘛，嘴不馋，只要有吃的就伸手。咦，什么声音咕咕叫？哦，是我的肚子饿了，让我找找，有什么好吃的，抓来吃个饱。

（2）教师出示挂图，分段讲述《小猴吃瓜果》，请幼儿欣赏，并与幼儿交流。

①讲述第一至五段。提问：小猴为什么说西瓜不好吃啊？小牛对小猴说了什么？小猴又是怎么说的？（幼儿根据故事内容讲述。）

②讲述第六至七段。提问：小猴为什么说香瓜不好吃啊？小驴对它说了什么？小猴又是怎么说的？（幼儿根据故事内容讲述。）

③讲述第八至九段。提问：小猴要摘核桃的时候，喜鹊对小猴说了什么？小猴是怎么说的？怎么做的？喜鹊又告诉了小猴什么？（幼儿根据故事内容讲述。）

④讲述第十至十一段。提问：小猴来到梨树边又做了什么？喜鹊是怎么讽刺它的？小猴为什么觉得这些瓜果都不好吃呢？（幼儿根据故事内容讲述。）对西瓜、香瓜、核桃、鸭梨应该怎么吃才好？小猴错在哪儿呢？小猴应该怎么办？（幼儿根据自己的理解讲述。）

（3）教师小结：小猴不知道该怎么吃这些瓜果，但又不愿意弄清楚，别的小动物告诉他，他也没有好好听。他自认为自己什么都知道，实际上他什么都不知道。他应该虚心向别人请教，多问别人，多动脑筋。

3. 复述故事。

（1）教师请幼儿看图，回忆故事的内容。

（2）教师请幼儿看图完整地复述故事。

4. 迁移讨论。

（1）教师提问：小朋友，在日常生活中，你自己有过小猴这样的毛病吗？你现在有什么想法？（引导幼儿联系实际交流讨论。）

（2）教师小结：小猴的毛病在于不懂装懂，不虚心听取别人的意见，到头来自讨苦吃。我们要接受小猴的教训，对不懂的事情，要虚心请教别人，多加学习，多动脑筋，变无知为有知。

活动延伸

1. 领域内活动延伸：请幼儿说说自己吃过的瓜果，并介绍怎么吃法。

2. 区域活动延伸：请幼儿分组活动，商讨怎么表演这个故事，并分配角色进行排练。然后分别戴上小猴、小牛、小驴、小喜鹊等头饰，在班上轮流表演故事。

七、没有牙齿的大老虎

设计意图

《没有牙齿的大老虎》是一篇脍炙人口的童话作品，作者通过大老虎牙齿的前后对比，告诉幼儿多吃糖的危害，提醒幼儿要每天刷牙。主题非常鲜明，情节也不复杂，但环环相扣，紧张又有趣。教师通过角色的塑造，可以绘声绘色地展现狐狸用智慧借糖打败大老虎的故事，幼儿在读故事的过程中可以获得生活经验和乐趣。

活动目标

1. 理解故事的内容，记住大体情节。
2. 能正确把握故事中不同角色的性格特征。
3. 知道要养成良好的口腔卫生习惯。

活动准备

1. 知识经验准备：

幼儿知道吃糖后不刷牙的危害。

2. 物质材料准备：

(1)多媒体设备；童话故事《没有牙齿的大老虎》音频。

(2)童话故事《没有牙齿的大老虎》的挂图1幅。

活动过程

1. 导入活动内容。

教师导语：小朋友，你们喜欢吃糖吗？(喜欢。)你们知道糖吃多了如果不刷牙，牙齿会怎么样呢？(会得龋齿病，烂掉。)有一只大老虎啊，牙齿可锋利呢，可是后来它却变成一只瘪嘴老虎了，这是怎么回事呢？我们一起听听这个故事吧。

2. 欣赏童话故事。

(1)教师出示挂图，播放童话故事《没有牙齿的大老虎》的音频，请幼儿一边安静地看挂图，一边听故事。

(2)教师结合故事提问，引导幼儿根据故事内容和已有经验交流表述：

①大老虎的牙本来厉害吗？你怎么知道的？

②狐狸怕大老虎的牙吗？它是怎么说的？是怎么做的？

③每天吃很多糖，又不刷牙，牙齿会怎么样？

④老虎不知道这个后果吗？没有谁告诉他吗？

⑤老虎的牙到底怕不怕糖呢？

⑥老虎应该怎么做才不会坏牙齿呢？

⑦老虎牙疼的时候找过谁？谁替老虎拔牙的？是怎么拔的？

⑧如果你是大老虎，你会怎么做？

(2)教师小结：这个故事讲的是大老虎的牙齿本来很厉害，森林里的小动物们都很怕大老虎，后来大老虎听了狐狸的话，每天吃糖，又不刷牙，最后牙齿全被蛀掉了，只好全部拔光。

3. 分析童话故事。

(1)教师引导幼儿分析角色形象：

①故事中一共有几个角色？主要角色是谁？(幼儿交流讲述。)

②老虎和狐狸分别是什么样的性格特征？(幼儿交流讲述。)

(2)教师归纳：故事的主要角色是狐狸和老虎。狐狸狡猾，富有心机，它运用小聪明骗取了老虎的信任，用小手段引诱老虎上当；老虎自负，喜欢别人恭维，所以容易被狐狸利诱、蒙骗，最后吃亏上当。

4. 复述童话故事。

(1)教师请幼儿看图，回忆故事内容。

(2)各组选派一名代表交流复述故事，教师给予积极的评价。

活动延伸

1. 领域外活动延伸：引导幼儿思考，生活中我们应该怎样养成良好的口腔卫生习惯。

2. 区域活动延伸：引导幼儿分别戴上狐狸和老虎的头饰，在游戏区中开展角色扮演活动，发展表达和表演能力。

3. 亲子活动延伸：和爸爸妈妈分享这个有趣的故事。

八、爷爷一定有办法

设计意图

这是一个充满智慧、手巧心更巧的老爷爷，他不厌其烦地把小孙子心爱的破毯子变成了外套、背心、领带、手帕、纽扣。作者用反复的手法，使故事内容富有节奏感，既温馨又能达到令人喜出望外的效果。对于当下的孩子而言，这是一个物质比较充盈的年代，很多物品都是一次性的，用完即丢，孩子们不太有机会用旧东西。这个故事或许可以给我们一种提醒，重新审视我们的消费行为和生活习惯。通过学习《爷爷一定有办法》故事活动，让每个孩子的心里都种下“爱物惜物”“旧物利用”的种子。

活动目标

1. 养成阅读习惯，感受故事中爷爷的智慧。
2. 根据故事发展的线索，理解故事的含义。
3. 增强“爱物惜物”“旧物利用”的意识。

活动准备

1. 知识经验准备：

有旧物利用的经历。

2. 物质材料准备：

(1)毯子、外套、背心、领带、手帕、纽扣的图片各1张。

(2)多媒体设备；故事《爷爷一定有办法》音频。

(3)旧报纸若干张。

活动过程

1. 导入活动。

教师导语：有个小朋友叫约瑟，他有一个又聪明又手巧的爷爷。每次遇到难题，约瑟总是说：“爷爷一定有办法！”我们今天就来听听约瑟和他爷爷的故事吧。

2. 欣赏故事。

(1)教师分段播放故事《爷爷一定有办法》的音频，同时根据故事的情节出示相应图片。

①播放故事录音第一至第三段(出示毯子的图片)，提问：爷爷会有什么办法吗？(幼儿猜想。)

②播放故事录音第四段，提问：爷爷把毯子变成了什么？(外套。)

③播放故事录音第五至第六段(出示外套的图片)，提问：爷爷会把外套变成什么？(幼儿猜想。)

④播放故事录音第七段，提问：爷爷把外套变成了什么？(背心。)

⑤播放故事录音第八至第九段(出示背心的图片)，提问：爷爷会把背心变成什么？(幼儿猜想。)

⑥播放故事录音第十段，提问：爷爷把背心变成了什么？(领带。)

⑦播放故事录音第十一至第十二段(出示领带的图片)，提问：爷爷会把领带变成什么？(幼儿猜想。)

⑧播放故事录音第十三段，提问：爷爷把领带变成了什么？(手帕。)如果手帕破烂了(出示手帕的图片)，爷爷还能把它变成什么？(幼儿猜想。)

⑨播放故事录音第十四段，提问：爷爷把手帕变成了什么？(纽扣。)

⑩播放故事录音第十五至第二十一段(出示纽扣的图片)，提问：后来纽扣怎么啦(不见了)，爷爷还能变吗？(不能。)为什么？(不能“无中生有”。)

(2)教师完整地播放故事录音，提问：

①你们喜欢约瑟的爷爷吗？(喜欢。)为什么？(爷爷真是心灵手巧。)

②纽扣没有了，爷爷也没有办法了，不过约瑟把爷爷的聪明学到手了，他自己把纽扣变成了一样东西，你们说，是什么？(一个奇妙的故事。)你能给这个故事起个名字吗？(教师提示幼儿寻找故事中多次反复重现的一句话。)对了，就叫《爷爷一定有办法》。

3. 复述故事。

(1)幼儿分组活动。教师请幼儿根据重新排序的图片，在组内交流复述故事。

(2)各组选派一名代表在班上交流复述故事。

4. 交流讨论。

(1)教师导语：老师相信，小朋友们也很聪明，也把爷爷的办法学到手了(出示旧报纸)。请说说这张旧报纸可以有什么用，“你们一定有办法!”

(2)教师鼓励幼儿积极思考，大胆发言。如：包书、包其他物品、练毛笔字、遮盖物品、折飞机、折帽子、擦玻璃……)

活动延伸

1. 领域外活动延伸：请幼儿和家长一起利用旧物做一个装饰品(挂饰或摆饰)。

2. 区域活动延伸：将幼儿和家长一起做的旧物装饰品摆放至活动区，展示出来。

3. 亲子活动延伸：鼓励幼儿回家后给家长讲述《爷爷一定有办法》的故事，锻炼记忆力和理解能力。

九、捉迷藏

设计意图

夜色降临，大自然的一切变得安静，可是你知道吗，这是太阳在和颜色宝宝们玩捉迷藏的游戏呢。黑夜把太阳的脸蒙住，五彩的颜色都躲起来看不见了，直到太阳解开黑夜的手帕，把颜色一个个都找出来啦！幼儿散文强调的是情趣美和意境美，对幼儿起着提高文学素养的作用。通过教师有感情的诵读，把幼儿带入一个奇妙的童话世界，跟随作品放飞想象的翅膀。当幼儿理解了散文的含义之后，可以让他们创编语句，集体游戏，大胆表现自己的想象，表达对五彩斑斓的大自然的热爱之情。

活动目标

1. 理解散文的内容，并说出关键句子表达的含义，感受散文的意境美、色彩美和趣味性。

2. 大胆想象，学习用“××躲在××里”的句式进行仿编句子。

3. 感受散文的意境美、色彩美和趣味性，萌发对五彩斑斓的大自然的热爱之情。

活动准备

1. 知识经验准备：

幼儿对自然界的颜色有所了解。

2. 物质材料准备：

各色花环若干(每个幼儿1个)。

活动过程

1. 师幼谈话，导入活动。

教师与幼儿交谈：小朋友，你们都喜欢捉迷藏吧？(喜欢。)怎么捉迷藏呢？(一个人把眼睛蒙住，等其他人找隐蔽的位置躲好后，再睁开眼睛去找。)调皮的太阳也喜欢捉迷藏，她和谁一起玩儿呢？让我们来听一听吧。

2. 欣赏散文，理解内容。

(1)教师朗诵散文《捉迷藏》，请幼儿欣赏。

(2)教师结合散文提问：

①谁把太阳的眼睛蒙了起来？(黑夜。)这是什么时候？(晚上。)太阳和谁捉迷藏？(颜色。)

②颜色们都躲在哪里了？(幼儿根据散文内容讲述。)他们是怎样去躲的？(静悄悄。)为什么会躲到那里？(幼儿根据自己的理解讲述。)

③(请幼儿观看相关画页。)太阳把颜色们全都给找到了吗？(找到了。)这是什么时候？(白天。)太阳为什么能找到各种颜色？(幼儿根据自己的理解讲述。)

(3)教师小结：这篇散文可真好玩儿，把黑夜和太阳说成是两个可爱的小朋友在玩捉迷藏的游戏，还告诉我们白天和黑夜的区别，可真巧妙。散文写到不同的颜色躲进不同的事物里，是因为它们之间有着紧密的关联；散文还写到太阳“一下子就把颜色们全都给找出来啦”，是因为这些颜色只有在太阳的照射下才能显现出来。

3. 朗诵散文，体会意境。

(1)教师示范朗诵散文，请幼儿注意倾听朗诵的语调和语速。

(2)教师带领幼儿朗诵散文，根据语调和语速，表达散文的内容和意境。

4. 发挥想象，仿编句式。

(1)教师引导幼儿用“××躲在××里”的句式仿编句子。提问：当黑夜用长长的手帕，把太阳的眼睛蒙起来的时候，不同的颜色还可以躲在哪里？(鼓励幼儿发挥想象力，大胆仿编句子。)

(2)教师梳理、提炼幼儿仿编的句子。如：

黄色躲在谷穗里。

白色躲在棉桃里。

蓝色躲在湖水里。

红色躲在云霞里。

绿色太多了，挤不下，有的躲在森林里，有的躲在农田里。

(3)教师继续提问：你还知道哪些颜色？你能不能把你知道的颜色也编成上面一样的句子？(鼓励幼儿继续用“××躲在××里”的句式仿编句子。)

活动延伸

1. 领域内活动延伸：鼓励幼儿一起去教室外寻找各种颜色的景物来仿编散文。

2. 领域外活动延伸：请幼儿头戴不同颜色的花环，根据散文的内容集体进行“捉迷藏”的游戏。

十、青蛙给星星打电话

设计意图

在美丽的夜空下，在静静的池塘里，绿色的荷叶上坐着一只绿色的小青蛙，美丽的荷花送来淡淡的清香。青蛙望着遥远的天空，想起了自己的好朋友——小星星，于是就拿起了电话……这是一首优美的幼儿诗，以对话的形式表现了富有童趣的诗意，符合幼儿的欣赏心理。教师通过引导幼儿欣赏这首幼儿诗，在理解诗歌的基础上，体会诗歌表现的意境，感知诗歌句式长短不一，有一种旋律变化的音乐美。

活动目标

1. 理解诗歌的内容，领会诗歌表达的主题。
2. 学习长短句诗歌的朗诵方法，体会诗歌表现的意境。
3. 感知诗歌节律的变化，体验诗歌的音乐美。

活动准备

1. 知识经验准备：

(1)幼儿已有打电话的经验。

(2)熟悉青蛙和小星星等事物。

2. 物质材料准备：

(1)多媒体设备、幼儿诗《青蛙给小星星打电话》的音频。

(2)彩笔和白纸若干(每个幼儿1套)。

活动过程

1. 谈话导入活动。

教师与幼儿交谈：你们打过电话吗？(打过。)给谁打过？为什么要打电话？(幼儿自由讲述。)我们给不在身边的朋友和亲人打电话，为了问候或者了解一些情况。在美丽的夜空下，在静静的池塘里绿色的荷叶上，有一只小青蛙，它想知道天上有些啥，它要给小星星打电话。你如果是小星星，你会说些什么？青蛙听了小星星的话，又会说些啥？（幼儿自由讲述。）小朋友们说得都很好，下面我们来听听诗歌里是怎么说的。

2. 欣赏幼儿诗。

（1）教师播放《青蛙给星星打电话》音频，请幼儿欣赏诗歌。

（2）教师结合诗歌提问：

①青蛙给小星星打电话说了什么？（幼儿根据诗歌内容讲述。）

②小星星是怎么说的？（幼儿根据诗歌内容讲述。）

③青蛙听完之后又是怎么回答的？（幼儿根据诗歌内容讲述。）

④为什么说水里和天上都是一样啊？（幼儿根据自己的理解讲述。）

教师讲解：这首诗歌想象丰富，意境优美。诗歌把青蛙和小星星当作人来写，富有情趣。全诗通过青蛙和小星星的对话，描绘了天空美丽的景象，特别是"水里和天上是一样的呀"一句，凸现了池水倒映天空的美丽意境，也表现了小青蛙热爱自己家乡的美好情感。

（3）教师结合诗歌再次提问：

①这首诗在语句上有什么特点？（引导幼儿发现诗歌句式不整齐。）

②我们应该怎么朗诵这首诗？（幼儿根据自己的体验自由讲述。）

教师讲解：这首诗歌句式长短不一，有的地方节奏舒缓，有的地方节奏紧凑，就像旋律有变化的音乐。

3. 朗诵幼儿诗。

（1）教师有表情地示范朗诵诗歌，同时伴以相应的情景动作，表现诗歌的意境。

（2）教师带领幼儿有表情地朗诵诗歌，尝试让幼儿跟着做动作，体验诗歌的意境。

（3）教师扮演小星星，邀请一名幼儿扮演小青蛙，进行对口朗诵，共同表演诗歌。

（4）教师组织幼儿用多种形式（如一个男孩和一个女孩、全体男孩和全体女孩、两个小组之间）进行对口朗诵，表演诗歌。

活动延伸

领域外活动延伸：鼓励幼儿根据诗歌内容，加以大胆想象，画一幅画，帮星星介绍天空，送给小青蛙。

十一、小熊，你长大了吗

设计意图

《小熊，你长大了吗》是一则简短有趣的童话故事。选择这则故事的意图是引导幼儿理解小动物们长大之后，感受各种事物变化的情感。幼儿在各种小动物的变化中，一定能够找到自己的影子：力气变大了，身体长高了，能力更强了……还有些什么表现呢？这个故事能激发幼儿的表达欲望，让孩子积极地思考，快乐地表达。告诉自己，我真的长大了。

活动目标

1. 体验成长的快乐，萌发长大的自豪感。
2. 学会用动作、表情、语言表达小动物们成长的喜悦心情。
3. 能够找到自己长大的痕迹，大胆表达、展示。

活动准备

1. 知识经验准备：

幼儿对小熊、小马、小兔和小象的形态、动作比较熟悉。

2. 物质材料准备：

(1) 小熊、小马、小兔和小象的图片各 1 张。
(2) 童话《小熊，你长大了吗》的图片 1 幅。
(3) 童话《小熊，你长大了吗》的讲述音频。

活动过程

1. 情景导入。

教师讲述：今天我们大班迎来了几位新朋友，它们是小熊、小马、小兔和小象，它们也上大班了，我们欢迎他们吧！（出示这几个动物的图片。）

2. 欣赏故事，理解故事。

(1)教师出示故事图片，请幼儿一边看图，一边欣赏故事《小熊，你长大了吗》音频。

(2)教师提问：这个故事讲的是什么？(幼儿自由表述。)

(3)教师讲述故事，幼儿理解故事：

①讲述故事第一、二段，提问：故事发生在什么时候？(冬天刚过去的一天早晨。)谁出现了？(小熊。)它在干什么？(睡觉。)请幼儿模仿小熊睡觉的样子。后来谁来了？(小马、小兔和小象。)它们来说什么了？("小熊，小熊，快起来。")

②讲述故事第三段，提问：小马说什么了？("你们瞧，我长大了，腿也长长了，背也宽了，可以背大木头了。")请幼儿模仿小马背木头跑步的动作。

③讲述故事第四段，提问：小兔说什么了？("你们瞧，我也长大了，我的脚丫子变大了，跳得更高了。")请幼儿模仿小兔跳起来摘果子的样子。

④讲述故事第五段，提问：小象说什么了？("我也长大了，我的鼻子更长，更有力气了。")请幼儿模仿小象用鼻子喷水的动作。

⑤讲述故事第六段，提问：小熊听了好朋友们的话之后做了什么？(小熊对着河水照了照自己。)说了什么？("就是我没长大，好像还和原来一样。")请幼儿模仿小熊对着河水照影子的动作。

⑥讲述故事第七段至第十一段，提问：小熊长大了吗？为什么说它长大了呢？(幼儿根据故事内容讲述。)

⑦讲述故事第十二段。教师小结：在这个世界上，动物、植物，凡是有生命的东西都会长大，也许你没有发现，但是，和小朋友一样，它们的确是越来越能干了。

(4)教师播放故事录音，请幼儿完整地欣赏一遍故事。

3. 复述故事。

(1)教师请幼儿看图片，回忆故事的内容。

(2)教师请幼儿看图分段复述故事的内容。

4. 交流讨论。

(1)教师提问：小朋友们，你们长大了吗？谁来说说？(引导幼儿从身体变化、升班、称呼等方面来讲述有关自己长大的事情。)

(2)教师再次提问：你还看到什么东西长大了？能告诉大家吗？(幼儿自由讲述。)

(3)教师小结：在不知不觉中，我们长高了，长壮了，跳得更高了，跑得更快了。可以自己吃饭、睡觉、整理玩具了。爸爸妈妈是多么地开心啊！我们也是幼儿园里最大的小朋友了，一定要做一个像样的哥哥姐姐哟！

活动拓展

1. 请幼儿按拍照时间的先后整理自己的相册，回忆自己成长的过程。
2. 鼓励幼儿回家后，帮家人做一件事情，证明自己长大了。

十二、刘小柳和牛小妞

设计意图

绕口令是语言训练的好材料。幼儿通过学说绕口令，可以使头脑反应灵活、用气自如、吐字清晰、口齿伶俐，还可以将绕口令作为休闲逗趣的语言游戏。孩子们之前学过一些简单的绕口令，非常喜欢，他们经常三个一群、两个一伙地在一起念绕口令，有时候还会自发地进行绕口令比赛呢。这次的绕口令训练难度有所增加。教师通过指导幼儿念诵《刘小柳和牛小妞》，帮助他们辨别“刘（liú）—柳（liǔ）—榴（liú），牛（niú）—妞（niū）”等读音相近不相同的汉字的发音，进一步提高幼儿的语言能力。幼儿还能了解绕口令的语言特点，享受语言学习的乐趣。

活动目标

1. 喜欢学念绕口令，感受语言的趣味性。

2. 会准确读出“刘（liú）—柳（liǔ）—榴（liú），牛（niú）—妞（niū）”等读音相近不相同的汉字的读音。

3. 能够发现绕口令的特点，辨别鼻音和边音音节，能清晰完整地念诵绕口令。

活动准备

1. 知识经验准备：

幼儿有念诵绕口令的经验。

2. 物质材料准备：

（1）男孩、女孩手偶各 1 个；小皮球、石榴各 1 个。

（2）《刘小柳和牛小妞》内容图片。

活动过程

1. 手偶表演，引发幼儿学习兴趣。

教师左右手分别套上男孩和女孩手偶进行表演：小朋友，今天我们班又来了两位新朋友，他们一个叫刘小柳(出示男孩手偶)，一个叫牛小妞(出示女孩手偶)，现在就让他们来讲讲发生在自己身上的故事吧。

刘小柳：小朋友们好！我叫刘小柳，有谁能把我的名字说一遍？不要说错了哦！(请幼儿说“刘小柳”，注意边音声母的发音。)

牛小妞：小朋友们好！我叫牛小妞，有谁能把我的名字说一遍？也不要说错了哦！(请幼儿说“牛小妞”，注意鼻音声母的发音。)

刘小柳：我住在路东。

牛小妞：我住在路西。

刘小柳：我手上拿着大石榴。

牛小妞：我手上抱着大皮球。

刘小柳：我把大石榴送给牛小妞。

牛小妞：我把大皮球送给刘小柳。

2. 教师提问，幼儿复述。

提问：小朋友，刚才刘小柳和牛小妞的话大家都听明白了吗？谁能说说？

(幼儿自由讲述。)

3. 观看图片，掌握绕口令的内容。

(1)教师结合画面提问，分句教授幼儿学说绕口令。要求幼儿口齿清晰、发音准确，特别注意发准“刘(liú)”、“柳(liǔ)”、“牛(niú)”、“妞(niū)”、“榴(liú)”、“球(qiú)”等字音。

①路东住着谁？路西住着谁？(刘小柳，牛小妞。)

教师明确：路东住着刘小柳，路西住着牛小妞。请幼儿跟读。

②刘小柳拿着什么？牛小妞抱着什么？(大石榴，大皮球。)

教师明确：刘小柳拿着大石榴，牛小妞抱着大皮球。请幼儿跟读。

③刘小柳把大石榴送给了谁？牛小妞把大皮球送给了谁？(牛小妞，刘小柳。)

教师明确：刘小柳把大石榴送给牛小妞，牛小妞把大皮球送给刘小柳。请幼儿跟读。

(2)教师完整念诵绕口令：

这首绕口令叙述了刘小柳和牛小妞两个小朋友互相交换东西的事情，表现了他们大方、友好，乐于分享的品质。现在老师完整地念一遍。

(3)幼儿完整念诵绕口令：

结合图片，在教师指导下，幼儿整齐慢速地完整念诵绕口令。

4. 教师示范，引导幼儿学习绕口令。

(1)教师快速、准确、清晰地念诵绕口令1~2遍，激发幼儿学说绕口令的兴趣。

(2)教师和幼儿一起完整地练习绕口令。速度可以由慢到快，逐步提高熟练程度。

(3)教师请幼儿自由结伴，在口齿清晰、发音正确的基础上快速说绕口令。鼓励幼儿大方地在集体面前说绕口令。

（5）教师采用对诵、接龙、比赛等轻松、愉快的游戏方式，引导幼儿反复练习绕口令，速度由慢到快，直至能够熟练地背诵绕口令。在游戏的过程中，教师要及时纠正幼儿的不正确发音。

活动拓展

1. 家园共育：请家长教孩子念几首有趣的绕口令。
2. 组织幼儿进行绕口令朗诵比赛，比一比谁的绕口令说得又多、又快、又准。

十三、三只蝴蝶

设计意图

《三只蝴蝶》的故事不仅描绘了一幅色彩斑斓的图画，还勾勒出了一种动态鲜明的意境美。最重要的是故事采用反复的结构方式、细节和对话描写，重点突出了三只蝴蝶不离不弃、同甘共苦的精神，更值得小朋友们去学习。设计此活动，旨在指导幼儿了解故事内容，学说角色的对话，激发幼儿的表演欲望，并形象地进行表演，从而领悟故事的主题——同伴之间要团结友爱、互帮互助，共同分享美好的事物。这个故事一定能够深深地吸引幼儿。

活动目标

1. 喜欢听故事、复述故事、表演故事，懂得同伴之间要团结有爱、互帮互助。
2. 学说故事中角色的对话，理解词语“一块儿”“相亲相爱”“避雨”。
3. 能够形象地表演故事的主要情节，体验角色的情感。

活动准备

1. 贴绒教具：草地背景；红花、黄花、白花各1枝；红蝴蝶、黄蝴蝶、白蝴蝶各1只；太阳公公、黑云各1个。
2. 配乐故事音频。
3. 故事《三只蝴蝶》图片。
4. 故事表演头饰1套；红、黄、白三色蝴蝶“翅膀”可用纱巾代替。

活动过程

1. 欣赏故事。

(1) 教师出示贴绒教具，引起幼儿观看表演的兴趣。

请小朋友们看一看，黑板上有些什么？哦，有花儿，有蝴蝶，有太阳，有乌云。今天，老师请小朋友们欣赏一个故事，名字就叫《三只蝴蝶》。

(2)教师完整播放配乐故事《三只蝴蝶》音频，请幼儿安静地倾听。

(3)教师引导幼儿理解故事的主要内容和情节的发展过程，理解“一块儿”“相亲相爱”“避雨”等词语的意思：

①这个故事叫什么名字？发生在什么地方？

②故事中有谁？它们在干什么？

③三只蝴蝶是怎样向红花姐姐、黄花姐姐和白花姐姐请求避雨的？结果怎样？

④三只蝴蝶有没有离开朋友单独去避雨呢？

⑤最后是谁帮助了三只蝴蝶？

教师提示幼儿用故事里的语句回答问题。

(4)教师出示图片，分段播放配乐故事，引导幼儿复述故事中蝴蝶和花儿之间的对话，注意用不同的语音和语调表现出它们不同的性格特征。

(5)组织幼儿讨论：这个故事告诉了我们一个什么样的道理呢？(幼儿根据自己的理解表述。)

(6)教师和幼儿一起小结：三只蝴蝶团结友爱，共同克服了困难。我们要向三只蝴蝶学习，同伴之间要团结友爱、互帮互助。

2. 讲述故事，表演故事。

(1)教师请幼儿看图片，引导幼儿看图讲述故事。

(2)教师带领幼儿练习蝴蝶和花儿之间的对话，提醒幼儿要用不同的语音和语调表现出它们不同的性格特征。

(3)教师请幼儿自由结伴，6 人一组，分别扮演红蝴蝶、黄蝴蝶、白蝴蝶、红花、黄花和白花，练习说故事中的对话。

(4)教师请扮演同一角色的幼儿在一起设计和讨论动作，以表现出角色的特点。例如：用什么动作来表现三只蝴蝶在雨中着急、遭拒绝后失望以及太阳出来后高兴的样子。

(5)各个小组自由练习表演故事，教师进行巡回指导，注意帮助个别能力较弱的幼儿，让大家在故事表演中领悟故事的主题。

(6)各个小组依次装扮，轮流表演故事，教师给予及时肯定和表扬。

(7)教师点评幼儿的表演，请幼儿评选“最佳剧组”和“最佳演员”。

活动拓展

1. 在表演区投放故事表演所需要的头饰和道具，供幼儿自由进行故事表演或创造性表演。

2. 组织幼儿排练童话剧《三只蝴蝶》，表演给幼儿园的弟弟妹妹们看，也可以在“六一”儿童节的时候进行汇报演出。

十四、孙悟空打妖怪

设计意图

《西游记》的故事对于大班幼儿来说是比较熟悉的，但是谁能用简单易懂的语言把这部名著的内容说清楚？《孙悟空打妖怪》这首儿歌就做到了。幼儿们都喜欢惩恶扬善的孙悟空，嘲笑糊涂懒惰的猪八戒，儿歌塑造的正是这些活灵活现的人物形象。加上朗朗上口的语句、动态十足的语言描述，幼儿更是从中获得了无尽的快乐与满足。在活动中，教师应强调的是儿歌的音乐美、押韵与节奏的表现，以及幼儿表演儿歌时的乐趣。

活动目标

1. 喜欢念诵表演儿歌，并从中获得乐趣。
2. 理解儿歌内容，发现儿歌特点，学会用声音、动作表演儿歌，节奏鲜明稳定。
3. 积极参与讨论、念诵和表演，培养活泼的性格。

活动准备

1. 知识经验准备：

幼儿听过或看过由名著《西游记》改编成的童话故事。

2. 物质材料准备：

(1)孙悟空、猪八戒、沙僧、唐僧、白龙马、妖怪的面具或头饰若干；金箍棒若干。

(2)孙悟空打妖怪的故事图片。

(3)经典动画片《西游记》的主题歌《白龙马》MTV 视频。

活动过程

1. 导入活动。

(1)教师播放动画片《西游记》的主题歌《白龙马》，请幼儿欣赏。

(2)教师提问：你们听过这首歌吗？在哪里听到的？这是什么歌？(动画片《西游

记》里的歌。)动画片《西游记》是什么内容?(引导幼儿说出唐僧、孙悟空、猪八戒、沙僧、白龙马、妖怪、金箍棒等相关内容。)

(3)教师请幼儿观看图片，提问：谁能说一说唐僧师徒去西天取经，孙悟空打妖怪的故事?(幼儿自由讲述。)

(4)教师导入：今天我们一起学习一首儿歌，儿歌的名字就叫《孙悟空打妖怪》。

2. 欣赏儿歌。

(1)教师示范诵读儿歌，提问：

①儿歌里都有谁?(唐僧、孙悟空、猪八戒、沙和尚、老妖婆。)

②谁上当了?为什么唐僧、猪八戒容易上当受骗?(他们糊涂，听信妖怪骗人的鬼话。)

③你最喜欢谁?(孙悟空。)为什么?(他眼睛亮，能识破妖怪，消灭妖魔鬼怪。)

(2)教师带领幼儿诵读儿歌，提问：你读这首儿歌时有没有发现什么特别的地方?(幼儿自由讲述自己的发现。)

教师小结：这首儿歌前一句的最后一个词又成为后一句的开头，念起来好听顺口又有趣，就像我们玩的接龙游戏一样。

3. 念诵儿歌。

(1)教师让幼儿分组轮流朗读儿歌，每组读两行，感受儿歌“连锁调式”的特点。

(2)教师提问：要用什么样的声音和表情，儿歌读起来才会好听?(引导幼儿探索。)

(3)教师启发幼儿运用动作，有表情、有节奏地诵读儿歌。

4. 表演儿歌。

(1)教师安排幼儿分组活动，借助面具(头饰)和道具进行儿歌表演。

(2)各组幼儿轮流上台表演，教师引导其他幼儿做出简单积极的评价。

活动拓展

1. 引导幼儿尝试儿歌念诵的不同方式(打击乐器辅助法、身体律动辅助法等)。

2. 鼓励幼儿回家后将儿歌念给家长听，并讲述一个孙悟空打妖怪的故事。

十五、红狐狸教算术

设计意图

大班幼儿已经建立了初步的数学概念，知道“1+1=2”，但是在《红狐狸教算术》这篇童话中，“1+1”居然有不同的答案，这是为什么呢？让幼儿带着这个问题听故事，会引起幼儿的兴趣和思考。教师通过这个故事告诉幼儿，“这是动物学校教的算术课”，传达给幼儿初步的自然科学知识，了解动物弱肉强食的一般规律，激发进一步探究的兴趣。

活动目标

1. 乐于倾听，乐于思考，体会故事的含义，感受自然界的奇妙。
2. 理解故事内容，了解“1+1”在自然界中为什么不仅仅等于2的原因。
3. 能够完整、准确地复述故事，了解自然界动物之间弱肉强食的关系。

活动准备

1. 知识经验准备：

幼儿具备简单的算术能力，了解动物的捕食特点。

2. 物质材料准备：

（1）童话故事《红狐狸教算术》的讲述音频。

（2）童话故事《红狐狸教算术》的故事图片。

（3）其他图片：图1：两只小熊在一起拥抱。图2：狮子在追逐斑马。图3：猫头鹰从空中俯冲下来抓老鼠。图4：鳄鱼和河马在一起互相撕咬。

活动过程

1. 提问导入活动内容。

教师导语：小朋友，请问1+1=？（1+1=2）哦，1+1=2，大家说得很对！但是，你们知道吗，在动物学校里，1+1有三种不同的答案呢，你们想知道吗？那么，就来听听下面这个故事吧！

2. 倾听故事。

教师出示图片，播放《红狐狸教算术》故事讲述音频，请幼儿一边观看图片，一边听故事。

3. 理解故事内容。

(1)教师提出问题，引导幼儿讨论：

①森林王国里有一所动物学校，谁在这里上学？(小猴、小鹿、小兔。)谁教它们算术？(红狐狸。)

②红狐狸出了一道什么题？(1+1=？)

③那么1+1等于几呢？小动物们是怎么回答的？(小鹿说等于2，小猴说等于1，小兔说等于0。)

④有这么多不同的答案，到底谁对呢？红狐狸是怎么说的？(三个答案都对。)为什么都对呢？(幼儿自由讲述。)

(2)教师归纳讲述三个答案的由来，肯定幼儿的正确答案。

4. 看图复述故事。

(1)教师请幼儿依次看图，回忆故事的内容。

(2)教师请幼儿根据图示的顺序，完整地复述故事的内容。

5. 交流讨论问题。

(1)教师导语：哦，原来这是动物学校的算术课呀，难怪和我们的不一样呢。老师这里也有一些动物，请小朋友们说说，如果它们在一起，按照动物学校的算术课，这个算式等于几呢？

(2)教师请幼儿观看幼儿用书相关画页，交流讨论各图提出的算术题：

图1：两只小熊在一起拥抱。(1+1=2)

图2：狮子在追逐斑马。(1+1=1)

图3：猫头鹰从空中俯冲下来抓老鼠。(1+1=1)

图4：鳄鱼和河马在一起互相撕咬。(1+1=0)

(3)教师小结：小朋友们真棒！不仅会算动物学校的算术题，还了解这么多的动物知识。你还知道哪些关于动物的有趣事情，在自由活动时间讲给大家听听。

活动拓展

结合科学领域，引导幼儿查找资料，探究自然界动物“食物链”的关系。

十六、望梅止渴

设计意图

幼儿学习成语故事，可以初步了解中国传统的文化知识，并进一步提高文学作品的欣赏水平和看图讲述能力。上学期学习了成语故事《狐假虎威》后，幼儿对成语和成语故事都有了一定的了解，并且表现出了积极的学习兴趣。本学期特意安排一个关于历史的成语故事，让幼儿在学习成语的同时，还能够了解中国历史人物和历史故事，提高幼儿对中国传统语言文化的兴趣。

活动目标

1. 喜欢说成语，喜欢听成语故事，乐于在故事中了解历史人物，感受语言魅力。
2. 理解故事的内容，学习成语“望梅止渴”。
3. 能积极参与讨论与交流，能完整地复述故事。

活动准备

1. 较酸的青橘若干、梅子实物若干(或图片 1 张)。
2. 故事《望梅止渴》图片。

活动过程

1. 复习旧知识导入。

(1)教师提问：什么是成语？什么是成语故事？(幼儿根据已有经验自由表述。)

在幼儿表述的基础上，教师归纳讲述：成语是人们长期以来习惯用的词组，一般由四个字组成。虽然只有几个字，却能说明一个很深刻的道理，大家一听就懂。有些成语是由一件事情引出来的，这件事情就成了人们讲的故事，这就是成语故事。

(2)教师请幼儿说说学过和知道的成语故事(如《狐假虎威》《掩耳盗铃》《守株待兔》《拔苗助长》等)，并简单讲述故事大意。

2. 引导幼儿体验条件反射(流口水)的感觉。

(1)教师提问：小朋友吃过橘子吗？吃的时候有什么感觉？当你现在一想起吃橘子的时候，会有什么感觉？(请有经验的幼儿自由表述)

(2)教师拿出一个青橘，把橘子皮拨开，让橘子的酸味散出，提示幼儿闻一闻，再想象橘子的味道，看看小嘴巴有什么感觉。

(3)教师小结：当我们尝过和知道酸橘子的味道以后，一旦想吃橘子，或者想象橘子的味道，嘴里自然就流出了口水，而且会有酸酸的感觉。

3. 引导幼儿欣赏、理解成语故事。

(1)教师讲述：有一个故事，也和酸酸的味道有关，现在就讲给小朋友们听。

(2)教师讲述《望梅止渴》的成语故事，当讲到曹操“用马鞭指着前方说”时出示梅子实物若干(图片1张)。

(3)讲述完毕后，教师结合故事提问，并引导幼儿讨论，要求幼儿用故事中的词句回答问题：

①谁带士兵走了很长的时间？(曹操。)介绍曹操是古代的军事家。

②天气怎么样？(热得出奇，骄阳似火。)

③士兵为什么走不动了？(热得透不过气来，连水也喝不上，体弱的士兵晕倒了。)

④曹操怎么做的？怎么说的？(用马鞭指着前方，说前面有一大片梅林。)

⑤士兵们听了曹操的话后有什么感觉？(仿佛已经把梅子吃到嘴里，流出了口水，不渴了。)

⑥结果怎么样了？(士兵精神大振，争先恐后往梅林走去。就这样，曹操终于率领军队走到了有水的地方。)

(4)教师请幼儿观看故事图片，一边按顺序看图，一边复述故事的内容。

4. 引导幼儿学习、理解成语。

(1)教师提问：这个故事讲的是一件什么事情？(幼儿根据自己的理解自由表述，说准关键点即可。)

(2)在幼儿表述的基础上，教师补充：梅子很酸，人们想吃梅子时，就会情不自禁地流口水，就不会感到那么渴了。这是曹操安慰士兵的一种办法。后来人们用“望梅止渴”来比喻借空想来安慰自己或别人。

(3)请幼儿读准成语“望梅止渴”。

(4)有兴趣的幼儿可以尝一尝老师带来的橘子和梅子。

活动拓展

1. 建议家长在日常生活中，多给孩子介绍一些简明易懂的成语故事，既可增长知识，又可丰富词汇。

2. 开展“成语故事会”活动。请幼儿将爸爸妈妈讲的成语故事讲给其他小朋友听，与大家进行分享和交流。

十七、变成什么好

设计意图

《变成什么好》是一篇既有趣又饱含哲理的童话故事。有一只小老鼠觉得做老鼠一点儿也不快活，就向魔法师借了一瓶“变身水”。可是，变成什么呢？小老鼠有点为难。它左思右想，发现美丽的蝴蝶、长寿的乌龟、自由飞翔的蜜蜂、爬得快的蚂蚁、爱唱歌的小鸟、硕壮的大象虽然各有各的优点、令人羡慕，但都有各自的缺憾。最后聪明的小老鼠的选择还是——做自己！童话语言生动，情节一波三折，生活的哲理蕴涵其中。这次活动既可以让孩子借“变身水”充分发挥想象，又可以感受“做快乐的自己最好”的理念。

活动目标

1. 喜爱听赏童话故事，感受小老鼠的情感变化。
2. 较完整地复述故事内容，理解故事情节。
3. 获得想象的快乐，初步体会生活的哲理。

活动准备

1. 形状可爱或奇特的“魔法瓶”若干(数量与幼儿小组数量一样)。
2. 童话故事《变成什么好》的图片一套。

活动过程

1. 情景导入。

教师导语：有一个魔法师，家里有很多的变身水，都装在小瓶子里(出示一个形状可爱或奇特的瓶子)。谁不想做自己，要变成什么，只要喝了变身水就行。小朋友们，你们想不想变身？想变成什么？为什么？

(幼儿自由讲述。)

小朋友们讲得真好！有只小老鼠也想变身，它想变成什么呢？我们一起来看看吧。

2. 欣赏故事。

教师出示图片，讲述《变成什么好》的故事，请幼儿欣赏。

①讲述故事 1~10 段，提问：小老鼠拿到没有标签的瓶子了，它可能会变成什么？（幼儿自由想象讲述，并且说明理由。）

②讲述故事 11~18 段，提问：你们觉得小老鼠应该变成什么呢？（幼儿自由讲述。）

③讲述故事 19~24 段，提问：小老鼠最后为什么不想变身了呢？（幼儿根据故事内容讲述。）

3. 复述故事。

（1）教师请幼儿依次看图，回忆故事的内容。

（2）教师把“魔法瓶”发给每一个小组，幼儿分组活动，在组内交流复述故事。

（3）各组选派一名幼儿上台复述故事，鼓励幼儿借助表情和动作表现内容。

4. 结束语。

这个故事告诉我们一个道理，羡慕别人、跟别人攀比是毫无意义的，每个人都不一样，每个人都有自己的快乐和烦恼。所以，最重要的是要做一个快活的自己。

活动拓展

1. 延伸提问：小朋友，你现在是觉得变成别人好还是就当自己好呢？
2. 鼓励幼儿回家后，将故事讲给家长听，把自己的想法画给家长看。

十八、母鸡萝丝去散步

设计意图

这是一个经典的图画故事（绘本）。作者别出心裁的设计展现出图画故事独有的特点：图画为主，文字为辅。文字讲述的是母鸡萝丝去散步的平淡无奇的经过，而图画画面则表现的是狐狸追逐母鸡萝丝却屡屡受挫的故事，情节非常丰富。因此，这本绘本是帮助幼儿“读图”的优秀典范作品。幼儿通过读图，发现和关注隐藏在文字背后的故事，一定会乐不可支，大大增加自主阅读的兴趣。

活动目标

1. 喜爱阅读，积极体会画面所表现出的幽默。
2. 理解图画故事的内容和情节。
3. 大胆想象，勇于表达自己的理解。

活动准备

1. 绘本《母鸡萝丝去散步》PPT。
2. 幼儿用书。
3. 农场图片 1 张。
4. 母鸡、狐狸、青蛙、老鼠、黄牛、蜜蜂头饰若干。

活动过程

1. 情景导入故事内容。

（1）教师讲述：有一只母鸡，名叫萝丝，住在农场里。它每天都要出去散步。瞧，它来了（出示母鸡纸偶）。它每天都要走过院子，绕过池塘，越过干草堆，经过磨坊，穿过篱笆，钻过蜜蜂房，按时回到家吃晚饭。（教师出示相应的农场图片，用纸偶母鸡在图上演示她散步时经过的地方，并用语气提醒幼儿注意相关动词。）

（2）教师提问：母鸡萝丝都去过哪些地方？（院子、池塘、干草堆、磨坊、篱笆、蜜蜂房。)它是怎么来到这些地方的？你听到了哪些动作？(走过、绕过、越过、经过、穿过、钻过。)

(3)教师请幼儿看着图片把母鸡萝丝每天散步的经过完整地说一遍。

2. 看图讲述故事。

(1)教师导语：今天，母鸡萝丝又要去散步了，它在散步的过程中会发生什么事情呢？我们一起来看看吧！

(2)教师打开绘本《母鸡萝丝去散步》PPT，请幼儿观看画面，教师讲述母鸡萝丝散步的经过(走过院子，绕过池塘，越过干草堆，经过磨坊，穿过篱笆，钻过蜜蜂房，按时回到家吃晚饭)。

(3)教师引导幼儿发现图画中的乐趣：你们发现了什么有趣的事吗？谁能来说说？你觉得最可笑的是哪里？(鼓励幼儿讲出自己最喜欢的一部分，适当引导、帮助幼儿理解画面内容。)

(4)教师在幼儿讲述的基础上，再把故事完整讲述。

(5)请幼儿打开自己的绘本，一边翻页一边讲述故事。

3. 表演故事。

(1)教师再次讲述母鸡萝丝的散步经过，每讲一段，请一名幼儿讲狐狸在母鸡身后发生的故事。

(2)教师请幼儿分组，带上母鸡、狐狸、青蛙、老鼠、黄牛、蜜蜂头饰，分角色设计表情、动作，合作表演母鸡萝丝去散步的过程。

(3)教师和幼儿一起表演，引导其他幼儿作出积极的评价。

活动拓展

1. 引导幼儿延伸讨论：萝丝是一只怎样性格的母鸡？萝丝后面的狐狸是一只怎样性格的狐狸？(鼓励幼儿根据自己的理解，大胆发表自己的看法。)

2. 给幼儿提供一些优秀的图画故事，鼓励幼儿根据画面用自己的话讲出来。

十九、月亮渴了

设计意图

如何把枯燥的科学知识传递给幼儿，是很多教师面临的难题。《月亮渴了》这篇幼儿散文把水遇热变成水蒸气升上天空，形成雨之后再落下来这个自然现象的过程，融入带有童话色彩的文字当中，新颖有趣，生动形象，准确浅显，很容易为幼儿理解和接受。教师通过散文讲解物理知识，还可以通过物理实验来演示这个过程，将文学性与科学性相结合，给幼儿多方面的体验。

活动目标

1. 愿意倾听，乐于思考，喜爱大自然。
2. 了解散文的内容，通过理解和想象，懂得水的循环的知识。
3. 能积极参与表演，感受散文美的意境，对大自然有着探索的兴趣。

活动准备

1. 知识经验准备：

幼儿对太阳、月亮、星星以及下雨的现象比较熟悉。

2. 物质材料准备：

(1)散文《月亮渴了》图片。

(2)《水的循环》视频或《水的循环》实验器材 1 套。

活动过程

1. 导入活动。

教师导语：我们大家都有口渴的时候，口渴了，我们怎么办呢？对了，喝水！如果月亮口渴了，又会怎么办呢？让我们来听一听吧。

2. 欣赏散文。

(1)教师打开图片，有感情地朗诵散文《月亮渴了》，请幼儿一边看图，一边欣赏。

（2）教师提问：

①"天空渴了，月亮和那些小星星渴了。"怎么办？（太阳给它们舀水喝。）

②太阳怎么舀水？（从大地上、河里、江里、大海里，"蒸"起无数的小水珠儿。）

③月亮它们喝到水了，高兴吗？它们又是怎么做的？（高兴。它们喝呀、喝呀。它们不渴了，就把喝剩下的水，还给大地，还给江河和大海。）

④水变成什么了？你怎么知道的？（水变成了雨，小朋友们看见了，他们拍着手喊："下雨喽！下雨喽！"）

⑤你喜欢谁？太阳还是月亮和星星？（喜欢太阳，因为它很关心月亮和星星；喜欢月亮和星星，因为它们很懂事，知道把水还给大地。）

（3）教师带领幼儿完整地念诵散文。

3. 朗诵表演。

（1）教师把幼儿分成三部分，一部分扮演天空、月亮和小星星，一部分扮演小水珠儿，一部分扮演大地、江河、大海。教师扮演太阳。开始时，小水珠儿和大地在一起，月亮口渴了，太阳照射，小水珠儿们跑向天空；天空不渴了，小水珠儿们回到大地。

（2）三组幼儿可以轮流扮演不同角色，既可以反复念诵散文进行美感的熏陶，又能体会水的循环过程，同时感受游戏般的乐趣。

活动拓展

1. 教师播放《水的循环》视频录像，或演示水的循环的实验，让幼儿进一步明白水循环的科学现象。

2. 鼓励幼儿回家把这篇散文朗诵给家长听。

二十、灰姑娘

设计意图

《灰姑娘》是大家耳熟能详的故事，也是我们成年人儿时的回忆。不论是电影、动画片，或是故事书，我们总会一次次地重复欣赏。是什么原因让我们如此为之倾倒呢？那就是童话的魅力。这种魅力的精髓就在于幻想，就在于丰富的想象。童话的想象能启迪儿童的心智，能帮助儿童更深刻地认识世界、了解世界，让他们更智慧地生活。《灰姑娘》就是运用想象为我们讲述了一个幻想的故事，这个故事以悲剧开始，而以喜剧结尾，深受孩子们喜爱。教师引导幼儿欣赏这个故事，就是想告诉幼儿，一个人要始终怀有一颗虔诚之心、善良之心，要积极面对困难，勇于战胜困难，为实现自己的追求而不断地努力。

活动目标

1. 乐于倾听，体会故事所表现的情感。
2. 了解故事情节，理解故事内容，懂得童话说明的道理。
3. 能积极参与交流讨论，感受美与丑、善与恶。

活动准备

1. 童话故事《灰姑娘》故事音频。
2. 童话故事《灰姑娘》故事情节图片。
3. 《灰姑娘》图片。

活动过程

1. 导入活动内容。

教师出示《灰姑娘》图片，讲述：小朋友，你们认识她吗？她叫灰姑娘，在她身上发生了一个令人同情，结局又非常圆满的故事。我们一起来听听《灰姑娘》的故事吧！

2. 了解故事梗概。

(1) 教师播放《灰姑娘》故事音频，请幼儿仔细聆听。

(2)教师结合故事提问：小朋友们都很认真地听了故事，谁能说一说这个故事讲的是什么？(幼儿自由表述。)

在幼儿交流表述的基础上，教师归纳：这是选自《格林童话》中的一个故事。故事讲述了一个可怜的灰姑娘在生母死后，受尽继母和两个姐姐的欺侮、嘲笑，过着艰难的生活。但她一直牢记生母的嘱托，为人始终真诚、善良。后来，国王举行盛大的舞会，想为王子物色未来的新娘。被继母关在家里的灰姑娘得到了小鸟的帮助，有幸参加了舞会并被王子选中，最终成了王子的新娘。

3. 理解人物性格。

教师再次播放童话故事，请幼儿欣赏。然后引导幼儿重点讨论、分析灰姑娘的性格特征。

教师提问：听了这个故事，你们最喜欢谁呀？(灰姑娘。)为什么呢？(幼儿自由表述。)

在幼儿交流表述的过程中，教师引导幼儿从以下几个方面理解灰姑娘的性格特征：

(1)真诚、善良。

①她常到母亲坟前哭——热爱母亲、思念母亲，牢记母亲临终前的嘱咐。

②在集市，她不要漂亮衣服，不要珍珠钻石，只要爸爸带回碰掉爸爸帽子的第一根树枝——祈愿爸爸平安回家。

(2)勤劳、宽容。

①每天天不亮就起来担水、生火、做饭、洗衣——她不停地劳作。

②后妈和两个姐姐辱骂她、欺负她、使唤她、虐待她、捉弄她——她不与她们争辩、不与她们争吵、不理会她们。

(3)自信、美丽。

①后妈不让她参加国王的舞会，她一再努力争取参加国王的舞会——她相信自己不会丢人。

②她在舞会上显得高雅、漂亮、美丽、动人，连她的后妈和两个姐姐也没有认出她来——王子一直要她做舞伴，一直希望她在身边。

4. 归纳故事主题。

教师提问：这个童话让我们知道了些什么？懂得了些什么呢？(幼儿自由表述。)

在幼儿交流表述的基础上教师小结：这个故事向我们讲述了一个生活极度艰难的女孩，心怀对美好生活的向往，她吃苦耐劳，坚强地生活，最终获得了幸福。这个故事告诉我们要为人真诚、善良，要积极地面对生活中遇到的种种困难，要不断努力去追求自己的梦想。

活动拓展

1. 在表演区放置故事道具，鼓励幼儿进行故事表演。
2. 将故事排练成童话剧，到“六一”儿童节的舞台上演出。

学前班（上）

一、假如我是孙悟空

设计意图

孙悟空是幼儿最为喜欢的动画人物之一。他火眼金睛、神通广大、本领高强，他会七十二变，一个筋斗十万八千里。教师让幼儿以“假如我是孙悟空”为话题组织一次谈话活动，这样就将幼儿自然而然地置身于奇妙的动画世界中，为幼儿提供了一个宽松的语言学习环境。同时，教师扮演成“孙悟空”的形象出现，调动了幼儿参与谈话活动的积极性，促使他们畅所欲言，充分发挥自己的想象力。

活动目标

1. 能够围绕“孙悟空的本领”和“假如我是孙悟空”等话题，用连贯的语句进行交谈。

2. 能够专注地倾听同伴讲话，并积极、主动地参与集体谈话活动。

3. 培养想象力和语言表达能力，体验谈话活动的快乐。

活动准备

1. 知识经验准备：

幼儿看过电视剧或动画片《西游记》，听过“孙悟空”的故事。

2. 物质材料准备：

(1)“孙悟空”有关道具(如：面具、服饰、金箍棒等)。

(2)孙悟空七十二变的图片。

活动过程

1. 引出话题。

教师扮演成孙悟空的形象出场，激发幼儿参与谈话的兴趣，并引出话题：今天俺老孙来到幼儿园，要和小朋友们交个朋友，你们愿意吗？大家都知道俺老孙的本领很大，现在想请小朋友们说一说，俺都有哪些本领？俺要听听你们说得对不对。

2. 分组讨论。

(1)幼儿自由分组，围绕“孙悟空的本领”进行交流讨论。

(2)教师启发幼儿回忆看过的电视剧、动画片或听过的故事中孙悟空的本领，让幼儿充分发表自己的见解。教师引导幼儿观看孙悟空的图片，并说出他的本领。

(3)教师参与并倾听各组幼儿的谈论，提醒幼儿要专心听同伴说话，了解别人说了孙悟空的哪些本领，还有哪些本领没说，自己要说得与别人不一样。

3. 集体交流。

请幼儿连贯地表述“孙悟空的本领”，并鼓励幼儿在集体面前说话时要自然大方、声音响亮。

4. 师幼交谈。

教师采用提问的方式，拓展幼儿谈话的范围：

①假如你是孙悟空，你想变成什么？

②假如你是孙悟空，你想拥有什么本领？

③假如你是孙悟空，你会做什么特别的事？

④假如你是孙悟空，你会怎样去帮助别人？

为了帮助幼儿打开思路，教师可以继续以“孙悟空”的身份、用平等的谈话方式参与，引导幼儿充分发挥想象力。同时，教师要对幼儿的想象力给予充分的肯定，对幼儿的谈话表现出浓厚的兴趣，使幼儿在谈话中体验快乐。

活动延伸

1. 领域外活动延伸：请幼儿用绘画的方式描绘“我心中的孙悟空”。

2. 亲子活动延伸：将有关《西游记》、“孙悟空”等方面的图书投放到图书角，供幼儿自由阅读、讲述。

二、熊猫邮递员

设计意图

对于即将进入小学的学前班幼儿来说，培养良好的阅读习惯和掌握正确的握笔方法与书写姿势是非常重要的。开展“熊猫邮递员”阅读活动，主要是让幼儿在入学前养成良好的阅读习惯(包括阅读时的坐姿、用眼卫生等)，熟练地掌握一一对应指读的阅读方法，为其进入小学学习打下坚实的基础。

活动目标

1. 对阅读文字感兴趣，增强对汉字的敏感性。
2. 理解故事的内容，能够运用一一对应指读的方法阅读故事。
3. 养成良好的阅读习惯。

活动准备

1. 知识经验准备：

知道邮递员的工作。

2. 物质材料准备：

(1)故事图片。

(2)操作卡；铅笔。

(3)教学电子资源：多媒体播放设备；故事音频。

活动过程

1. 猜谜语导入，引起幼儿参与活动的兴趣。

(1)教师念出谜面：身穿绿制服，肩背绿口袋，袋中千言和万语，送到千家和万户。请幼儿猜猜是什么？

(2)引导幼儿说说邮递员是什么样的工作？告诉幼儿这次活动的内容与邮递员有关。

2. 讲故事《熊猫邮递员》，理解主要内容。

(1)教师讲述《熊猫邮递员》的故事，引导幼儿一边听故事，一边对故事中人物及其关系作出正确的认识。

(2)围绕重点"送信"，进行提问：

①熊猫小姐在动物乐园干什么？

②熊猫邮递员是给谁送去了信？

③熊猫小姐把画有香蕉的信送给了谁？

3. 请幼儿打开图片，观察画面进一步了解故事内容。

(1)学习正确阅读的的方法，要求身体坐端正，并带领幼儿用一一指读的方法阅读故事。(对幼儿阅读时的坐姿、用眼卫生等习惯提出一定的要求。)

(2)根据故事的内容提问：

①熊猫邮递员为什么把画着香蕉的信送给了象公公？

②你们猜一猜小兔的信上会画些什么？小猴的信上又画了些什么呢？

③熊猫小姐是根据什么为动物们送信的？

(3)教师小结：熊猫小姐是根据信封上的图画找出对应关系，给动物们送信的。

4. 游戏活动"我是小邮递员"。

(1)教师提出游戏内容：熊猫小姐生病了，请小朋友当小邮递员，去帮助它完成送信任务。

(2)请幼儿观察操作卡，根据信箱上的动物形象和信封上的食物图画给动物送信，并用铅笔把相对应的信封和信箱连起来。

(3)在幼儿练习的过程中，教师巡回关注，重点指导个别能力较弱的幼儿，并随机提醒幼儿注意保持正确的书写姿势和握笔的方法。

活动延伸

1. 领域内活动延伸：对图书角定期更换书籍，供幼儿阅读。

2. 区域活动延伸：用绘画的方式给爸爸妈妈写一封信，并在信封上画上他们的样子，亲手交给爸爸妈妈。

3. 亲子活动延伸：请家长在家中注意培养幼儿的阅读习惯和书写姿势，使幼儿养成良好的学习习惯，为入小学打下良好的基础。

三、我的好妈妈

设计意图

母爱是世界上最伟大的爱。从孩子的孕育到出生，再到成长，浸入了妈妈的全部希望和心血。妈妈也是孩子最亲近的人，她把自己的爱毫无保留地全部奉献给了孩子。但是，现在的孩子是被“爱”包裹着长大的，他们娇惯、霸道，很少主动去关心别人和帮助别人，更无法体会妈妈的辛劳了。此活动旨在引导幼儿主动地去观察、了解妈妈的工作和生活，学会用完整的句子描述自己的妈妈，并尝试帮助妈妈做一些力所能及的事情，激发幼儿关心妈妈、爱妈妈的美好情感。

活动目标

1. 喜欢自己的妈妈，激发爱妈妈、关心妈妈的感情。
2. 理解妈妈的不容易，能根据画面中妈妈的动作、神态等特征描述妈妈的生活细节。
3. 学习用完整的句子，清晰表达自己的想法。

活动准备

1. 知识经验准备：

(1)知道自己妈妈的工作。

(2)在家注意观察妈妈做家务活的生活细节。

2. 物质材料准备：

(1)幼儿自备一张妈妈的照片。

(2)图片。

(3)教学电子资源：歌曲《小乌鸦爱妈妈》音频。

活动过程

1. 幼儿随音乐演唱歌曲《小乌鸦爱妈妈》。

提问：这是唱给谁的歌？小乌鸦是怎么爱妈妈的？引出主题。

2. 谈话活动：说说我的好妈妈。

(1)请幼儿拿出自己妈妈的照片，自由分组谈谈自己的妈妈。教师巡回参与幼儿的交谈，鼓励幼儿大胆地讲述自己的想法。

(2)引导幼儿用恰当的词和较完整的语句描述妈妈工作的情形。提问：

①你的妈妈在哪里上班？她是做什么工作的？

②妈妈下班后在家里做些什么？她是怎样关心家人的？

③你觉得自己的妈妈好吗？你喜欢妈妈吗？

3. 观察画面，夸奖自己的妈妈。

(1)出示图片，引导幼儿逐一观察画面，并根据画面中妈妈的动作、神态等，用完整的话表达出来。

(2)启发幼儿用简短的语句概括图中妈妈们所做的事情。如：上班、做饭、洗衣服、做清洁、织毛衣、照顾老人、给孩子讲故事、自己学习……

4. 经验交谈，说说妈妈的爱。

(1)谈谈生活中的妈妈是怎样做的，进一步感受妈妈对自己的爱。

围绕下面两个方面进行交流表述：

①平时妈妈是怎样关心自己的？

②自己又是如何关心妈妈的？

(2)教师进行小结：教育幼儿热爱并尊重自己的妈妈，在家里做妈妈的好帮手。

活动延伸

1. 领域内活动延伸：学唱《好妈妈》《世上只有妈妈好》等歌曲，并请幼儿亲手为自己的妈妈制作一个生日礼物。

2. 区域活动延伸：举办“妈妈照片展”，收集能够反映妈妈在工作、生活中的不同照片，加深幼儿对自己妈妈的了解。

3. 亲子活动延伸：帮助幼儿做一个“我是妈妈的小帮手”计划，教给幼儿相应的劳动技能，鼓励幼儿在家里做一些力所能及的劳动，以实际行动向妈妈表达自己的爱。

四、木和树

设计意图

汉字是中华民族几千年文化的瑰宝，是世界上使用人口最多的文字，也是世界上最古老的文字之一。汉字具有集形象、声音和辞义三者于一体的特性，这一特性在世界文字中是独一无二的，因此它具有独特的魅力。学习“木和树”汉字活动，旨在让幼儿通过猜一猜、找一找、想一想，感知汉字构成的一般规律，知道以“木”为偏旁的字均与“树木”有关联，从而进一步激发幼儿学习汉字、认读汉字的兴趣。

活动目标

1. 对汉字感兴趣，乐于寻求汉字的规律。
2. 感知汉字构成的一般规律，知道以“木”为偏旁的字均与“木”有关。
3. 能够正确认读“床”“桌”“椅”“木”“树”等汉字。

活动准备

1. 知识经验准备：

知道汉字，会认读一些简单的汉字。

2. 物质材料准备：

（1）每人一套床、桌、椅、木头、大树等图片卡及相应的名称卡片。

（2）床、桌、椅、木、树等汉字卡片各一张。

活动过程

1. 游戏：汉字宝宝找朋友。

（1）出示床、桌、椅等图片，请幼儿说说图片上都是些什么？

（2）依次出示床、桌、椅等汉字卡，告诉幼儿：这些字宝宝就是图片上物品的名称。请幼儿猜一猜这些字念什么？注意发准翘舌音。

（3）请幼儿玩游戏“汉字宝宝找朋友”，请幼儿根据图片找出相对应的名字，并将它们连起来。

（4）检验连线的结果，看看幼儿是否把汉字和图片相对应了。

2. 汉字中的秘密。

（1）观察并找出这些汉字的共同之处：这些字宝宝有一个共同的小秘密，找一找是什么？

（2）请几名幼儿分别找出“木”都藏在汉字的哪个地方？

（3）提问：为什么这些字宝宝都带一个“木”字呢？引导幼儿感知汉字构成的一般规律。

（4）教师小结：因为这些物品都是由木头制作的，与“木”字有关联，所以它们都含有一个“木”字。

（5）出示木头的图片卡和汉字卡，引导幼儿进行思考：木头是从哪里来的？

（6）出示大树的图片卡和汉字卡，小结：因为木头是从树上砍下来的，所以“树”字中也有“木”字，我们所用的木材和木料都是由砍伐的树木做成的。

3. 生活经验迁移。

（1）出示图片，想一想、找一找：我们的日常生活中，还有哪些物品是用木头制作的？幼儿说一个物品名称，教师就在黑板上写一个，然后大家一起看看“木”字藏在哪里。

（2）教师启发幼儿说出各种树的树名，找出更多带有“木”的汉字。

（3）推论：一个字含有“日”，那么这个字与“日”字有关；一个字含有“火”，那么这个字与“火”字有关；一个字含有“山”，那么这个字与“山”有关……

活动延伸

1. 领域外活动延伸：用绘画的形式记录各种与树木有关联的物品，从而了解树木对我们日常生活的重大作用。

2. 区域活动延伸：益智区提供拼字卡，幼儿进行拼字游戏。

3. 亲子活动延伸：回家后找一找，家里哪些物品是用木头制作的，并请家长帮助幼儿正确认读相关的汉字。

五、猫医生过河

设计意图

学前班的幼儿初步具备一定的观察能力和看图的表述能力，看图编故事对发展幼儿的思维能力有着促进作用。《猫医生过河》旨在通过引导幼儿有序地观察图片讲述画面内容，培养幼儿良好的阅读习惯，发展幼儿的观察能力和口头表达能力。同时，启发幼儿想出让猫医生过河的最安全、最快速的好方法，可以较好地发展幼儿的创造性思维，有利于激发幼儿的想象力。

活动目标

1. 喜欢《猫医生过河》的故事，激发幼儿关心和帮助有困难的人的情感。
2. 能根据图片的中心内容编故事，用完整、连贯的语言讲述画面内容。
3. 发展创造性思维和语言表达能力。

活动准备

1. 知识经验准备：

知道医生的职业及工作内容。

2. 物质材料准备：

(1)故事图片。
(2)猫医生的图片一张。
(3)医生的服装、用具一份。

活动过程

1. 出示医生的服装、用具，引出医生的话题。

(1)教师出示医生的道具，说一说这是谁需要的？
(2)说一说，医生是干什么的？根据已有经验启发幼儿说一说医生的职业。
(3)出示猫医生的图片，引出故事《猫医生过河》。

教师讲述：今天来了一位医生，你们看看是哪位医生？发生了一件什么事了？

2. 出示图片，引导幼儿有序观察画面，感知画面内容。

(1)引导幼儿观察四幅图，感知故事中的主角——猫医生，帮助幼儿了解这是讲猫医生过河的故事。教师提问：

观察图1：

①猫医生要到哪里去？

②为什么它过不了河？

(2)引导幼儿观察、分析“猫医生”的动作和表情，推断出猫医生要到河对岸的森林里给小动物治病，而桥被水冲垮了，它过不了河。

观察图2：

①两只小兔看见猫医生过不了河，它们想怎样帮助猫医生？

②它们是怎样对猫医生说的？

③猫医生又是怎样回答的？

(3)观察图3：

①两只大白鹅看见猫医生过不了河，它们想怎样帮助猫医生？

②它们是怎样对猫医生说的？

③猫医生又是怎样回答的？

(4)观察图4：

①一只大水牛看见猫医生过不了河，它们想怎样帮助猫医生？

②它是怎样对猫医生说的？

③最后猫医生是怎样过河的？

3. 欣赏故事《猫医生过河》。

(1)请幼儿根据图片内容，自由讲述故事。每组推选一位小朋友讲述。

(2)教师讲述故事《猫医生过河》。

(3)感知和理解“猫医生是如何在朋友们的帮助下过河的”。

找一找可以让猫医生当船渡河的工具，并尝试比较它与猫医生身体的大小、轻重的比例，启发幼儿想一想：还有谁用什么办法能够帮助猫医生安全、快速地过河呢？引导幼儿寻找出让猫医生过河的最安全、最合适的方法。

4. 看图续编故事《猫医生过河》。

(1)了解续编故事的方法，要讲明：在什么时候(时间)、什么地方(地点)、有谁(人物)、发生了一件什么事情(事件)、事情的经过是怎样的(经过)、事情的结果如何(结果)。

(2)幼儿自由分组，根据自己的理解看图讲述自编故事。教师巡回关注，指导幼儿找出其他让猫医生过河的办法，然后再重点讲述。

(3)鼓励幼儿在全班面前，按照事情发生的顺序连贯地讲述自编的故事。教师对幼儿自编的故事要给予积极的评价。

活动延伸

1. 领域外活动延伸：请幼儿用绘画的方式表现出猫医生过河的最安全、最快速的好方法。

2. 区域活动延伸：增设游戏区域“小舞台”，投放相应的动物头饰、木偶等，供幼儿自由创编故事、表演故事。

3. 亲子活动延伸：请幼儿回家后将自编的故事讲给爸爸妈妈听。

六、欢乐的春节

设计意图

春节，是中国民间最隆重、最富有特色的传统节日，是一年的第一天，俗称“过年”。在春节期间，我国的汉族和很多少数民族都要举行各种活动以示庆祝。这些活动以祭祀神佛、祭奠祖先、除旧布新、迎禧接福、祈求丰年为主要内容，活动丰富多彩，带有浓郁的民族特色。安排“欢乐的春节”谈话活动，旨在让幼儿了解中国传统节日及其文化，一方面通过谈话活动，发展幼儿的口头表达能力；另一方面，通过与同伴交流、分享自己过春节时的快乐，培养幼儿与人交往的能力，体会交流的乐趣。

活动目标

1. 乐于与人交往，体会交流的乐趣。
2. 知道春节是中国最隆重的节日之一，了解中国传统节日及其文化。
3. 能够连贯、完整地讲述春节见闻，并安静、认真地倾听同伴讲述。

活动准备

1. 知识经验准备：

了解春节的一些习俗，知道人们准备过年的情景以及人们是怎样过春节的。

2. 物质材料准备：

(1)过年图片。

(2)灯笼、对联、鞭炮等春节物品。

(3)教学电子资源：春节相关音频；播放设备。

活动过程

1. 出示灯笼、对联、鞭炮等春节物品，引出春节话题。

(1)请幼儿看看老师带了哪些东西？过哪些节日你会看到这些东西？

(2)出示图片，指导幼儿观看画面内容，以提问的方式引出春节的话题：

①画面中的人们在干什么?

②他们过的是什么节日?

③你是怎么看出来的?

(3)教师小结:春节是农历的新年,是我国人民自己的节日。过春节时,全家人都要欢欢喜喜、高高兴兴地在一起吃饺子、贴对联、放鞭炮、逛庙会等。

2. 谈话《欢乐的春节》。

(1)引导幼儿回忆,提问:

①你是怎样过春节的?

②在春节里,爸爸妈妈会带你们到什么地方去玩呢?

③你看到了什么?做了些什么?

(2)请个别幼儿连贯、完整地讲述自己是怎样过春节的,要求小朋友尽量按顺序选择适当的词和句子来讲述。

(3)启发幼儿用恰当的语句,清楚地描述过春节时热闹、开心的场面和高兴、愉快的心情。

(4)教师总结讲述内容,指出幼儿讲述中的优点和不足,鼓励幼儿积极大胆地在集体面前讲述。

3. 观看相关的《春节》视频,进一步了解春节的习俗及礼仪。

4. 情景表演,教师引导幼儿预演互相拜年。

(1)教师向幼儿拜年,说几句祝福的话语,例如:新年快乐、万事如意、身体健康、合家欢乐、恭喜发财等。

(2)幼儿向教师说一句吉祥、祝福的话。

(3)让幼儿之间相互拜年。

活动延伸

1. 领域外活动延伸:请幼儿根据自己的生活经验进行绘画《快乐的新年》,画出节日中发生的事件或气氛。

2. 区域活动延伸:在美工区制作灯笼、鞭炮、窗花等。

3. 亲子活动延伸:幼儿向父母讲讲春节的由来及春节的礼仪。

七、大象救小兔

设计意图

学前班幼儿的语言发展已相对丰富，孩子们平时也比较喜欢进行绘本和故事讲述，教师设计这堂看图讲述活动，其目的是让孩子们根据故事情节展开丰富的想象，完整讲述故事内容，不断提高语言表达能力。

活动目标

1. 能大方地在集体面前表达自己的感受，并愉快地与同伴分享。
2. 在符号标记的提示下尝试完整讲述故事内容。
3. 能仔细观察图片中角色的表情、动作，根据图片提供的线索展开合理的想象。

活动准备

1. 知识经验准备：

认识各类常见的小动物。

2. 物质材料准备：

(1)四张大图。第一张：老虎躲在大树后面，露出尾巴，三只小兔子在玩耍；第二张：老虎出现，露出凶恶的脑袋和锋利的爪子，三只奔跑的兔子；第三张：大象在河面上架起一座桥，三只兔子分别在大象的鼻尖上、背上和尾巴上；第四张：大象用鼻子向老虎喷水，三只兔子拍手笑。

(2)对话框、心理活动框若干。

活动过程

1. 图片导入，引发幼儿对故事情节进行合理的推测。

教师：今天我给小朋友们带来了一个有趣的故事，不过这个故事要请你们和我一起来完成，听听谁讲得完整、讲得生动、讲得有趣。

（出示第一张图）这是故事的开头。（出示第四张图）这是故事的结尾。故事发生在什么地方？三只兔子在干什么？猜猜看可能会发生什么事情？

（出示第二张图）原来有一只凶恶的老虎在追小兔子，结果会怎样？猜猜看，兔子是怎样逃离虎口的？到底是谁救了小兔子？怎样救的？

（出示第三张图）请小朋友们讲一讲大象是怎么救小兔的。

老虎追到河边，大象怎样对付老虎？

2. 尝试完整讲述故事。

教师：现在请你们把大象救小兔的事情讲清楚，每张图都要讲到，看谁讲得完整。（幼儿自由讲述，教师到幼儿中间倾听，并请一名幼儿讲述。）

教师：你们觉得他把大象救小兔子的事情说清楚了吗？

教师总结：四张图都讲到了，大象救小兔子的事情讲清楚了，这个故事就讲完整了。

3. 出示对话框的符号，引导幼儿再次讲述。

教师在第二张图中小兔子旁边放一个对话框，问：老虎在追赶兔子的时候，兔子会喊什么？都要被老虎吃掉了，慢慢地说行不行？应该怎样说？（着急、有力、很快地说。）我们来试一试、学一学。

大象在听到小兔子的求救声后会说什么？（幼儿分角色练习几次。）

教师在第四张图上的动物旁边分别放对话框，问：这时候，老虎会说什么？大象会说什么？小兔子又会说什么？

教师：现在你们再来讲一讲这个故事，这一次要把小动物说的话全部讲到故事里去，试一试吧。（幼儿自由讲述，教师到幼儿中间倾听，并请一名幼儿讲述。）

教师：故事讲得好不好？好在哪里？

教师小结：原来，讲故事时加入角色之间的对话，故事就会变得更加生动。

4. 出示心理活动框的标记，引导幼儿再次讲述。

教师在第二张图老虎旁边出示心理活动框的标记，问：老虎看到兔子，心里会怎么想呢？（啊！这三只兔子真肥呀，正好让我填填肚子！）

教师指着第四张图，问：刚才还很得意的老虎，现在是怎样的？（紧闭着眼睛，躺在地上一动不动。）心里又会怎么想呢？（出示心理活动框的标记）（今天真倒霉，兔子没吃到反而被大象喷得满脸是水。）

教师：现在你们再来讲一讲这个故事，这一次要把老虎心里想的都讲到故事里去，看谁讲得生动，你们试试看。（幼儿自由讲述，教师到幼儿中间倾听，并请一名幼儿讲述。）

教师：他讲得好吗？哪里好？

教师小结：原来，讲故事时把小动物的样子、对话和心里想的都编到故事里去，故事就会讲得很精彩。

5. 续编故事。

教师：如果你们是小兔子，下次老虎还来抓你们，你们有什么好办法可以制服老虎呢？我们回去想一想，明天一起来分享。

活动延伸

可将此次活动延伸到角色游戏中，在下一次活动时请幼儿进行角色扮演。

八、小壁虎借尾巴

设计意图

小动物们为什么要长尾巴？它们的尾巴有什么用途？由于幼儿的心理具有“泛灵性”，因此对动物的关注和好奇使动物成了他们普遍且持久的探索对象。到了学前班，幼儿渴望了解动物世界更多的秘密。《小壁虎借尾巴》就是一篇关于动物特性的科普知识童话故事，它通过小壁虎向红鲤鱼、老黄牛、小燕子借尾巴的故事，让幼儿了解鱼、牛和燕子尾巴的用处，了解壁虎尾巴可以再生的特点。同时，生动有趣的故事内容和简洁重复的对话形式，便于幼儿练习角色对话，发展复述故事的能力和口头表达能力。

活动目标

1. 喜欢听故事，体验角色对话的乐趣。
2. 理解故事内容，了解鱼、牛和燕子尾巴的用处和壁虎尾巴可以再生的特点。
3. 能够较为完整地复述故事内容和表现角色对话。

活动准备

1. 故事音频，背景音乐。
2. 小壁虎、鲤鱼姐姐、黄牛伯伯、燕子阿姨和壁虎妈妈头饰各1个。
3. 故事图片。

活动过程

1. 出示壁虎图片导入，激发幼儿探究的兴趣。

提问：(1)你们知道小壁虎遇到敌人是怎样保护自己的吗？

(2)小壁虎的尾巴有什么作用？

(3)如果小壁虎没有了尾巴会怎么样呢？

2. 观察图片，尝试讲述故事。

看图，引导幼儿按顺序、仔细地观察画面内容，鼓励幼儿自己尝试着说一说故事内容。

3. 听故事，理解故事情节。

教师出示图片，完整地播放配乐童话故事《小壁虎借尾巴》，请幼儿一边看图，一边认真地欣赏故事，并记住故事名称和大致的故事情节。

4. 师幼交谈，了解角色对话。

(1)教师根据故事内容与幼儿交流谈话，帮助幼儿理解故事情节和角色对话：

①这个故事叫什么名字？(《小壁虎借尾巴》。)故事中都有谁？(鲤鱼姐姐、黄牛伯伯、燕子阿姨、壁虎妈妈。)

②小壁虎的尾巴是怎么弄断的？(被蛇咬住，挣断的。)小壁虎心里感觉怎么样？(难过。)

③在小河边，小壁虎向谁借尾巴？(鲤鱼姐姐。)它是怎样说的？(鲤鱼姐姐，把你的尾巴借给我行吗？)鲤鱼姐姐借给它了吗？(没有。)鲤鱼姐姐又是怎样回答的？(不能借，我要用尾巴拨水呢。)

④在大树上，小壁虎向谁借尾巴？(黄牛伯伯。)它是怎样说的？(黄牛伯伯，把你的尾巴借给我行吗？)黄牛伯伯借给它了吗？(没有。)黄牛伯伯又是怎样回答的？(不能借，我的尾巴是鞭子，要赶苍蝇和牛虻。)

⑤在屋檐下，小壁虎向谁借尾巴？(燕子阿姨。)它是怎样说的？(燕子阿姨，把你的尾巴借给我行吗？)燕子阿姨借给它了吗？(没有。)燕子阿姨又是怎样回答的？(不能借，我飞的时候，要用尾巴掌握方向呢。)

⑥小壁虎没有借到尾巴，心情是怎样的？(很难过。)

⑦妈妈知道这件事后，告诉了它什么？(尾巴断了没关系，过几天会再长出来的。我们的尾巴再生能力很强。)

(2)教师小结：每一种动物的尾巴各有各的用处，壁虎的尾巴更有特点，具有再生能力。壁虎遇到敌人，就丢掉尾巴溜之大吉，没过几天又会长出一条新尾巴来。

5. 分配角色，表演角色对话。

(1)幼儿分组活动，自行分配角色，练习角色对话。教师巡回给予指导。

(2)各组幼儿按角色分别戴上相应的头饰，轮流表演角色对话。教师引导幼儿互相讲评。

(3)教师引导幼儿从表演中评选出最佳角色扮演者，组成最佳表演阵容。教师朗诵旁白，最佳表演阵容的幼儿分别戴上相应的头饰，扮演不同的角色，完整地表演故事内容。

活动拓展

1. 请幼儿回家后将童话故事《小壁虎借尾巴》讲给家长听。
2. 请幼儿收集其他动物尾巴作用的图文资料，布置主题墙饰，供大家自由交流、分享。
3. 引导幼儿开展“奇妙的动物尾巴”的科学探究活动。

九、龟兔赛跑

设计意图

《伊索寓言》是世界上最早的一部寓言故事集，它是西方寓言文学的范本，也是世界上流传最广的经典作品集之一。它通过简短的寓言故事来体现日常生活中那些不为我们察觉的真理。这些小故事各具魅力，言简意赅，贴近生活，是一代又一代儿童喜爱的读物，在世界文学史上具有重大影响。《龟兔赛跑》是伊索寓言中耳熟能详的故事之一，深受小朋友们的喜爱。安排此次《龟兔赛跑》创编活动是为了让幼儿在理解《龟兔赛跑》故事内容的基础上，改编故事的情节与结果，并创编《龟兔第二次赛跑》的故事，充分发挥幼儿的想象力和创造力。

活动目标

1. 在理解故事内容的基础上，懂得骄傲必败的道理，知道为人要谦虚，不能骄傲。
2. 学习讲述故事情节，练习角色对话。
3. 能够大胆想象、改编故事的情节与结果。

活动准备

《龟兔赛跑》故事图片及 PPT。

活动过程

活动一：

1. PPT 导入，请幼儿猜猜图片讲述的内容。
2. 听故事，引导幼儿用故事中的语言回答问题，熟悉故事情节：

(1)故事的名字是什么？

(2)兔子和乌龟一起出去玩，路上它们谈了些什么？

(3)兔子跑在了前面，它是怎么想的？怎么做的？

(4)乌龟落后了，它是怎么做的？

3. 引导幼儿讨论，概括故事主题。

(1)兔子和乌龟应该是谁跑得快？(兔子。)

(2)为什么乌龟是胜利者，而兔子却是失败者？(兔子骄傲。)

(3)你从乌龟和兔子赛跑中明白了什么道理？(骄傲必败，坚持就是胜利。)

通过交谈，帮助幼儿领悟故事所包含的道理。

4. 教师再完整地讲述一遍故事，注意语气和表情，练习角色对话。

活动二：

1. 创设故事情景：上次小兔子和乌龟赛跑，因为小兔子太骄傲，所以失败了。但是，小兔子分析了失败的原因后，知错就改。那么，它第二次和乌龟赛跑会得第几名呢？

2. 教师引导幼儿共同创编《龟兔第二次赛跑》。

(1)教师提示幼儿思考。

①故事开始部分：

要说明时间、地点、都有谁、有什么事。

②故事的经过部分：

兔子和乌龟开始比赛了，它们心里是怎样想的？一些看热闹的观众喊什么？

比赛中间发生了什么事情？兔子、乌龟是怎样做的？

比赛快要结束了，又发生了什么事？兔子、乌龟又是怎么做的？谁跑了第一？

③故事的结束部分：

其他小动物们说了什么？做了什么？最后又怎么样了？

(2)幼儿自由分组改编故事，并集体进行讲述。教师巡回指导，鼓励幼儿大胆、合理地想象，充分发挥幼儿的想象力和创造力，并对发现的问题进行及时纠正。

(3)请两三名能力较强的幼儿到前面来讲述新编的故事，并和幼儿一起进行评议，激发幼儿改编故事的兴趣。

活动拓展

1. 请幼儿绘制一张表现自己改编的《龟兔第二次赛跑》的图画，在班级内展览。

2. 在表演区中投放兔子和乌龟的头饰，供幼儿自由讲述故事并进行表演。

附：

如何指导孩子续编故事

开始，教师和家长就应向孩子讲清楚续编故事的任务、要求，使他们知道今天大人要和自己一起来讲个故事。大人只讲故事的一部分，另一部分要靠自己把它讲完，以激起孩子听故事和续编故事的兴趣和愿望。

接着教师和家长就有感情地把故事的前半部分(也可把整篇故事当作前半部分，如《龟兔赛跑》)讲给孩子听，由于这些是孩子续编故事的依据，所以讲述时，更应该表情丰富、语言清晰、速度适中、重点突出。不但要让孩子听清故事发生的时间、地点、重点人物，还要把他们引入故事的意境之中，使之能牢牢地把握住故事的发展线索，设身处地地进行想象。如果有时间的话，家长也可把故事的开头部分连讲两三遍。

中断故事之后，教师和家长应根据孩子的知识基础、实际水平，作一些启发性提问，提问必须切中要害，给孩子指出想象的方向。比如编《猫医生过河》的故事结尾，可以提问："动物们是怎样帮助猫医生过河的?""猫医生最后过河了吗?""它用什么办法过河的呢?"又如编《龟兔赛跑》的续篇，可以问："小兔子分析了失败的原因后，知错就改。那么，它怎样参加第二次赛跑呢?它会得第几名呢?"提问后，可让孩子思考几分钟，讲讲各种发展情节的想法，然后挑选自认为最好的一种将故事讲完。

在孩子续编故事的过程中，教师和家长的指导作用是不容忽视的。因此教师和家长要表现出对故事极大的兴趣和期望继续听下去的愿望，鼓励孩子大胆地编完故事。同时要注意孩子所讲述的内容是否丰富，情节是否合乎逻辑，语句是否正确。在不影响孩子思维活动的情况下，可及时提醒和指导，使讲述不离开故事开始时的内容，合乎情理地发展下去。当孩子讲完后，要给予恰当的评价，多肯定其优点，以增强其信心。对一些不合理的情节和词句，则要求他们加以修改，注意培养他们想象的独立性、词语的丰富性。

修改后，还应要求孩子把故事从头至尾完整地讲一遍，这样孩子的创编能力会提高得更快。

十、成语故事

设计意图

成语是人们长期以来习用的、简洁精辟的定型词组或短句，汉语的成语大多由四个字组成，一般都有出处。5~6 岁幼儿学习成语故事，可以让幼儿初步了解中国传统文化知识，并进一步提高幼儿对文学作品的欣赏水平，培养幼儿的看图讲述能力。成语故事《狐假虎威》以狐狸和老虎的动物形象出现，故事内容形象生动、浅显易懂，符合幼儿的认知水平，还能够提高幼儿对中国传统汉语言文化的兴趣。

活动目标

1. 对成语故事感兴趣。
2. 学习成语“狐假虎威”“半信半疑”。
3. 理解“成语故事”的含义。

活动准备

1. 狐狸和老虎头饰各 1 个。
2. 故事 PPT。

活动过程

1. 小朋友们，你们知道“狐假虎威”的故事吗？

2. 解释成语故事。

成语是人们长期以来习惯用的词组，一般由四个字组成，能够说明一个很深刻的意思。有些成语是由一个故事演变而来的，就叫做成语故事。

3. 教师讲述故事，并帮助幼儿理解故事内容。

(1) 教师第一次讲述故事，提问：

①老虎和狐狸相比，谁更厉害？

②狐狸快要被老虎吃掉的时候，想了一个什么办法？

③结果怎么样了？

(2)教师第二次讲述故事。

①一面仔细观察画面，一面听教师第二次讲述故事。

②解释词语“半信半疑”——一半相信一半怀疑，表示相信和怀疑两种相对的状态同时存在。

(3)教师第三次讲述故事，提问：

①百兽见了狐狸和老虎为什么纷纷逃命？

②百兽究竟怕谁？

4. 引导幼儿学习成语“狐假虎威”。

(1)教师引导幼儿交流讨论：

①“狐假虎威”这个故事讲了一件什么事情？

②“狐”和“虎”各指的是谁？(狐狸和老虎。)

③“假”和“威”是什么意思？(“假”是指假借、利用的意思，“威”指的是威力、威风的意思。)

(2)教师小结：后来人们就用“狐假虎威”这一个成语来比喻倚仗别人的威风来吓唬、欺压人。

5. 请幼儿看图复述成语故事，教师巡回关注、指导。注意纠正幼儿“狐”(hú)和“虎”(hǔ)的发音。

6. 鼓励幼儿戴上狐狸和老虎的头饰，进行角色表演活动。

活动拓展

1. 请幼儿收集其他成语故事的图书，带到幼儿园进行分享与交流。例如“守株待兔”“拔苗助长”“掩耳盗铃”等。

2. 将狐狸和老虎的头饰投放到表演区，供幼儿自由表演成语故事时使用。

附：

狐假虎威(成语故事)

老虎抓到一只狐狸，要吃它。狐狸眼看没法逃掉，眼珠一转，高声喊道：“大胆的老虎，你怎敢吃我？我是天帝派来的百兽之王，你吃了我就是违抗了天帝的命令！”老虎觉得莫名其妙。狐狸说：“你如果不信，就跟在我后面走一趟，看看百兽见了我是不是都很害怕？”老虎半信半疑地跟着狐狸走了一趟。果然，百兽见了它们都纷纷逃命了。老虎不知道百兽是怕自己，还真以为是怕狐狸。

作品赏析：这是一则家喻户晓的成语故事。后来人们用它来比喻倚仗别人的势力欺压人，也讽刺了那些仗着别人威势、招摇撞骗的人。虽然狐狸假借老虎的威势，但是狡诈的手法决不能使狐狸改变虚弱的本质，把戏一旦被戳穿，它非但会受到群兽的围攻，还将被受骗的老虎吞吃。引申指仗势欺人的坏蛋，虽然能够嚣张一时，但最终决不会有好的下场。

守株待兔(成语故事)

相传在战国时代宋国，有一个农民，日出而作，日入而息。遇到好年景，也不过刚刚吃饱穿暖；一遇灾荒，可就要忍饥挨饿了。他想改善生活，但他太懒，胆子又特小，干什么都是又懒又怕，总想碰到送上门来的意外之财。奇迹终于发生了。深秋的一天，他正在田里耕地，周围有人在打猎。吆喝之声四处起伏，受惊的小野兽没命地奔跑。突然，有一只兔子，不偏不倚，一头撞死在他田边的树根上。当天，他美美地饱餐了一顿。从此，他便不再种地。一天到晚守着那神奇的树根，等着奇迹的出现。

成语“守株待兔”比喻妄想不劳而得，或死守狭隘的经验，不知变通。

拔苗助长(成语故事)

春秋时，宋国有个农夫性子很急，他插下秧苗后，每天都到田边去看看秧苗长了没有。一连观察几天，都不见秧苗长高。他心里十分着急. 有一天，他忽然想出了一个主意。只见他跑到田里，把秧苗一棵一棵从土里拔高一些，然后走到田边一看，秧苗果然长高了许多。他心中暗自得意，马上照着样子把整块田的秧苗都拔高了。太阳挂在天上像一团火球，农夫拔了一天秧苗，累得筋疲力尽。回到家里，农夫对儿子说：“唉，今天可把我累坏了。辛辛苦苦干了一整天，总算帮助秧苗长高了些。”儿子一听，居然还有这样的好事，连忙跑到田边去看，只见满田的秧苗全部耷拉着脑袋枯死了。

“拔苗助长”这一成语，比喻不顾事物发展规律，强求速成，结果反而把事情弄糟。

掩耳盗铃(成语故事)

春秋时侯，晋国贵族智伯灭掉了范氏。有人趁机跑到范氏家里想偷点东西，看见院子里吊着一口大钟。钟是用上等青铜铸成的，造型和图案都很精美。小偷心里高兴极了，想把这口精美的大钟背回自已家去。可是钟又大又重，怎么也挪不动。他想来想去，只有一个办法，那就是把钟敲碎，然后再分别搬回家。小偷找来一把大锤，拼命朝钟砸去，咣的一声巨响，把他吓了一大跳。小偷慌了，心想这下糟了，这声音不就等于是告诉人们我正在这里偷钟吗？他心里一急，身子一下子扑到了钟上，张开双臂想捂住钟声，可钟声又怎么捂得住呢？钟声依然悠悠地传向远方。他越听越害怕，不由自主地抽回双手，使劲捂住自己的耳朵。“咦，钟声变小了，听不见了！”小偷高兴起来，“妙极了！把耳朵捂住不就听不到钟声了吗?”他立刻找来两个布团，把耳朵塞住，心想，这下谁也听不见钟声了。于是就放手砸起钟来，一下一下，钟声响亮地传到很远的地方。人们听到钟声蜂拥而至把小偷捉住了。

故事出自《吕氏春秋·自知》，“掩耳盗钟”被说成“掩耳盗铃”，比喻愚蠢自欺的掩饰行为。

十一、圣诞节的礼物

设计意图

在当今信息化高度发展的时代，学前班的幼儿已经通过多种途径了解到不同的异域文化和风俗习惯，而圣诞节正是他们所喜爱的西方传统节日之一。教师引导幼儿学习儿歌《圣诞节的礼物》，可以让幼儿进一步了解圣诞节的来源和西方人过圣诞节的习俗，感受多元的世界风俗文化，同时也可以训练幼儿有感情地朗诵儿歌，发展和提高幼儿的语言表达能力。

活动目标

1. 了解西方的传统节日——圣诞节，感受多元的世界风俗文化。
2. 学习儿歌，能够连贯、有感情地朗诵儿歌。
3. 发展语言表达能力，加深对美好生活的向往。

活动准备

1. 音乐；儿歌。
2. 图片。

活动过程

1. 观察图片，引入活动主题。

(1)画面上都画了什么？

(2)画面上的老爷爷是谁？他在做什么？

(3)你知道这个画面表现的是什么节日吗？

通过提问，引导幼儿知道画面画的是圣诞节的情景，圣诞老人乘着雪橇来给小朋友送礼物。

2. 欣赏儿歌，理解儿歌内容。

(1)教师在配乐声中朗诵儿歌《圣诞节的礼物》，请幼儿欣赏。

(2)教师根据诗歌内容提问，帮助幼儿理解儿歌的主要内容：

①圣诞节那天，谁会给大家送礼物？

②礼物是什么？礼物放在什么地方？

③他什么时间给小朋友送礼物？

3. 朗诵儿歌，体验愉快情绪。

(1)教师用富有情感的语言示范朗诵儿歌。

(2)教师带领幼儿有感情地朗诵儿歌，请幼儿注意发准“圣”“静”“装”“幸”等字的后鼻音。

(3)教师安排幼儿分组活动，请幼儿一边有感情地练习朗诵儿歌，一边做动作，表达快乐的情绪。

4. 师幼交谈，了解圣诞节的有关知识。

(1)教师以“外国人的圣诞节”为话题，与幼儿进行交谈，帮助幼儿了解外国人是怎样过圣诞节的。

(2)教师向幼儿介绍关于圣诞节的知识，让幼儿了解西方国家的传统风俗文化，拓展幼儿的见识。

活动拓展

1. 以“圣诞节”为主题，师幼共同布置教室环境。可以让幼儿亲自动手制作圣诞卡片和圣诞树挂饰，并把圣诞卡和圣诞树挂饰装饰在教室里。使幼儿通过动手制作，亲身体验圣诞节的热闹气氛，增强幼儿的主人翁意识。

2. 结合幼儿园“庆祝圣诞节”的活动，组织幼儿进行配乐朗诵，让幼儿从中体会到生活的幸福和快乐。

十二、滚雪球

设计意图

对于学前班的幼儿来说，他们已经积累了很多的汉语词汇，还会选用多种词汇和句型表达自己的意愿。安排“滚雪球”活动，旨在结合季节特征，与幼儿一起进行词语接龙游戏，一方面提高幼儿的组词能力并丰富他们的汉语词汇，培养幼儿的发散性思维能力，另一方面激发幼儿对汉语言的喜爱之情，为进入小学学习打下良好的基础。

活动目标

1. 学习玩词语接龙的语言游戏，丰富自己的汉语词汇。
2. 能够积极地参加语言游戏，提高组词能力。
3. 发展思维反应的灵活性和敏捷性。

活动准备

1. 皮球 2 个(一大一小)。
2. 背景音乐。
3. PPT 图片。

活动过程

1. 谈话导入，激发幼儿参与游戏活动的兴趣。

看图进行交谈：画面上都有什么？小企鹅在做什么？(滚雪球。)你们玩过滚雪球的游戏吗？雪球越滚越大，可好玩啦！今天我们就来玩一个“滚雪球”的游戏，不过是用词语来“滚雪球”，你们想玩吗？

2. 介绍游戏玩法和规则。

(1)教师讲解游戏玩法：小朋友围坐一圈，老师手里拿一个“雪球”(用大皮球当大雪球，用小皮球当小雪球)说一个词语，就把球传给附近的一个小朋友，这个小朋友接到“雪球”以后，接着要说一个词语，这个词语的第一个字必须是老师说的词语的后一个字，或者是这个字的同音字，说完词语后就把“雪球”传给下一个小朋友，这个小朋友又用前一个小朋友说的词语的后一个字，作为自己所说词语的第一个字，以此类推，连起的词语就越来越多，就像滚雪球一样，越滚越大。例如：

下雪——雪球——球星——星光——光芒——芒果……

雪花——花灯——灯塔——塔吊——吊扇——扇子……

花生——生气——气象——象棋——骑马——蚂蚁……

(2)教师讲解游戏规则：不会组词或组词不正确的幼儿，就不能将“雪球”传给下一位，只有请别人帮助回答正确后，才能继续往下传雪球。

3. 开展游戏活动。

教师和幼儿一起坐成一个圈。教师先拿着大雪球说完一个词语后，将大雪球传给旁边的一位幼儿，这个幼儿组完词语后再依次将大雪球传给下一位同伴，要求幼儿不重复别人说过的词语，可以用同音字组词。个别能力较弱的幼儿答不上来的时候，可以请其他幼儿帮忙，回答正确后，游戏继续进行。

(1)传完第一圈后，教师将大雪球放在圆圈中间，并对幼儿的表现进行评价。

(2)第二遍游戏用小皮球当小雪球，游戏重复进行。在游戏中，教师要及时给予幼儿引导和启发，扩展幼儿的思考范围，使游戏得以顺利进行。

(3)传完第二圈后，教师对幼儿的表现进行评价。再将小雪球固定在大雪球的上面，为“小雪人”添画上五官。播放欢快的音乐，请幼儿围着“小雪人”自由地舞蹈，然后结束活动。

活动拓展

1. 将词语接龙相对应的图片排成小火车状，布置在语言角中，供幼儿观赏和自由练习。

2. 家园共育：请爸爸妈妈在家里和幼儿继续玩词语接龙的游戏，丰富幼儿的词汇，增进父母与孩子之间的亲密关系。

3. 举行词语接龙比赛，比一比谁说的词语又快又准。

附：

词语接龙

词语接龙，是一种广泛流传、深受人们喜爱的语言游戏。游戏玩法很简单，每个人都要说一个词语，前一个人词语中的最后一个字要与下一个人词语中的头一个字读音相同，一般成人都以成语接龙进行游戏。例如：

雪中送炭——探头探脑——恼羞成怒——怒气冲天——天长地久——久经风霜……

双管齐下——下里巴人——人山人海——海阔天空——空前绝后——后来居上……

上行下效——笑逐颜开——开门见山——山清水秀——秀外慧中——中庸之道……

道听途说——说三道四——四海为家——家喻户晓——小巧玲珑——龙腾虎跃……

跃马扬鞭——鞭长莫及——急中生智——智勇双全——全心全意——意味深长……

长袖善舞——五花八门——门户之见——见机行事——事败垂成——程门立雪……

十三、丑小鸭

设计意图

教师引导幼儿欣赏童话故事《丑小鸭》，旨在促使幼儿感受丑小鸭自信、不怕困难与挫折、对生活充满希望与向往的性格特征，理解故事的寓意，知道人生免不了要遇到困难和挫折，但只要拥有自信和坚强，就没有克服不了的困难，没有战胜不了的挫折，从而培养幼儿自信和坚强的心理品质。同时，训练幼儿抓住要点理解文学形象，学习用通畅明白的语言表达自己的理解与感受。

活动目标

1. 了解故事的主要情节，感受丑小鸭自信、不怕困难与挫折、对生活充满希望与向往的性格特征。

2. 能用完整的语言清楚地表达自己对故事的理解与感受。

3. 知道要树立信心，勇敢地面对困难与挫折，通过坚持不懈的努力争取成功。

活动准备

1. 知识经验准备：

幼儿对鸟类等卵生动物的生长过程有一定的了解。

2. 物质材料准备：

(1)“丑小鸭”图片1张。

(2)配乐故事《丑小鸭》音频和PPT。

活动过程

1. 导入活动内容。

教师出示“丑小鸭”的图片，提问：小朋友，这是什么？(小鸭子。)我们一看就知道那就是一个小鸭子，但是它长得和其他小鸭子不太一样，所以它周围的人都叫它“丑小鸭”。在它身上发生了一个很曲折的故事。

2. 欣赏音频故事。

(1)教师播放配乐童话故事《丑小鸭》，请幼儿安静欣赏，熟悉故事内容。

(2)引导幼儿进一步理解故事的主要情节，感受丑小鸭的性格特征。

教师结合故事与幼儿讨论下列问题：

①故事的开始为什么大家叫它丑小鸭？故事的结尾丑小鸭变成了什么？

教师引导幼儿根据丑小鸭刚出生的样子和最后变成美丽的白天鹅的样子进行对比表述。

②虽然丑小鸭长大后是一只美丽的白天鹅，但在长大的过程中是很顺利的吗？其他鸭子、哥哥姐姐、青蛙、野鹅、猫和母鸡对它是什么态度？

教师和幼儿一起分析哥哥姐姐、青蛙、野鹅、猫和母鸡对丑小鸭的态度：

其他鸭子发现了这只灰小鸭，就都来啄它的脖子。——欺负它。

哥哥姐姐说："我们不要你，你这丑东西！"——捉弄它。

青蛙见到它就逃走了。——害怕它。

丑小鸭在池塘里洗澡，野鹅要它滚开。——赶走它。

猫和一只母鸡问它："你能下蛋吗？你能捉耗子吗？"——嘲笑它。

③老鸭、鸭妈妈、大猎狗、伐木工人的妻子对它是什么态度？它们和"丑小鸭"之间有什么误解？

教师和幼儿一起分析哥哥姐姐、青蛙、野鹅、猫和母鸡对"丑小鸭"的态度，以及它们和"丑小鸭"之间的误解：

老鸭以为它是火鸡。——"丑小鸭"不是火鸡，也不是鸭子，它是刚出生的小天鹅。

鸭妈妈很悲伤。——"丑小鸭"以为妈妈嫌弃它，实际上妈妈可怜它，为它受欺负而难过。

猎狗没有去碰它。——"丑小鸭"以为猎狗嫌它太丑，它不知道猎狗只叼死鸟。

伐木工人的妻子就把它赶了出去。——伐木工人的妻子误以为是"丑小鸭"把家里弄得乱七八糟的，实际上是耗子见到丑小鸭很害怕，东逃西躲造成的。

④虽然丑小鸭遭到了别人的嘲笑、欺负、误解，但它失去信心了吗？从什么地方看出丑小鸭没有失去信心呢？

教师和幼儿一起分析、理解"丑小鸭"充满自信，追求美好的性格特征：

"丑小鸭"离开家，要到一个不被人欺侮的地方去。——"丑小鸭"相信自己能够独立生存，希望不被欺负。

"丑小鸭"离开茅屋，继续往前走。——"丑小鸭"不愿意让老奶奶白白养活它，坚持自己的追求。

"丑小鸭"看到一群美丽的鸟在湖里游水。心里想："我多么希望我生下来也这样美丽啊！"接着也跳进了湖里。——"丑小鸭"向往美丽、向往美好的生活。

春天来了，"丑小鸭"从田鼠洞里出来，见温暖的阳光照在水面上，不禁赞叹道："太阳真好啊！"它一高兴就拍了拍翅膀飞了起来。——"丑小鸭"不满足在田鼠洞里生活，它追求光明，要展翅飞起来了，实现自己的价值。

（在与幼儿交流的过程中，教师要允许幼儿有不同的想法，尊重幼儿不同的理解水平。）

3. 理解故事寓意。

教师以“你为什么喜欢丑小鸭”为话题，引导幼儿进行交流讨论，鼓励他们大胆表达自己的认识与理解。帮助幼儿领悟遇到困难不要放弃，要勇敢地面对困难，要有信心，相信自己一定能成功。

4. 大胆表达体会。

教师提问：你在生活中遇到过哪些困难？你是怎样做的？说一说自己克服困难的事情，克服困难后你的心情是怎样的？

通过提问，引导幼儿结合自己的实际经历，表达自己的经验与感受，体验成功的喜悦，不断树立自信心。

5. 再次欣赏故事。

教师打开故事 PPT 并播放故事录音，请幼儿一边看图，一边听故事，加深对故事情节和寓意的理解，进一步感受丑小鸭变成美丽的天鹅的过程。

学前班(下)

一、汤圆

设计意图

正月十五元宵节是中国春节的尾声。过元宵节，汤圆自然成为与幼儿谈话的内容。教师因势利导地把汤圆作为活动的主题，引导幼儿学习儿歌，了解元宵节是中国的传统节日，知道汤圆是在元宵节时吃的食品，从而进一步了解中国的传统文化及民俗活动。

活动目标

1. 了解元宵节是中国的传统节日，知道汤圆是在元宵节时吃的食品。
2. 练习正确地发音："坐(z)""吃(ch)""糯(n)"。
3. 能够用完整的语言表达自己的想法。

活动准备

1. 请幼儿和家长一起收集有关元宵节的资料(图片、文字、剪报等)。
2. 儿歌图片。
3. 小话筒1个。

活动过程

1. 活动导入。

(1)教师请幼儿出示图片，引导幼儿观察画面内容，提问：

①图画上都画了什么？围在桌子旁边的都是谁？他们在做什么？(幼儿根据观察回答问题。)

②你们吃过汤圆没有？在什么时候吃的？汤圆是什么形状、什么颜色的？汤圆吃在嘴里有什么感觉？(幼儿根据已有经验交流表述。)

(2)教师请幼儿相互介绍自己收集到的关于元宵节的图片。

(3)了解正月十五元宵节的来历，知道元宵节的主要习俗是吃元宵。元宵又叫汤圆，它象征着全家团团圆圆、生活和和美美。

2. 欣赏儿歌。

(1)欣赏儿歌《汤圆》。

(2)教师结合儿歌提问:

①这首儿歌主要写的是什么食品?它是什么形状、什么颜色?

②它是用什么原料做的?吃起来什么感觉?

③哪些人在一起吃汤圆,表现了一种什么气氛?

教师通过提问,引导幼儿理解儿歌的内容:汤圆的颜色“雪白”,形状“滚圆”,原料是“糯米粉”和“豆沙馅”,口感、味道是“香又软”和“蜜样甜”,全家大小“团团坐”吃汤圆,洋溢着团圆、和美、甜蜜的氛围。

3. 朗诵儿歌。

(1)教师引导幼儿朗诵儿歌。

(2)教师提示幼儿注意朗诵语气和声调,特别是读“香又软”“蜜样甜”的时候,要读出自己吃汤圆时的甜美感觉。同时,教师要注意听辨、纠正个别幼儿的发音,如“糯”“坐”“吃”等字。

(3)教师出示小话筒,鼓励幼儿来当小小播音员朗诵儿歌。比一比,哪一位小播音员朗诵得最棒!

活动拓展

1. 和幼儿一起将收集的关于元宵节的图文资料布置成专题墙饰,供幼儿自由交流,积累知识经验。

2. 引导幼儿进行实践活动:做汤圆。准备汤圆馅、糯米粉、盘子、电饭煲、小碗、小勺等物品,让幼儿尝试自己做汤圆。做好后,请厨房的师傅帮忙煮熟,然后让幼儿分吃汤圆,并说一说汤圆的味道和质感。也可以用橡皮泥代替,学习做汤圆的方法。

二、小马过河

设计意图

《小马过河》是一篇优秀的儿童文学作品。它的语言浅显易懂，情节生动有趣，故事又蕴涵着深刻的道理：碰到事情，要多动脑筋想一想，还要动手去试一试，聪明才干就是这样来的。另一方面，也是为了缅怀彭文席老先生，感谢他对中国儿童文学事业的发展作出的贡献。

活动目标

1. 乐意参与讲述活动，生动地描述故事，并表演故事情节。
2. 跟随图片，理解故事内容。
3. 能完整讲述故事内容并表演。

活动准备

1. 小马、老牛、小松鼠等动物图片各 1 张。
2.《小马过河》故事配乐讲述。
3.《小马过河》故事图片 PPT。

活动过程

1. 观察图片，比较三种动物的高矮。

(1)教师出示小马、老牛、小松鼠等动物图片，请幼儿比较三种动物的高矮。

(2)教师引导幼儿理解高与矮、大与小、深与浅的相对性。

2. 看图，欣赏配乐童话故事。

(1)教师出示故事图片，播放配乐童话故事《小马过河》，请幼儿一边观看图片，一边安静地地欣赏故事。

(2)教师根据作品内容提问，引导幼儿理解故事内容：

①小马帮妈妈做什么事？(把半袋麦子驮到磨坊去。)

②他遇到了什么困难，是怎样想的？（一条小河挡住了去路；“要是妈妈在身边该多好哇！”）

③老牛伯伯对他说了些什么？（水很浅，刚没小腿，能蹚过去。）

④小松鼠又对他说了些什么？（河水会淹死你的！）

⑤小马是怎么做的？（回家问妈妈。）

⑥妈妈对他说了些什么？（光听别人说，自己不动脑子，又不去试一试，是不行的。）

⑦小马听了妈妈的话后，又是怎么做的？（小心地蹚过河。）

3. 理解故事内容。

（1）教师打开 PPT，指导幼儿依次看图，回忆故事内容。

（2）教师指定几位幼儿根据图示完整地复述故事。

（3）教师组织幼儿进行讨论：

①你觉得老牛说得对吗？为什么？（对，老牛那样高大，他看河水当然很浅。）

②小松鼠说得对吗？为什么？（也对，松鼠那样矮小，一点水就能把他淹死。）

③小马听了妈妈的话后，自己趟过了小河，他发现了什么？（河水既不像老牛说的那样浅，也不像松鼠说的那样深。）

④为什么他们对河水的深浅感觉不一样呢？（老牛比松鼠高得多。）

⑤通过这件事情，小马懂得了什么道理？（碰到事情要多动脑筋想一想，还要去试一试，聪明才干就是这样来的。）

4. 结合实际，讨论如何面对困难。

（1）教师设计几个小情景，引导幼儿结合实际，说一说自己遇到了困难怎么办。

①画画时不敢画，怕画不好怎么办？

②小朋友没有邀请你玩，你想和他们一起玩怎么办？

③犯了错误，害怕爸爸妈妈批评自己怎么办？

（2）教师引导幼儿小结：生活中的事物都是不同的，在同一种情况下会出现不同的结果，所以我们要动脑筋想问题，勇于尝试。

5. 完整讲述故事，并进行故事表演。

活动拓展

1. 表演活动：在表演角投放小马、老牛、小松鼠等动物的头饰，让幼儿在角色游戏时自己分配角色，共同合作表演故事。

2. 语言活动：改编故事。教师提出问题，让幼儿充分发挥想象力，进行故事续编：“如果把故事中的小马换成小乌龟、小猴子、小象……他们能过得了河吗？他们是怎样动脑筋的呢？”

三、花婆婆

设计意图

《花婆婆》这本图画书，图美、文美，故事更美。每每捧读，都令人爱不释手、感动不已。作者以一颗阳光的心灵，用图画和简单的文字描绘并传递了对于"美好""美丽"的热爱和追寻。故事从主人公还是一个小女孩的时候开始，讲述了其一生追寻和传播美丽的爱的故事。

活动目标

1. 体会做一件让世界变得美丽的事情的美好。
2. 理解故事并对四季的花卉感兴趣，乐意用不同的韵律节奏进行表达。
3. 完整讲述故事。

活动准备

1. 四季特征明显的花：桃花、油菜花、杜鹃花、荷花、玫瑰、向日葵、菊花、桂花、腊梅、茶花等花的照片。
2.《花婆婆》PPT，背景音乐。
3. 四季图片。

活动过程

1. 故事导入，引出活动。

师：今天，老师带来一个故事(出示 PPT)，这是谁？她是花婆婆。花婆婆是个怎样的人？她是干什么的？我们一起来听听故事。

2. 讲述故事。

(1)音乐声中，教师绘声绘色地讲故事。讲完第三件事后，教师引导幼儿讨论：

师：花婆婆到底是做什么的？

师：小女孩答应爷爷要做哪三件事？

幼 1：到世界去逛逛。

师：就是去旅行。

幼 2：在海边住下来。

幼 3：做一件让世界变得更美丽的事。

(2)教师继续讲述故事。

花婆婆有没有去完成这三件事呢？我们一起听听故事吧。

3. 丰富幼儿四季花卉的经验。

(1)说说四季开的花：讲到花婆婆准备种花时，引发幼儿交流四季开的花。

师：花婆婆想，如果海边开满了鲜花，世界一定变得更美丽；如果海边一年四季都开满鲜花，世界一定变得更美丽。

师：孩子们，你们知道什么花儿在什么季节开放吗？

(由故事延伸出关于花卉的学习活动，十分自然。教师的提问没有直接指出答案，而是来自于幼儿对生活的观察。)

幼 1：桃花是在春天开的，荷花是在夏天开的。

幼 2：油菜花是在春天开的，玫瑰是在夏天开的。

幼 3：菊花是在秋天开的，腊梅花是在冬天开的。

师：除了这些花，你还能说出其他花的名字吗？

幼：梨花、康乃馨、玫瑰花、一串红、百合、茉莉、月季花、向日葵、牡丹、桂花、芙蓉、君子兰、喇叭花、马蹄莲……

(2)分一分：四季不同的花。

师：其实，我们现在知道的花的名字有 7000 多种。老师准备了一些花的照片，你和好朋友去认一认这些是什么花？在什么季节开放？再把它们放在相应的图片的下面。(图片为：春天、夏天、秋天、冬天。)

幼儿操作。

活动拓展

组织幼儿交流，说说自己的心愿。

师：花婆婆种了那么多四季开放的花，让世界从此变得更美好了！孩子们，你们可以做什么事，让世界变得更美好呢？

幼 1：我用好听的声音念儿歌，可以让世界变得更美好。

幼 2：我用彩色的纸做出各种美丽的花，送给每个游客，让世界更美好！

师：那些花可美丽了！谢谢你，我们是这里的小主人！

幼 3：我弹的钢琴声传到许多人家里，世界就变得更美好！

师：啊！真的美好！你一定会成为钢琴王子的。

幼 4：不要在水里扔垃圾，世界就变得更美好！

师：对！小河干净，世界也就更美好！

师：孩子们，你们已经知道了做一件让世界变得更美好的事情。请你们记住这件事情，努力去做这件事情。世界因为有你们，会变得更美好！

四、神奇的汽车

设计意图

汽车在幼儿心中的地位非同小可。他们喜欢汽车模型玩具，喜欢模仿司机叔叔的样子转动方向盘。特别是男孩子，对于各种汽车的车型、品牌、型号和功能等特点，说起来头头是道、如数家珍。安排“神奇的汽车”谈话活动，可以让幼儿围绕自己最感兴趣的话题（“汽车”）侃侃而谈，从汽车的颜色、功能和造型及想象中的汽车用途、功能等方面谈论自己的认识和感想，从而学习轮流和补正的谈话方式，发展幼儿的口头表达能力和想象力。

活动目标

1. 喜欢与同伴谈论自己对汽车的认识。
2. 围绕“汽车”的话题运用轮流和补正的谈话方式进行交谈。
3. 幼儿充分发挥想象力，描述未来的汽车。

活动准备

1. 请幼儿收集各种颜色、功能、造型的玩具汽车，并了解有关汽车的知识。
2. 将幼儿收集的玩具汽车布置成“汽车展”，摆放在教室的活动区域。

活动过程

1. 参观“汽车展览”，引出话题。

（1）幼儿参观“汽车展览”，引导幼儿谈论：你认识这辆汽车吗？它叫什么名字？

（2）你觉得哪辆车好看？为什么？有什么特点？

2. 运用“轮流”方式，交流表述。

（1）谈论汽车的种类和功能：你喜欢哪种汽车？为什么喜欢？

（2）教师引导幼儿轮流讲述，幼儿一个一个地接着发言，不要插话、抢话。

①我喜欢大货车，因为它可以装很多很多的货物。

②我喜欢小轿车，因为它坐着很舒服、跑得很快。

③我喜欢大吊车长长的手臂，因为它能把很重的东西提得很高很高。

④我喜欢消防车，因为它能把消防队的叔叔很快地送来扑灭火灾。

3. 运用“补正”方式，交流表述。

某个幼儿在发言过程中，所谈的内容不一定全面，可能还有一点偏差或者不准确，教师引导其他幼儿进行补充、修正。

如谈到救护车的功能时，有的幼儿说：救护车可以救护生病的人。教师可以引导其他幼儿补充。例如：

①救护车还可以救护受伤的人。

②救护车可以很快地把伤病员送到医院抢救。

③救护车上有警笛叫，马路上的其他车辆都为它让路，所以它能很快地把伤病员送到医院抢救。

④救护车上还有医生、护士和急救设备、药品，在途中可以先对伤病员进行紧急处置。

4. 延伸话题内容，想象交谈。

(1)教师引导幼儿对现实生活中汽车的不足之处进行交流。如道路堵塞，汽车不能快速地行使；遇到高山阻隔，汽车翻不过去；遇到河流没有桥梁，汽车飞不过去；长时间坐汽车，我们的头会晕；汽车经常发生交通事故……

(2)如果你是科学家，你想发明什么样的汽车？它有什么神奇的功能和用途？

(3)幼儿相互讨论，教师从旁倾听幼儿的发言。

(4)教师请个别幼儿到集体面前来讲述自己想象的“神奇的汽车”，并引导其他幼儿运用轮流、补正的方式继续谈论，进一步拓展谈话的内容。

(5)小结：小朋友们只要从小好好学习，长大以后当一名真正的科学家，就可以发明出如直升汽车、会飞的汽车、能潜水的汽车、安全智能汽车……甚至集飞机、潜水艇、火箭等多种功能于一体的神奇的汽车。

活动拓展

1. 请幼儿将自己想象出来的“神奇的汽车”画在相关画页上，或者用泥塑捏出来，并请家长在旁边配上文字说明，展示在美工作品栏内，供幼儿互相欣赏交流。

2. 家园共育：请家长陪同孩子一起收集有关交通工具的图文信息，丰富孩子对多元化交通工具的认识。

五、金鸡冠的公鸡

设计意图

童话故事《金鸡冠的公鸡》是著名俄罗斯作家阿·托尔斯泰的作品。故事的编写符合幼儿的年龄特点，紧抓幼儿的好奇心。故事的语言极富韵律感，便于幼儿朗诵和阅读。故事的动物描写形象生动，便于幼儿模仿。而且，通过欣赏文学作品，还能使幼儿懂得一个简单的道理：不能轻信陌生人的话，在生活中要学会保护自己。

活动目标

1. 喜欢欣赏文学作品，乐于扮演故事中的人物进行角色表演。

2. 理解童话故事中重复式的结构情节，能用完整、连贯、流畅的语言复述角色对话。

3. 在完整讲述故事情节的基础上运用动作语言表演故事情节。

活动准备

1. 《金鸡冠的公鸡》PPT，欢快的音乐。

2. 狐狸、公鸡、画眉鸟和猫的头饰各1个，琴1把，用树皮花纹纸装饰的篮子1个。

3. 布置简单场景：家、森林、河流、山；琴、篮子。

4. 准备狐狸、公鸡、画眉鸟和猫的头饰。

活动过程

1. 导入活动。

(1) 教师播放欢快音乐，带领幼儿分别模仿公鸡、狐狸、猫和画眉鸟的动作。突然，音乐中传出了公鸡的叫声。

(2) 教师导语：小朋友，你们听，是谁在叫呀？让我们一起去看看好吗？

2. 欣赏故事。

(1) 教师播放PPT，带领幼儿一起欣赏童话故事《金鸡冠的公鸡》。

(2)教师提问，引导幼儿初步了解故事的内容：

①这个童话故事叫什么名字?

②童话故事中都有谁?

③这个故事讲了一件什么事情?

(3)教师分段播放 PPT，引导幼儿理解故事反复式的结构情节和角色的性格特点：

①狐狸想抓公鸡，第一次它是怎么骗公鸡的?怎么说的?(狐狸夸公鸡漂亮，还要给它好吃的，公鸡上当了，探出头，结果被狐狸抓走了。)

②公鸡被救回来后，猫和画眉鸟是怎么叮嘱公鸡的?(待在家里，千万别把头探到窗子外面。)

③第二次，狐狸是怎么骗公鸡的?公鸡上当了吗?狐狸见公鸡没有上当又想了什么办法?它是怎么说的?(狐狸用旧办法骗公鸡不成又想了个新办法骗公鸡，说不给它吃的，公鸡贪吃就上当了，结果又被狐狸抓住了。)

④猫和画眉鸟再次出门的时候，是怎么叮嘱公鸡的?(千万别听狐狸的话，千万别把头探到窗子外面。)

⑤公鸡记住了猫和画眉鸟的话吗?它为什么又上当了?(狐狸很狡猾，它知道公鸡贪吃，用旧办法骗不了公鸡，就又想了一个新办法骗它。结果，贪吃的公鸡又被抓住了。)

⑥最后猫和画眉鸟是怎样救出公鸡的?(猫弹琴，引诱狐狸出洞。猫和画眉鸟一把抓住它，猫用爪子抓，画眉鸟用嘴啄，又抓又啄，狐狸痛得逃走了，公鸡得救了。)

(4)教师请幼儿观察相关画页上的画面，组织幼儿进行讨论：公鸡为什么一次又一次地被狐狸抓住?(幼儿根据自己的理解交流表述。)

(5)在幼儿交流表述的基础上，教师引导幼儿小结：因为狐狸很狡猾，公鸡太贪吃，爱听恭维话，所以总是上当。

3. 幼儿练习角色对话，完整地复述故事情节。

4. 尝试表演故事内容。

(1)幼儿自由结伴，自由选择角色进行故事表演。

(2)幼儿在分开排练的时候，教师巡视，适时帮助他们了解自己扮演角色的出场顺序和对话内容。启发他们在表演的时候，做出适当的动作。

活动拓展

1. 将场地布置的道具和狐狸、公鸡、画眉鸟、猫等头饰投放在表演区，供幼儿自由表演时使用。

2. 家园共育：教育幼儿不能轻信陌生人的话，要学会保护自己，增强自我保护的意识。

六、《登鹳雀楼》

设计意图

唐诗是中国古代文化中最璀璨的明珠，流传到今天已经有1000多年的历史了。唐诗中的律诗、绝句，短小精悍，而且押韵、朗朗上口。通过背诵唐诗，不仅有助于增强孩子的记忆力，还可以使幼儿从小就受到中华文化的熏陶。《登鹳雀楼》是唐诗中非常有代表性的作品，它不仅是一首精美绝伦的风景诗，而且是一首发人深省的哲理诗，内容意味深长，令人常读常新，很适合学前班的幼儿学习、朗诵。

活动目标

1. 培养学习、朗诵古诗的兴趣。
2. 理解古诗的内容，初步明白站得高、看得远的道理。
3. 有感情地背诵古诗《登鹳雀楼》。

活动准备

古诗图片。

活动过程

1. 欣赏图片。

这幅图画画了些什么？（引导幼儿说出远山的落日、奔腾的河流、雄伟的楼阁以及看景的人物。）

2. 欣赏古诗。

（1）教师有感情地朗诵古诗，请幼儿一边观看画面，一边欣赏。

（2）教师讲解古诗，帮助幼儿理解、记忆。

①讲解词语。

鹳雀楼：旧址在山西永济县，楼高三层，前对中条山，下临黄河。传说常有鹳雀在此停留，所以有了这个名字。

白日：太阳。

尽：消失。

依：依傍，挨着。

穷：尽，使达到极点，诗中的意思是“(看到)最远处”。

更：再。

②讲解诗意。

教师借助画面讲解古诗的意思：站在高楼上放眼望去，夕阳沿着远处的山慢慢地落下，波涛汹涌的黄河流向广阔的大海，多么壮观的景色啊！想要看到千里以外更美好的风景，就要再登上更高的楼层。

3. 朗诵古诗。

(1)教师再次示范朗诵古诗。注意语音和语调，帮助幼儿体会诗中的意境。

(2)教师找出诗中的停顿、重音，指导幼儿抑扬顿挫地朗诵古诗。

(3)教师指定几位幼儿完整地背诵古诗，提示幼儿注意把握诗中的停顿和重音。

(4)教师请全体幼儿集体完整地背诵古诗，要求整齐一致地处理停顿和重音，表达出豪迈的情感。

4. 延伸讨论。

(1)教师提出话题：你离开学前班后，自己又长大了一些，你会怎样更加努力进步？

(2)教师鼓励幼儿畅所欲言，自由发表自己的想法。

活动拓展

1. 请幼儿回家把诗歌念给父母听，并了解其他的古诗。

2. 带领幼儿登临本地的古代楼阁(或小山、有安全设施的楼房顶层)，观赏景物，体会古诗中登高望远的意境。

附：

登鹳雀楼

王之涣

白日依山尽，
黄河入海流。
欲穷千里目，
更上一层楼。

七、大熊的拥抱节

设计意图

5~6 岁幼儿身心发展水平逐渐提高，行为习惯也正在形成，一切都处于不断变化中。这一时期，如果教师能在性格、行为等方面进行正确指导，一定会对幼儿成长起到良好的引领作用。《大熊的拥抱节》正是一篇反映幼儿生活的童话作品。故事中的大熊在森林城的“拥抱节”上没有收到一个“拥抱”，这是为什么？能不能改变呢？让幼儿带着这些疑问听赏故事，分析原因，思考答案，不仅能对“大熊”这一形象产生深刻印象，更能够对照自己的行为进行反思，从而明白自己应该怎样做才能交到真正的朋友。

活动目标

1. 愿意聆听故事，体验朋友之间相互宽容、相互珍惜的情谊。
2. 能在交流、讨论的过程中逐步理解故事含义。
3. 在熟练角色对话的基础上表演故事。

活动准备

1. 故事音频。
2. 《大熊的拥抱节》PPT。

活动过程

1. 提问导入，了解“拥抱节”。

森林城有很多有趣的节日，小动物们最喜欢的就是“拥抱节”了。小朋友们，你们猜猜什么是拥抱节？过拥抱节要做什么？代表什么意思？

（幼儿自由讨论。）哦，拥抱节是一个快乐、温暖的与抱一抱有关的节日。

2. 听赏故事。

（1）播放第 1 段。

提问：大熊在想什么？100 是什么意思？（与 100 个人拥抱。）如果你来过拥抱节，你想和多少个人拥抱？(幼儿自由发言。)

(2)播放第2~7段。

提问：大熊拥抱了几个好朋友？(一个都没有。)为什么大家不愿意和大熊拥抱？你们猜一猜原因。(没看到大熊，不喜欢大熊。)为什么不喜欢大熊？(打人、抢东西、欺负别人、不讲道理。)

(3)我们看看大熊是怎么想的吧。(播放第8段。)

原来，大熊平时喜欢欺负小动物，所以在拥抱节这天小动物们都不和它拥抱。你认为小动物们会怎么做呢？请小朋友们猜一猜故事结局(大熊非常难过，孤零零地一个人回家了。)

(4)播放9~12段。

提问：其他小动物看到大熊了吗？大熊怎么做的？小动物们说了什么？它们又是怎么做的？你们猜猜，小动物们去大熊家干什么？

(5)播放13~15段。

提问：你们猜猜，大熊打开门之后为什么惊讶？它看到了什么？

(6)播放16~18段。

提问：小动物们是否原谅了大熊？你是怎么知道的？你有没有和朋友发生过不愉快的事情呢？是怎么互相原谅的？

3. 小结。

每个人都可能有意或者无意地做对不起别人的事情，但是做了错事要及时改正，大家就还是好朋友。做了错事，自己要改正；作为好朋友，也要原谅他。

4. 整体欣赏故事。

5. 幼儿自由选择角色表演故事。

活动拓展

引导幼儿进行情感迁移，一起过拥抱节，让幼儿找到好朋友说说悄悄话，并体验拥抱的快乐。

八、小蝌蚪找妈妈

设计意图

春暖花开，鸟语花香，一派生机盎然的景色。一群可爱的小蝌蚪出世了，但是谁是它们的妈妈呢？于是，一场有趣而感人的寻亲之旅开始了……安排“小蝌蚪找妈妈”故事活动，可以让幼儿在看图讲述故事的同时，了解青蛙的外形特征和生长过程，明白看问题不能只能看表面，不要以局部代替全部，也告诉了他们“有志者事竟成”的道理。

活动目标

1. 喜欢优美的文学作品，对青蛙的外形特征和生长过程感兴趣。
2. 理解故事并复述故事中的对话。
3. 能够用不同的语音语调表现故事中的主要角色。

活动准备

1. 知识经验准备：

在班级自然角区内饲养小蝌蚪，引导幼儿认识小青蛙和青蛙。

2. 物质材料准备：

(1) PPT《小蝌蚪找妈妈》。

(2) 准备小蝌蚪、小鸡、大金鱼、大螃蟹、大乌龟、小乌龟、青蛙等角色的头饰。

活动过程

1. 观察小蝌蚪，说说自己的发现。

(1) 出示饲养的小蝌蚪，引起幼儿学习的兴趣。通过提问引出故事：你们看这是什么呀？（小蝌蚪。）你们知道小蝌蚪的妈妈是谁吗？（青蛙。）

(2) 幼儿在小组内分享自己的观察“小蝌蚪的变化”。

2. 听故事，理解故事的内容。

(1) 教师完整讲述故事。提问：

①这个故事发生在什么季节?(春季。)

②青蛙妈妈在碧绿的水草上生下了什么?(卵。)又变成了什么?(小蝌蚪。)

(2)教师演示 PPT 课件，第二次讲述故事。

①小蝌蚪都向谁打听妈妈了?(小鸡——大金鱼——大螃蟹——大乌龟。)

②它们各是怎么回答的?(引导幼儿分别用故事里的话说出来。)

③青蛙妈妈长得什么样?(两只大眼睛，嘴巴又阔又大，四条腿走起路来一蹦一跳的，白白的肚皮绿衣裳，唱起歌来呱呱呱。)

④小蝌蚪是怎样变成青蛙的?(卵——小蝌蚪——长出了后腿——长出了前腿——尾巴慢慢变短——青蛙。)

3. 教师第二次讲述故事，尝试复述故事中的对话。

(1)教师提问：故事里小蝌蚪都遇到了哪些动物?

(2)引导幼儿用故事里的词句描述小蝌蚪的变化。教师当旁白，根据故事中的不同角色将幼儿分成几组，学说角色之间的对话，重点表现不同角色不同语调和内容。

4. 扮演角色，表演故事。

(1)分组表演：幼儿分成几组，自由分配角色进行表演。教师巡回关注，指导、鼓励幼儿表现出角色对话的动作和表情，并把握好语音和语调。

(2)角色表演：教师请几名能力较强的幼儿，分别扮演故事中的不同角色，戴上相应动物的头饰进行表演。

活动延伸

1. 组织幼儿一起观看中国国产水墨动画片《小蝌蚪找妈妈》。

2. 在语言区幼儿进行表演游戏《小蝌蚪找妈妈》，幼儿可以自行分配角色，复述故事，教师要启发每个幼儿都要抓住机会进行表演。

九、春雨

设计意图

春天，少不了要下雨。面对春雨，有的孩子感到欣喜，有的孩子却很抱怨，因为他们不能出去玩了。为了提升幼儿对春雨的认知，教师借助春雨这一自然现象，让幼儿感知春雨与植物之间的关系，从而继续感受春天万物苏醒的勃勃生机。幼儿在学习和创编诗歌的过程中，进一步体验春天的美，从而萌发喜欢春雨的情趣。

活动目标

1. 喜欢欣赏和朗诵诗歌，感受春雨的意境美和语言美。
2. 理解诗歌内容，学会有感情地朗诵诗歌。
3. 能够大胆想象，续编诗歌，用优美的语句描述春雨的情景。

活动准备

1. 知识经验准备：

幼儿有听雨声、观察下雨的经验。

2. 物质材料准备：

PPT 课件《春雨》；背景音乐。

活动过程

1. 说说春雨，萌发兴趣。

教师提问：我们都见过下雨吧！你见过下雨后的景象是什么样子的？

2. 欣赏诗歌，感受诗歌意境。

(1)教师随配乐有感情地朗诵诗歌，幼儿安静地欣赏。

(2)教师提问：诗中雨滴和谁对话了的？

(3)教师再次有感情地朗诵诗歌，提问：

①种子为什么说：下吧，下吧，我要发芽？(种子发芽需要雨水。)

②梨树为什么说：下吧，下吧，我要开花？（梨树开花需要雨水。）

③麦苗为什么说：下吧，下吧，我要长大？（麦苗长大也需要雨水。）

④小朋友为什么说：下吧，下吧，我要种瓜？（种子播撒后也需要雨水。）

（4）教师引导幼儿一起小结：春天植物的生长都需要雨水。

3. 形式多样，学习诗歌。

（1）看图片，学习诗歌《春雨》。

（2）采用集体、小组、个人等形式学习朗诵诗歌。可以把诗中种子、梨树、麦苗以及小朋友说话的情态表现出来。

（3）引导幼儿一边朗诵一边表演诗歌。

4. 观看课件，趣谈雨滴。

播放PPT《春雨》，鼓励幼儿表达对春天的感受，引导幼儿仿照诗歌的句式："……说：下吧，下吧，我要……"进行续编诗歌。

5. 续编诗歌。

（1）幼儿分组并根据头饰创编诗句。教师鼓励幼儿根据自身经验学说："小草、柳树、桃花……说：下吧，下吧，我要……"。然后推荐幼儿代表为大家朗诵续编的诗歌。

（2）在全班面前表演幼儿续编的诗歌，请幼儿相互评价。

活动延伸

1. 美术活动：请幼儿将自己改编后的诗歌以粘贴、绘画等形式表现出来，并朗诵给大家听。

2. 科学活动：通过小实验，请幼儿了解植物与水的关系，知道植物从种子发芽、开花、结果都离不开雨水；没有水，植物会干枯甚至死亡，但是水太多也会让幼苗淹死沤烂。

3. 家园共育：请家长带领孩子一起收集关于"春雨"的文学作品，欣赏描写春雨的美好诗句。

十、我最喜欢的动画片

设计意图

一提到动画片，孩子们的话匣子就像开了闸的洪水一样滔滔不绝，因为动画片是幼儿最喜欢看的节目。喜羊羊、孙悟空、奥特曼、多啦 A 梦……在孩子们的心里，这些数不清的动画片人物给孩子们留下了太深的印象。他们喜欢看动画片，喜欢谈论动画片中的英雄人物和故事情节，还喜欢模仿动画片里人物的动作和说话的语气。安排“我最喜欢的动画片”谈话活动，就是针对幼儿平时的兴趣和爱好，为他们提供一个集体交流的机会。教师引导幼儿遵守轮流发言规则，并按照动画片的名称、主要情节一步步地围绕话题进行交谈，激发幼儿参与谈话活动的兴趣。

活动目标

1. 乐意与同伴一起谈论动画片中的故事。
2. 懂得动画片表达的意思。
3. 能大胆在全班面前讲述自己喜欢的动画片。

活动准备

1. 知识经验准备：

教师熟悉幼儿平时观看动画片的情况，并了解近期播放的动画片的内容。

2. 物质材料准备：

教师和幼儿各准备一本动画的图书。

活动过程

1. 提出话题，萌发兴趣。

(1)教师提问：你喜欢看动画片吗？动画片好看吗？你看过哪些动画片？

(2)教师组织幼儿围绕话题进行交谈，鼓励幼儿畅所欲言，尽量让每个幼儿都能说出自己所看的动画片的名字，例如《喜羊羊与灰太郎》《大头儿子和小头爸爸》《西游记》

《多啦 A 梦》《功夫熊猫》等。

2. 相互讲述，介绍动画片。

(1)向幼儿介绍自己看的动画片。

(2)将幼儿分组介绍自己看过的动画片，引导幼儿讲述动画片中主要的情节。

3. 小组商量，推荐有趣的动画书。

(1)组织幼儿在小组内推选一本大家最喜欢的动画书。

(2)每个小组推选一位代表向全班介绍一本动画书。

(3)组织幼儿集体推选一本最有趣的动画书，并要求幼儿说出理由。

4. 交换动画书，看图讲述。

(1)组织幼儿自由交换动画书，自由结伴阅读。

(2)请个别幼儿在全班面前讲述动画书内容。

活动延伸

1. 在图书区：请幼儿当小小剧作家，想象一个动画片的人物，并设计一个简单的故事情节，将故事说给小伙伴们听。

2. 在美工区：请幼儿将自己创编的故事用绘画的形式记录下来，也可以采用连环画的形式，一幅一幅地画下来。将幼儿创作的动画片布置在语言角中，供幼儿自由交流。

3. 家园共育：请家长适当地陪伴孩子一起观看动画片，进一步地促进亲子关系。但是，要引导孩子观看有益身心健康的动画片，每天看电视、玩电脑的时间不得超过半小时。

十一、毕业诗

设计意图

经过几年在幼儿园的学习和生活，学前班的幼儿即将告别老师和同伴，进入人生的一个新阶段——小学。在幼儿即将毕业之际安排此次《毕业诗》朗读活动，是为了让幼儿了解几年来自己在幼儿园里的成长变化，感受自己已经长大，体验毕业离园的惜别之情，萌发做一名小学生的愿望。同时，通过有感情地朗诵诗歌，表达对幼儿园教师的感激之情。

活动目标

1. 感受诗歌中依依不舍的情感。
2. 学习朗诵《毕业诗》。
3. 能把记忆中最深刻的人或事编入诗歌中，并有感情地朗诵。

活动准备

1. 知识经验准备：

幼儿已深刻体会自己初入园时的模样和表现，以及现在的变化，会唱歌曲《感恩的心》。

2. 物质材料准备：

布置幼儿在幼儿园活动的照片展板；挂钟一个。

活动过程

1. 玩玩游戏：时间在跑。

（1）请幼儿轻轻闭上眼睛，倾听挂钟“滴答”走动的声音。

（2）教师提问：时间在滴答声中飞过，即将毕业的时候，你想到了什么？

2. 学习诗歌：《毕业歌》。

（1）有感情地朗诵诗歌。

（2）教师提问：你最喜欢诗中哪一句？为什么？

（3）请幼儿分句带读：由轻声跟读到大声朗读；集体、分组练习；接龙学习诗歌，感受诗歌中幼儿对幼儿园、老师和同伴依依不舍的情感。

3. 创编诗歌："毕业了"。

（1）引导幼儿观看展板上的照片，回忆在幼儿园里最忘不了的事，然后把这些内容编入诗歌中。

（2）请幼儿分组讨论，把小组成员最忘不了的事编入诗歌中，然后集体表演。

4. 相互讲述：难忘的人和事。

（1）教师提问：

①小朋友们在学前班里学会了哪些本领？

②是谁教会了你们这些本领的？

③哪一件事情最让你难忘？

（2）教师再次提问，鼓励幼儿做个合格的小学生：再过几天，你们就要告别老师、同伴们，离开学前班了。你们打算怎样做一名小学生呢？（幼儿各自表述自己的想法。）

（3）给教师、好朋友一个热烈的拥抱。

5. 演唱歌曲：《感恩的心》。

播放歌曲《感恩的心》，请幼儿随音乐有感情地唱。

活动延伸

1. 结合"毕业汇演"，组织幼儿进行朗诵表演，让幼儿从中体会到幼儿园的美好生活，在幼儿脑海中留下美好的记忆。

2. 鼓励幼儿在美工区中想象画出"我的小学校"，引导幼儿用语言描述自己的升学愿望。

十二、小小辩论会：胖好还是瘦好

设计意图

学前班的幼儿年龄小，在此次教学活动中只安排自由辩论的环节，因此称为“小小辩论会”。旨在通过此活动，让幼儿简单了解辩论会的形式，激发幼儿参与辩论活动的兴趣。教师也可以根据幼儿的语言发展能力和对辩论会比赛的兴趣，组织幼儿进行完整的辩论会比赛。

活动目标

1. 积极参加辩论活动。
2. 学习辩论的技巧，与同伴讨论问题。
3. 敢于在集体面前大胆地表达自己的意见。

活动准备

1. 知识经验准备：

幼儿有轮流发言的经验；会玩“找朋友”的游戏。

2. 物质材料准备：

做记录的纸和笔。

活动过程

1. 玩游戏：比胖瘦。

(1)播放音乐，请幼儿自由选择伙伴比胖瘦的游戏。

(2)教师提问：胖好还是瘦好，请幼儿自由举手表决。

2. 展开辩论：确定正反双方，尝试辩论。

(1)根据举手表决的情况将幼儿分成红蓝两队：红队→支持胖好的观点；蓝队→支持瘦好的观点。

(2)说明辩论规则：红队、蓝队轮流发言，每组选出一位主讲辩论小朋友说出支持的理由和反驳对方的理由，队员可以轮流发言，但不能重复说过的理由，没有轮到的队友可以小声提示发言的队友。

(3)组织好轮流发言，对于表现出色的小朋友给予表扬。

(4)在纸上记录两队的发言内容。

3. 展示结果：只要精神状态好，胖瘦没有关系。

(1)引导幼儿观看记录表。

(2)师幼共同小结：不管是胖还是瘦，都有自己的优势和不足，大家要团结友爱，互相帮助。

4. 唱唱跳跳："找朋友"。

请红队和蓝队分别站成内圈和外圈，玩"找朋友"游戏。

活动延伸

1. 收集一些关于"胖好"和"瘦好"的图文资料，贴在语言角墙上有正面和反面观点的格子里，供幼儿学习、自由辩论。

2. 针对幼儿即将进入小学学习，提出新的辩论题，例如："上学以后，还该不该玩?""作业没有做完，该不该看动画片?""放学时，家长没有来接，可不可以自己回家?"等等，让幼儿围绕话题展开辩论，提高幼儿的辩论技巧。